Diederichs Gelbe Reihe

Gebete der Menschheit

Aus allen Religionen,
Völkern und Kulturen

Mit einem Vorwort
von Franz Alt

Diederichs Gelbe Reihe

Die Auswahl der Gebete in diesem Buch stützt sich zum Teil auf den Band *Gebete der Menschheit*, herausgegeben von Alfonso M. di Nola, erschienen 1963 im Eugen Diederichs Verlag. Für die vorliegende Ausgabe wurde die Auswahl von dem Religionswissenschaftler Thomas Schweer vollständig neu zusammengestellt, ergänzt und mit Einführungstexten versehen. Ein Teil der Gebettexte wurde von Heinz Mödder ins Deutsche übersetzt.

Bibliografische Information der Deutschen Bibliothek

Die Deutsche Bibliothek verzeichnet diese Publikation in der Deutschen Nationalbibliografie; detaillierte bibliografische Daten sind im Internet unter http://dnb.ddb.de abrufbar.

Umschlaggestaltung: Die Werkstatt München / Weiss · Zembsch
Produktion: Ortrud Müller
Satz: Uhl + Massopust, Aalen
Druck und Bindung: GGP Media GmbH, Pößneck
Printed in Germany 2005

ISBN 3-7205-2577-5

INHALT

VORWORT
von Franz Alt

Menschen, die beten oder meditieren, leben glücklicher, länger und gesünder als Menschen, die nicht beten oder meditieren. Das ist Erkenntnis der Wissenschaft.
Ein erfahrener Arzt verschreibt gestressten Menschen nicht sofort eine Pille oder gar eine Operation, sondern empfiehlt zunächst einmal mehr Ruhe und Gelassenheit. Er weiß: In der Ruhe liegt die Kraft der Genesung. Dass Ruhe und Stille der Königsweg zur Heilung und zu nachhaltiger Gesundheit ist, wussten Jesus und Buddha, Laotse und die alten Indianer. Millionen Menschen leben diese Erkenntnis.
Das ist der Erfahrungsschatz aller Religionen. Heute lehren dies auch einige Wellness-Trainer und Ayurveda-Ärzte, Therapeuten und Priester. Beten ist gesund und macht gesund wie die Liebe, weil der Geist die Materie lenkt und nicht umgekehrt.

Dieses Buch ist das kollektive Gebets-Gedächtnis der Menschheit. Es enthält Gebete und Gebetsanregungen aus mehreren Jahrtausenden. Gebete sogar von Religionen, die verschwunden sind. Menschen lebten immer unter demselben Himmel, aber sie hatten nicht immer denselben Horizont. Gebet und Meditation waren und sind Hilfen beim Erweitern des Horizonts. Wenn unsere Wahrnehmung wächst und den Himmel erreicht, werden wir Gott finden – in uns selbst. Das ist die gemeinsame Erkenntnis aller großen Beter unserer Geschichte.

Dieses Buch zeigt, dass jede Zeit und jede Kultur anders betet, es zeigt aber auch, dass jede Zeit und jede Kultur betet. Und es macht deutlich, dass es so gut wie keine Lebenssituation gibt, in denen Menschen nicht beten, bitten und danken: Bei Geburt und Tod, beim Leben und Lieben, beim Krieg und im Frieden, in Zeiten des Mangels und in Zeiten des Überflusses, bei Tag und Nacht, zu Wasser, zu Land und in der Luft, für Tiere und verstorbene Freunde, um Erleuchtung und Vergebung, aus Freude und in der Trauer, um Regen und zur Sonne, vor und nach der Mahlzeit, für gute Geschäfte und um einen zärtlichen Liebhaber.

Beten ist eine zeitlos universale Heil- und Hilfskraft. Deshalb passt dieses Buch sehr gut in eine Zeit, in der es viel Unheil gibt. Beten als bloßes Lippenbekenntnis kann freilich auch zur Ideologie und Illusion verkommen. Geglaubter Glaube ist das Kennzeichen von ziemlich toten oder langweilig gewordenen Kirchen. Das Gebet und die Meditation sind der Humus eines gelebten Glaubens. Geglaubter Glaube ist tot, erfahrener und gelebter Glaube macht lebendig. Beten: Das ist der Weg nach innen zu unserer göttlichen Quelle. Beten heißt sich öffnen für das Göttliche: für das Wahre, das Schöne und das Gute. Betende und meditierende Menschen sind suchende Menschen. Nur der sucht, kann finden. Wer bittet, empfängt. Wer anklopft, dem wird geöffnet, sagt Jesus. Suchen, anklopfen, bitten: andere Worte für beten.
Religion ist keine Angelegenheit theologischer Spekulation, auch keine Frage von Be-Kenntnis, sondern eine Frage von Er-Kenntnis. Erkenntnis unseres Selbst ist *die* große Mangelerscheinung unserer Zeit. Buddha und Jesus waren zum Glück für die Menschheit keine Theologen, sondern Gottsucher und Selbstsucher.

Wahres Beten ist immer gefährlich, weil es überraschende Konsequenzen hat. Wir können lernen, dass die Menschheit ohne Kriege leben und den Hunger überwinden kann. Die Frucht dieses Betens ist selten ein bequemes, wohl aber ein konfliktreiches Leben. Dafür stehen alle großen Beter der Geschichte: sie kämpften für ein besseres, schöneres, humaneres Leben. Beten lohnt sich. Beten kann zur Überlebensfrage der Menschheit werden.

Beten ist niemals Ersatz für Nichtstun wie es naive Geister oder Ideologen verstanden haben. Jesus und Buddha haben ihre Freunde nicht angewiesen »Betet mich an«, sondern: »Macht Euch in meinem Geist auf den Weg!«
Beten ist also keine Flucht in eine sentimentale Vertröstungsideologie. Gebet und Meditation im Geiste der großen Beter sind vielmehr eine Anleitung, mehr auf unser Gewissen und mehr auf unsere Träume zu achten. Das ist die Botschaft dieses Buches. Meine Lebenserfahrung sagt mir: Beten und meditieren ist lebensnotwendig und wichtig für die Gesundheit der Seele wie die Luft zum Atmen für die Gesundheit des Körpers.

EINLEITUNG

Seit Urzeiten ist das Gebet eine der wichtigsten Andachtsformen des Menschen. Im Gebet sagt er Dank für göttlichen Beistand, bittet um Hilfe in der Not, äußert seine Bußfertigkeit, wünscht sich Gnade und Vergebung oder spricht eine Lobpreisung aus. In dieser einzigartigen Sammlung sind rund 300 Beispiele für die schönsten, tiefgründigsten und kulturgeschichtlich bedeutsamsten Gebete der Menschheit vereinigt. Der Querschnitt reicht von den Anfängen der Religionsgeschichte bis in die Gegenwart und zeigt in beeindruckender Weise, in wie vielfältigen Formen die Angehörigen aller Religionen ihre innersten Anliegen zum Ausdruck bringen.

Im Einzelnen lassen sich folgende *Gebetsarten* unterscheiden. Im *Dankgebet* erinnert sich der Gläubige an all das Gute, das ihm widerfahren ist. Dies kann zuteil gewordene Hilfe in körperlicher oder seelischer Not sein, die Genesung von einer Krankheit, die Erfüllung des Wunsches nach Nachkommenschaft, das Wohlergehen der Familie oder einfach die Dankbarkeit für das tägliche Brot (meist in Form eines *Tischgebets*). Die persönlichen Anlässe für ein Dankgebet sind so zahlreich wie die Ängste, Nöte und Bedürfnisse, die der Gläubige durch das Wirken einer transzendenten Macht beseitigt bzw. erfüllt sieht. Im liturgischen Gebet gedenkt man vorrangig der göttlichen Fürsorge für die eigene Glaubensgemeinschaft, der Heilstaten des Gründers sowie der dadurch in Aussicht gestellten Erlösung vom irdischen Leid. Das gemeinschaftliche Dankgebet kann sich aber auch auf konkrete Ereignisse beziehen, beispielsweise eine Heilung erkrankter Gemeindemitglieder. Das

Spektrum möglicher Gründe für ein Dankgebet ist hier ebenso breit wie im individuellen Bereich.
Ein *Bittgebet* beinhaltet logischerweise einen Großteil der Dinge, die auch im Dankgebet angesprochen werden, nur dass die Erfüllung der Bitte eben noch aussteht (*Fürbitte*). Ein spontanes Gebet in einer akuten Notlage ist auch als *Stoßgebet* bekannt. Aus theologischer Sicht sollte sich ein Bittgebet jedoch nicht auf allzu Profanes richten. Der Wunsch nach materiellem Reichtum oder Liebesgunst gilt als nicht angemessen. Es geht eher um religiöses Heil für sich selbst und seine Mitmenschen, wozu üblicherweise allgemein gehaltene Formulierungen verwendet werden (Bitte um Standhaftigkeit, Gottvertrauen, Finden des rechten Weges, Frieden auf Erden usw.). Bleibt ein Bittgebet unerfüllt, betrachtet der Gläubige dies in aller Regel nicht als Zurückweisung, sondern als unergründlichen göttlichen Ratschluss. Die Nichterfüllung wird als Zeichen dafür angesehen, dass für das eigene Schicksal etwas anderes vorgesehen ist, als man in diesem Moment erkennen kann. Die Ergebung in den göttlichen Willen ist wichtiger als der persönliche Wunsch. Insbesondere in Stammesreligionen kann in einem solchen Fall auch die Schuld bei sich selber gesucht werden, indem man davon ausgeht, das Bittgebet nicht in der richtigen Weise vorgetragen oder eine sonstige Verfehlung begangen zu haben.
Durch das *Lobgebet* wird die Größe und Allmacht der Gottheit und ihr segensreiches Wirken in Vergangenheit und Gegenwart gepriesen. Mit dem Lobgebet ist kein eigentliches Anliegen verbunden, sondern es soll unbedingte Gottesliebe, Glaubensbereitschaft, Freude und selbstlose Dankbarkeit bezeugen. In ihm wird die gläubige Grundhaltung des Menschen ausgedrückt und die Anerkennung der absoluten Notwendigkeit göttlichen Beistands. In der theologischen Bewertung steht diese Form des Gebets daher an erster Stelle.
Ein *inneres Gebet* dient der geistigen Sammlung und spirituellen Einkehr. Meistens wird es anlässlich von Meditationen zur

Förderung der kontemplativen Versenkung gesprochen. Gegenstand dieses Gebets können Passagen aus heiligen Texten sein oder auch ritualisierte Wiederholungen einzelner Sätze, mitunter auch nur einzelner Silben. Wenn die Anzahl der Wiederholungen vorgegeben ist, kommen zum Abzählen manchmal Hilfsmittel, zum Beispiel ein Rosenkranz, zum Einsatz.
Die *Gebetszeiten* orientierten sich ursprünglich am Tageslauf. In vielen Religionen markieren Sonnenauf- und -untergang Zeitpunkte für ein Gebet. Beim Wiedererscheinen der Sonne am Morgen wird für den neuen Tag mit seinem Licht und seiner Wärme gedankt, am Abend um Schutz in der Nacht gebeten. Im späteren Verlauf setzte man Tagesanfang und -ende mit heilsgeschichtlichen Ereignissen in Beziehung. So gedachte das frühe Judentum im Morgengebet des Bundesschlusses am Sinai, im Abendgebet des Auszugs aus Ägypten und des ersten Passah-Festes. Das Christentum stellte einen Zusammenhang mit der Leidensgeschichte Jesu her. Im morgendlichen Gottesdienst stand die Auferstehung im Mittelpunkt, am Abend die Passion. Ähnliche Bräuche gibt es in fast allen anderen Religionen, als weiteres Beispiel seien die Hindus genannt, die zu diesen Zeiten ebenfalls Andachten vor dem Hausaltar abhalten. Neben den täglichen Gebeten spielen die Gedenkfeiern im Jahreskreislauf eine bedeutende Rolle. Im christlichen Bereich ragen Ostern, Pfingsten und Weihnachten hervor, aber auch die Gebete zum Erntedank sind fester Bestandteil des liturgischen Jahres. Die üblichen Gebete im Gottesdienst werden ergänzt durch diejenigen zu den Lebensstationen der Gläubigen, wie Geburt, Taufe, Firmung bzw. Konfirmation, Hochzeit und Tod.
Hinzu kommen teilweise verbindliche, teilweise freiwillige Gebete zu verschiedenen Gelegenheiten. Die so genannten Stundengebete christlicher Mönche wurden ab dem elften Jahrhundert in einem Brevier (Gebetbuch) festgelegt. Zuvor hatte die öffentliche Ausrufung der Tagesstunden in den grö-

ßeren Städten dazu geführt, dass die Einwohner dreimal am Tag (vormittags, mittags und nachmittags) private Gebete sprachen. Die Gebete der Mönche waren weitaus zahlreicher und ausführlicher und auch zu gewissen Nachtstunden vorgeschrieben. Eine umfassende Reform des Breviers im Jahre 1971 sollte dazu beitragen, die Stundengebete auch in der allgemeinen katholischen Bevölkerung wieder stärker zu verankern. Doch im Gegensatz etwa zum Islam mit seinen unbedingt einzuhaltenden, fünfmaligen Gebetszeiten am Tag bleibt den katholischen Gläubigen eine Befolgung des Breviers freigestellt.

Als gemeinschaftliche *Gebetsorte* eignen sich quasi alle vom Menschen als sakral betrachtete Plätze. Während diese heiligen Orte bei Stammesreligionen oft in direktem Zusammenhang mit ihrer natürlichen Umwelt stehen (heilige Hügel, Flüsse, Seen, Haine usw.), haben sich andere Religionen eigens Räumlichkeiten dafür geschaffen. Dort finden mehr oder weniger regelmäßig Zusammenkünfte zu Andacht und Gebet statt. Muslime treffen sich in Moscheen, Juden in Synagogen und Christen in Kirchen. Bei Buddhisten und Hindus folgen Tempelbesuche keinem wöchentlichen Rhythmus, Anlässe dazu bieten überwiegend einzelne Feiertage. Ansonsten geht man im Rahmen einer Wallfahrt in einen Tempel oder je nach persönlichem Belieben. Doch auch in den Weltreligionen gibt es Plätze in der Natur, die in ihrer Geschichte von Bedeutung waren und die der Andacht dienen können: Stätten, an denen es zu Erscheinungen kam (die Höhle von Lourdes), Orte der Offenbarung (Berg Sinai) oder der Erleuchtung (Bodhi-Baum), Flüsse (Ganges), Gräber von Heiligen und viele andere mehr. Individuelle Gebete sind natürlich überall möglich.

Die *Gebetshaltungen* sind außerordentlich vielfältig. Gebete werden sitzend, stehend, kniend oder sogar liegend gesprochen, ebenso im Gehen oder beim Tanz. Die Hände können flach zusammengelegt, gefaltet, vor der Brust gekreuzt oder zum Himmel erhoben werden. In christlichen Kirchen stehen oder knien die Gläubigen beim Gebet und falten dabei ihre Hände. Muslime wechseln ihre Körperhaltungen zwischen Aufrechtstehen, Verbeugen, Niederwerfen und Hocken. Vor der Klagemauer betende Juden bewegen ihren Oberkörper rhythmisch vor und zurück und lesen dabei aus ihren Gebetbüchern. Buddhisten rezitieren ihre heiligen Texte im Lotussitz oder auf den Fersen hockend, ebenso die Hindus. Mönche oder Pilger aller Religionen sprechen Gebete, während sie laufen, und als Ausdruck besonderer Buße werfen sich manche der Länge nach auf den Boden oder rutschen auf den Knien, mitunter sogar viele Kilometer weit. In Stammesreligionen werden Gebete häufig tanzend und singend vorgetragen, wobei die Art des Tanzes sehr unterschiedlich sein kann (Kreistanz, Hüpftanz usw.).

Auch die *Gebetsrichtungen* variieren in den einzelnen Religionen. Weit verbreitet ist die Orientierung nach der aufgehenden Sonne, was beispielsweise bei den Ägyptern, Babyloniern, Inka, Griechen und Römern der Fall war und heute insbesondere bei den Stammesreligionen noch gilt. In antiken Tempeln standen die Götterbilder im Osten, der Tempeleingang befand sich ihnen gegenüber im Westen. Dies übernahmen die frühen Christen bei ihrer Gebetsrichtung, unterlegten es aber mit einer anderen Bedeutung. Die Sonne ist das Symbol des auferstandenen Christus, deshalb wandte man sich im Gottesdienst nach Osten und stellte dort auch die Altäre in den Kirchen auf. Eine weitere Gebetsrichtung ergibt sich aus den Zentralheiligtümern. Juden richten sich nach Jerusalem (Tempelberg) aus, Muslime nach Mekka (Kaaba) und bei den Römern war es der Jupitertempel.

Die *Gebetsadressaten* können alle Arten von höheren Wesen sein, Götter, Heilige und Engel ebenso wie Ahnengeister, heilige Tiere oder vergöttlichte Herrscher. Für einen Christen ist Gott ein Dialogpartner wie in einer menschlichen Beziehung und wird als »Du« angesprochen. Die Antwort auf sein Gebet

erfährt der Christ durch entsprechend wahrgenommene Veränderungen in seinem inneren oder äußeren Erleben. Vorbild für das christliche Beten ist Jesus, der die für alle Gläubigen verbindliche Norm im »Vaterunser« festgelegt hat.
Im Judentum ist die Einhaltung der göttlichen Gebote, insbesondere die der Gottes- und Nächstenliebe, von zentraler Bedeutung. Der Name des Einzigen (Jahwe) gilt als so unaussprechbar, dass im Gottesdienst die Umschreibung Adonai (Herr) verwendet wird. Erfahrbar ist Jahwe in seinem Wort (Torah) und in der Heilsgeschichte. Dabei stehen die Geschicke des Volkes Israel an erster Stelle, weshalb in den Gebeten vielfach der Taten Jahwes gedacht wird.
Auch für die Muslime ist Allah einzigartig und unvergleichlich. Da es außer und neben ihm nichts anderes Göttliches geben kann, lehnt der Islam die christliche Vorstellung einer Gottessohnschaft ebenso ab wie den Trinitätsgedanken. Muhammad, der Gründer des Islam, wird als Mensch betrachtet. Seine Besonderheit bestand allein darin, dass er zum Verkünder der Worte Allahs auserwählt wurde. Er gilt als »Siegel der Propheten«, das heißt, er hat die letztgültigen göttlichen Offenbarungen erhalten. Nach seinem Tod fanden weitere Propheten keine Anerkennung mehr. Der Koran, in dem die Offenbarungen zusammengefasst sind, betont besonders die Größe und Barmherzigkeit Allahs. Daran erinnert das Pflichtgebet, das täglich fünfmal gesprochen wird und immer dem gleichen Ablauf folgt.
Im Buddhismus und Hinduismus kann man nur mit Einschränkungen von Gebeten im geläufigen Sinne sprechen. Der Buddha hatte die Existenz von Göttern zwar nicht ausdrücklich geleugnet, ihnen aber keinen besonderen Wert beigemessen. Das Ziel sah er in der Befreiung des Menschen aus dem Geburtenkreislauf, wozu es keiner übernatürlichen Hilfe, sondern nur eigener Anstrengung bedurfte. Auch diejenigen höheren Wesen, die in der Folgezeit dann doch eine gewisse Bedeutung erlangten, werden kaum als Heilsbringer angesehen.

Vielmehr sollen die an sie gerichteten Gebete, die eher Spruchformeln (Mantras) sind, religiöses Verdienst zum Zweck der Befreiung erzeugen. Je größer die Anzahl der gesprochenen oder gemurmelten Mantras ist, desto mehr Verdienst erwirbt man sich und desto rascher kommen die Wiedergeburten zu einem Ende. Vergleichbares lässt sich über den Hinduismus sagen. Gebete bzw. Mantras der Hindus dienen ebenfalls vorrangig der religiösen Verdienstanhäufung, jedoch stehen hier persönlich gedachte Gottheiten stärker im Vordergrund.
Neben dem höchsten Wesen der jeweiligen Religion können auch untergeordnete Wesenheiten in einem Gebet angerufen werden. Katholiken wenden sich an die Gottesmutter Maria und an Schutzheilige, Angehörige von Stammesreligionen beschwichtigen Dämonen oder bitten Geister um Hilfe, und in den erloschenen Religionen der alten Römer und Ägypter galten Gebete auch vergöttlichten Menschen (dem Kaiser bzw. Pharao).
Die vorliegende Auswahl erhebt keinen Anspruch auf Vollständigkeit, jede noch so kleine Religion zu berücksichtigen wäre angesichts der großen Vielfalt unmöglich. Und selbst bei der Beschränkung auf eine einzige Religion wäre leicht ein ganzes Buch gefüllt. Hier werden die bekanntesten, aber auch sehr viele eher unbekannte Gebete der Menschheitsgeschichte präsentiert. Auch wenn viele Gebete heute nicht mehr verwendet werden, so vermitteln sie doch die charakteristischen Kennzeichen dieser Form religiösen Lebens, die bis heute gültig geblieben sind.

BUDDHISMUS

Die Lebenszeit des Buddha wird allgemein mit 560 bis 480 v. Chr. angesetzt, wahrscheinlicher ist jedoch eine spätere Datierung, das heißt, ins fünfte bis vierte Jahrhundert. In einer adligen Familie im nordindischen Lumbini (heute Nepal) geboren, erhielt er zunächst den Namen Siddhartha Gautama. Seine Jugendzeit verbrachte er ohne materielle Not, doch als er im Alter von 29 Jahren einen Sohn bekam, verließ er sein Heim, um fortan als Asket zu leben. Die Legende nennt als Gründe für diesen Entschluss die berühmten vier Ausfahrten Siddharthas. Dabei sah er nacheinander einen Greis, einen Kranken, einen Toten und zuletzt einen Bettelmönch. Damit soll deutlich gemacht werden, dass die Begegnung mit Alter, Krankheit und Tod die einschneidenden Erfahrungen waren, die Siddhartha bewogen, nach einem Weg aus der Welt des Leidens zu suchen. Diesen Weg schien er im Seelenfrieden des Mönchs gefunden zu haben. Doch seine Bemühungen scheiterten, der Aufenthalt bei zwei Yogalehrern brachte ihm nicht die erhoffte Erkenntnis. Auch ein sechsjähriges Einsiedlerleben, verbunden mit strengstem Fasten, blieb erfolglos. Das führte ihn zu der Einsicht, dass alle bestehenden Heilswege untauglich sind. Er ließ sich in Bodhgaya unter einem Feigenbaum nieder, mit dem festen Vorsatz, diesen Ort nicht eher wieder zu verlassen, bis er die ersehnte Einsicht in das wahre Wesen der Dinge gewonnen habe. Nach intensiven Meditationen gelangte er schließlich zur Erleuchtung und war von da an der Buddha (der Erwachte).

Die zweite Hälfte des letzten vorchristlichen Jahrtausends war in Indien eine Zeit des Umbruchs. Neue Lehren vom Kreislauf der Wiedergeburten, von der bestimmenden Macht des Karma und von der Erlösung durch Askese und Innerlichkeit konkurrierten mit der althergebrachten, auf das Diesseits gerichteten Opferreligion der Priester (Brahmanen). Ebenso wie Siddhartha waren damals viele andere auf der Suche nach einer alternativen Religiosität bzw. vertraten eigene Lehrmeinungen. Doch die Ansichten des Buddha erwiesen sich als so überzeugend, dass sie den Wandel der Zeiten bis heute überdauerten.

Im Mittelpunkt der buddhistischen Lehre (Dharma) steht eine einfache Feststellung: Alles Leben ist Leiden. Als Ausweg daraus verkündete der Buddha seine »Vier Edlen Wahrheiten«: 1. Körperliche Gebrechen, Kummer, Alter und Tod sind unausweichliche, leidvolle Erfahrungen eines jeden Menschen. 2. Die Erfahrungen wiederholen sich endlos, weil der Durst nach Leben, Freude und Wunscherfüllung das Rad der Wiedergeburten in Gang hält. 3. Erst wenn der Lebensdurst aufhört und der Mensch nicht mehr an seinen Leidenschaften haftet, endet das Leiden. 4. Das Mittel, um dieses Ziel zu erreichen, besteht im »Achtfachen Pfad«.

Der Achtfache Pfad beinhaltet Verhaltensanweisungen, um die Kette der Wiedergeburten zu durchbrechen und ins Nirvana (»Verlöschen«) einzugehen. Dazu gehören ebenso sittliche Normen (kein lebendes Wesen schädigen, nicht lügen oder stehlen, sich nicht berauschen und seine Sinneslust beherrschen) wie Anleitungen zur richtigen Meditation. Bei allem soll der »Mittlere Weg« eingehalten werden, weder die Sucht nach weltlichen Genüssen noch übertriebene Selbstkasteiung sind von Nutzen. Ferner hat man sich vor Augen zu halten, dass es keine eigenständige Persönlichkeit gibt. Körper, Empfindungen, Wahrnehmungen, inneres Erleben und Bewusstsein sind voneinander getrennte Faktoren, die in ihrem Zusammenwirken den täuschenden Eindruck erwecken, es gebe einen unveränderlichen Wesenskern, ein Ich oder eine Seele. Doch diese fünf Faktoren unterliegen einem ständigen Wandel von Augenblick zu Augenblick und entstehen mit jeder Wiedergeburt neu.

Neben dem Buddha und seiner Lehre ist die Gemeinschaft (Sangha) der dritte Stützpfeiler des Buddhismus. Nach dem Tod des Gründers wurde es für seine Anhänger notwendig, sich zu organisieren. Dies geschah mittels des Sangha, dem ursprünglich nur Mönche angehörten. Denn die Verfolgung des Heilsziels erforderte ein ausschließlich spirituelles Leben. Da die Mönche jedoch weder arbeiten noch Geld berühren durften, waren sie auf Unterstützung von außen angewiesen. Diese erhielten sie von Menschen, die zwar mit dem Buddhismus sympathisierten, aber ihr gewohntes Leben weiterführen wollten. Ohne die Laienanhänger wäre der Sangha nicht existenzfähig gewesen. Später wurde es üblich, auch die Laien zum Sangha zu rechnen. Sie hoffen darauf, durch gute Taten günstige Wiedergeburten zu erlangen, bis sie in ferner Zukunft selbst einmal ein Leben als Mönch wählen werden. Laien wie Mönche treten durch das dreimalige Aussprechen der »Zufluchtsformel« dem Buddhismus bei: »Ich nehme meine Zuflucht zum Buddha! Ich nehme meine Zuflucht zum Dharma! Ich nehme meine Zuflucht zum Sangha!«

Der Buddha hatte das Vorhandensein übernatürlicher Wesen nie geleugnet, räumte ihnen aber keinen besonderen Stellenwert ein, weil der Mensch auf sich allein gestellt ist und nur der Lehre folgen soll. Außerdem sind auch die Götter dem gleichen Wandel unterworfen wie alle übrigen Erscheinungsformen und daher nicht ewig. Bei der Missionierung nahmen die Mönche jedoch Rücksicht auf die Gepflogenheiten fremder Kulturen sowie die Bedürfnisse der Gläubigen und öffneten dadurch den Buddhismus für neue Einflüsse. Neben dem ursprünglichen Theravada-Buddhismus (»Schule der Ältesten«) entstanden auf diese Weise zwei weitere Hauptrichtungen: der Mahayana-Buddhismus (»Großes Fahrzeug«) und der Vajrayana-Buddhismus (»Diamantfahrzeug«). Die Vertreter des Mahayana

gaben den Laien einen höheren Stellenwert und führten das Bodhisattva-Ideal ein. Ein Bodhisattva (»Erleuchtungswesen«) ist spirituell vollkommen und hat das Endziel des Achtfachen Pfades erreicht, verzichtet jedoch freiwillig auf das Nirvana, um zum Wohle aller Lebewesen zu wirken. Ein solcher Bodhisattva (zum Beispiel Kuan-yin in China) kann in Notlagen um Beistand angerufen werden. Außerdem kamen Lehrmeinungen auf, nach denen es transzendente Buddhas gebe. Einer der wichtigsten von ihnen ist der Buddha Amitabha, der als gnadenvoller Erlöser angesehen wird. In Japan heißt er Amida und seinen Anhängern ist lediglich vorgeschrieben, die Anbetungsformel »Namu Amida Butsu«, »Verehrt sei der Buddha des unermesslichen Lichtglanzes«, so oft wie möglich auszusprechen. Die Befreiung aus dem Geburtenkreislauf besteht im Amida-Buddhismus nicht im Eingehen ins Nirvana, sondern im Einzug in eine Paradieswelt.
Der hauptsächlich in Tibet verbreitete Vajrayana-Buddhismus übernahm zahlreiche Elemente der dortigen vorbuddhistischen Bön-Religion, in der Geister und Dämonen eine große Rolle spielten. Diese wurden zu Schutzheiligen des Buddhismus erklärt und konnten so von den Gläubigen weiterhin verehrt werden, nur eben in neuer Funktion. Eine weitere Eigenart des tibetischen Buddhismus besteht in der Geleitung Verstorbener durch das Zwischenreich (Bardo). Damit ist der Zustand zwischen Tod und Wiedergeburt gemeint, der 49 Tage lang währt. Vermag der Verstorbene während dieser Zeit die Rezitationen der Mönche aus dem tibetischen Totenbuch (Bardo Thödol) zu hören und zu befolgen, kann er die Trugbilder, die ihm im Bardo begegnen, durchschauen und eine vorteilhafte Wiedergeburt erlangen. Unter günstigen Umständen gelingt es ihm sogar, direkt vom Bardo ins Nirvana einzugehen. Doch trotz aller unterschiedlichen Auffassungen in den einzelnen buddhistischen Schulen blieb der Grundbestand der Lehre erhalten, nämlich dass das Anhaften am Vergänglichen Leiden verursacht, welches

nur durch das Befolgen des Achtfachen Pfades zu überwinden ist.

Auf den Altären, die fast alle Buddhisten in ihrem Heim aufstellen, steht inmitten von Butterlampen, Räucherstäbchen, Reis und Früchten ein Buddhabildnis. Davor werden täglich Andachten abgehalten und Schriften der jeweiligen Schulrichtung rezitiert. Zum religiösen Kult gehören auch Tempelbesuche und Wallfahrten, insbesondere zu den vier Orten, die mit markanten Ereignissen im Leben des Buddha in Verbindung stehen: Lumbini (Geburtsort), Bodhgaya (Erleuchtung), Sarnath bei Benares (erste Predigt) sowie Kushinara (Bestattungsstätte). Biografische Feste werden nur wenige begangen, hervorzuheben sind die Feierlichkeiten zur Mönchsweihe, das heißt, wenn ein Sohn in ein Kloster eintritt, und die Bestattungsriten. Bildliche oder figürliche Darstellungen des Buddha werden nicht um ihrer selbst willen verehrt, sondern um religiöses Verdienst zu erwerben und sich die Lehre zu vergegenwärtigen. Eine Besonderheit des tibetischen Buddhismus sind die Gebetsmühlen. Im Inneren befinden sich heilige Verse (Mantras), die durch das ständige Drehen der Mühlen zu den Göttern getragen werden sollen, um Glück und Segen zu bewirken. Das am häufigsten verwendete Mantra lautet »Om mani padme hum«, »Oh du Juwel in der Lotusblüte«. Dem gleichen Zweck dienen Gebetsfahnen, auf die ebenfalls Mantras oder fromme Wünsche aufgedruckt sind, die mit dem Wind unablässig ihre Adressaten erreichen.

Die Zufluchtsformel

Bis zur Erleuchtung nehme ich Zuflucht zum Buddha, zu seiner Lehre und zu seiner Gemeinschaft.

Mögen mich zum Wohle aller Lebewesen die Tugenden von Freigiebigkeit, Ethik, Geduld, Strebsamkeit, Meditation und Weisheit zur Buddhaschaft führen.

Die zehn Mönchsgelübde

Ich nehme das Gebot auf mich, keine lebenden Wesen zu töten. Ich nehme das Gebot auf mich, nicht zu stehlen. Ich nehme das Gebot auf mich, keusch zu leben. Ich nehme das Gebot auf mich, nicht zu lügen. Ich nehme das Gebot auf mich, keine berauschenden Mittel zu verwenden. Ich nehme das Gebot auf mich, nicht zur Unzeit zu essen. Ich nehme das Gebot auf mich, Tanz, Gesang, Musik und Schauspiel zu entsagen. Ich nehme das Gebot auf mich, auf alle Formen des Körperschmucks zu verzichten. Ich nehme das Gebot auf mich, in bequemen Betten zu schlafen. Ich nehme das Gebot auf mich, kein Gold und Silber zu berühren.

Die vier unermesslichen Gedanken

Mögen alle Wesen Glück und die Ursachen für Glück haben.
Mögen sie vom Leiden und den Ursachen für Leiden frei sein.
Mögen sie nicht von wahrem Glück, welches ohne jegliches Leid ist, getrennt sein.
Mögen sie in großem Gleichmut verweilen, frei von Anhaftung an ihnen Nahes und Ablehnung von ihnen Fernem.

Buddhistisches Bekenntnis

Ich bekenne mich zum Buddha als meinem unübertroffenen Lehrer, denn er hat die Vollkommenheiten verwirklicht und ist aus eigener Kraft den Weg zur Befreiung und Erleuchtung gegangen.
Aus dieser Erfahrung hat er die Lehre dargelegt, damit auch wir die endgültige Leidfreiheit erlangen können.

Ich bekenne mich zur Lehre des Buddha, denn sie ist klar, zeitlos und lädt jeden ein, sie zu prüfen, sie im Leben anzuwenden und zu verwirklichen.
Ich bekenne mich zur Gemeinschaft der Jünger des Buddha, die sich ernsthaft um die Verwirklichung seiner Lehre bemühen, um die verschiedenen Stufen der inneren Erfahrung und des Erwachens zu verwirklichen. Sie dienen mir als Vorbild.
Ich habe festes Vertrauen zu den Vier Edlen Wahrheiten. Sie besagen:

1) Leben im Daseinskreislauf ist letztlich leidvoll. Dies ist zu durchschauen.
2) Ursachen des Leidens sind Gier, Hass und Verblendung. Sie sind zu überwinden.
3) Erlöschen die Ursachen, erlischt das Leiden. Dies ist zu verwirklichen.
4) Zum Erlöschen des Leidens führt ein Weg, der Edle Achtfache Pfad. Er ist zu gehen.

Ich bekenne mich zur Einheit aller Buddhisten, denn wir folgen unserem gemeinsamen Lehrer und sind bestrebt, seine Lehre zu verwirklichen: Ethisches Verhalten, Sammlung und Weisheit wollen wir entwickeln, um Befreiung zu erlangen. In diesem Bewusstsein begegne ich allen Mitgliedern dieser Gemeinschaft mit Achtung und Offenheit.
Ich will mich bemühen, keine Lebewesen zu töten oder zu verletzen, Nichtgegebenes nicht zu nehmen, keine unheilsamen sexuellen Beziehungen zu pflegen, nicht zu lügen oder unheilsam zu reden, mir nicht durch berauschende Mittel das Bewusstsein zu trüben.
Zu allen Lebewesen will ich unbegrenzte Liebe, Mitgefühl, Mitfreude und Gleichmut entfalten, im Wissen um das Streben aller Lebewesen nach Glück.

Von der Deutschen Buddhistischen Union 1984 verfasster Text, der als gemeinsames Bekenntnis aller buddhistischen Richtungen in Deutschland dienen soll.

Rühmung Buddhas

Du hast das Ende des Leidens erreicht, du bist auf das andere Ufer hinübergelangt, du bist heilig, vollkommener Buddha, ich weiß, dass jede Leidenschaft in dir erloschen ist: Glorreicher, Weiser, Hochverständiger, du hast mich das Ende des Leidens erreichen lassen.
Da du meinen Zweifel verstanden hast und mich die Unsicherheit hast überwinden lassen, gebührt dir, o Asket, Verehrung, der du den höchsten Lohn auf den Wegen der Weisheit erlangt hast: du bist fromm und du bist in allem, was dem Geschlechte unter der Sonne entstammt!
Jenen Zweifel, den ich vordem hegte, hat der Sehende zerstört; du bist wahrhaftig ein Weiser und ein vollkommener Buddha; für dich gibt es keine Hindernisse.
Und alle Ängste werden zerstreut und behoben von dir, du Leidenschaftsloser, Ruhiger, Unbeweglicher, Wahrheitsliebender. Wenn du sprichst, großer Held, unter den Guten Auserwählter, freuen sich alle Götter mit ihren Boten. Ehre dir, Vornehmster, unter allen Menschen Auserwählter; du hast nicht deinesgleichen in der Welt der Götter.
Du bist der Buddha, du der Lehrer, du der siegreiche Überwinder Maras*; von allen Begierden gelöst und auf dem anderen Ufer angelangt, hilfst du den Geschöpfen, dorthin zu gelangen. Du bist über alles Stoffliche, was in deinem Dasein lag, hinausgelangt, du hast die Leidenschaften gebrochen: bei dir gibt es kein Verhaftetsein dem Irdischen gegenüber mehr, du bist ein Löwe, aus dem Furcht und Schrecken geschwunden sind.
Wie das Wasser sich nicht an die herrliche Lotusblume heftet, so lässt du dich weder durch das Gute noch durch das Böse anrühren. Reiche deine Füße, o Held, Sabhiya verbeugt sich vor dem Meister.

* Mara, ein Vetter Buddhas, ist in der buddhistischen Mythologie der Feind, Versucher und Verfolger Buddhas, gleichsam sein teuflisches Gegenbild.

ANGULIMAS GEBET UM ERLEUCHTUNG DER FEINDE

Mögen auch meine Feinde das Gesetz hören, wie es mir erklärt wurde, und mögen sie, nachdem sie es vernommen haben, meine Verbündeten werden, um mich am Leben zu erhalten!
Mögen meine Feinde nur friedlichen Menschen dienen, die sich das heilige Gesetz zu Herzen genommen haben!
Mögen meine Feinde immer wieder das Gesetz aus dem Munde derer vernehmen, die von der Hoheit der Liebe sprechen und die Liebe loben und ihr Handeln nach dem, was sie hören, ausrichten.
Denn wahrlich, ein Feind solcher Art würde mir nichts Böses mehr antun noch irgendeinem anderen Geschöpf der Welt. Auch er selbst würde unaussprechlichen Frieden erlangen und, nachdem er ihn erreicht hätte, die Guten wie die Bösen lieben.

Angulima war ein berüchtigter Räuber, der von Buddha zum Bettelmönch bekehrt wurde. Die Menschen, die den ehemaligen Räuber erkannten, misshandelten ihn oft. In diesem Gebet bittet er um innere Wandlung seiner Feinde.

DAS GROSSE GEBET DER BHADRA-KARI-HYMNE

Das Üble, das ich habe begehen können aus Liebe oder aus Hass oder in einem Zustand der Besessenheit, mit meinem Leibe, mit meinen Worten oder mit meinen Gedanken, von all diesem Üblen sage ich mich los.
Und durch alles Gute, das in der Welt der Lebenden im Norden oder im Süden, im Osten oder im Westen oder in Richtung irgendeiner der zehn anderen Himmelsgegenden getan wurde, durch alles Gute, das die Strebenden und die vollkommenen Heiligen und die Helden der Lehre, die keine Jünger gesammelt haben, wie die Helden, die Jünger gesammelt haben, ge-

tan haben, durch alles, was die Söhne Buddhas getan haben, erhebe ich mich in mir selbst.
Und alle die Buddhas, die wie die Lichter der Welt nach allen Himmelsrichtungen zu dem höchsten Wissen erwachend sich von jeder Form der Beherrschung durch die Sinne frei gemacht haben, all diese Schutzgeister Buddhas bitte ich, das unvergleichliche Rad der Lehre in Bewegung zu setzen.
Und alle Buddhas, die ihre Seligkeit zu offenbaren wünschen, flehe ich mit gefalteten Händen in dieser Weise an: Jahrhunderte um Jahrhunderte, den Atomen von Staub der Reiche Buddhas vergleichbar, mögt ihr zum Heil und Glück der gesamten Welt der Lebenden ausharren.
Und das Verdienst, das ich mir so erwerbe, indem ich die Buddhas verehre, ihnen Opfergaben darbringe, meine Sünden verschmähe, mich des Guten rühme, die Buddhas bitte und anflehe: dieses Verdienst, sei es auch noch so bescheiden, ich führe es an, um die höchste Offenbarung des Wahren zu erlangen.
Mögen alle Lebewesen, die nach allen zehn Himmelsgegenden verstreut sind, immer glücklich und ohne Krankheit sein; möge die gesamte Welt der Lebenden leicht das Ziel der Tugend erreichen und ihre Hoffnung bestätigt sehen.
Befreit vom bösen Tun, der Leidenschaft und vom Pfade des Mara, möge ich meine Wanderschaft durch den Kosmos antreten, rein wie eine Lotusblume, die das Wasser nicht berührt, rein wie die Sonne und der Mond, welche die Luft nicht befleckt.
Und möge mir mit allen Gefährten meines religiösen Lebens das Zusammenleben in künftigen Existenzen gewährt sein; möge ich mit dem Leib, mit den Worten und dem Denken dem frommen Trachten nach einem Leben in Gemeinschaft mich hingeben können.
Und möge in mir, in meinem Leib, in meinen Worten und in meinem Denken, in meiner Lebensführung und in meiner Selbstbeherrschung die Reinheit des weisen Samantabhadra

selber sein. Und mein frommes Trachten reiche bis dorthin, wo die Atmosphäre beginnt, bis dorthin, so weit sich das Leben ausbreitet, so weit, wie die Wirkung der Werke und Leidenschaften sich ausbreitet.
Und jeder, der diese Hymne sich einprägt oder der sie liest oder lehrt, die die ganze Lehre und das fromme Trachten des Samantabhadra umfasst, von dem weiß Buddha, welche Belohnung ihn erwartet: die höchste Offenbarung des Wahren. Kein Zweifel möge hierüber aufkommen.
Und wenn ich einst im Kampf mit dem Tode ringe und die Hindernisse und die Schranken gefallen sind, möge ich Amitabha vor mir sehen und in das Reich seiner Seligkeit eintreten.
Und mein frommes Trachten möge, wenn ich einmal dort angelangt bin, mir wieder bewusst werden; so dass ich, nachdem ich all dieses vollständig erfüllt habe, von dort her auch allen Geschöpfen auf der Welt Heil bringen kann.

Gebet beim Ritual der buddhistischen Jünglingsweihe in Siam

Dieses Gebet ist ein eindrückliches Beispiel der Vereinigung der buddhistischen Lehre mit frühen Vorstellungen über Beschaffenheit und Zusammenhang von Leib und Seele, wobei diese Vorstellungen ihrerseits schon durch die Auffassung des Ichs in der indischen Theologie geprägt erscheinen.
Der »Kwun«, der hier angerufen wird, erscheint als eine »Vervolkstümlichung« des »Atman«, des Funkens der göttlichen Substanz, der im irdischen Individuum eingeschlossen ist. Er wird angerufen an einem besonders ausgezeichneten Zeitpunkt der Lebensbahn: bei der Jungmännerweihe, die im alten Siam wie im modernen Burma durch den zeitweiligen Eintritt als Mönch in ein Kloster

begangen wird, wie anderswo durch ein Examen oder den Eintritt in den Militärdienst.
Dies verbindet sich aber mit der urtümlichen Vorstellung der Seele als eines Stoffes, von dem einzelne Teilchen sich durch unvorsichtiges Verhalten des Kindes und heranwachsenden Menschen zerstreut haben. Diese werden nun aufgerufen, sich wieder zu sammeln, als magische Vorbereitung zu der so andersartigen Sammlung, welche den Beginn des buddhistischen Weges zur Erlösung bezeichnet.

O gütiger Kwun, o unbeständige Substanz, die die Gewohnheit hat, hier und dort umherzuschweifen und sich aufzuhalten! Seit dem Augenblick, da das Kind im Mutterleib empfangen wurde, hast du jedes Vergnügen erfahren bis zu dem Augenblick, da du, nachdem zehn Monde verstrichen waren und die Zeit der Entbindung gekommen war, Gefahr gelaufen bist zu sterben, als du lebend geboren wurdest.
O huldreicher Kwun, du warst damals so zart, so empfindlich und schwankend, dass du große Sorge um dein weiteres Schicksal verursachtest; du warst wirklich wie ein kleines Kind, ganz jung noch, unschuldig und unerfahren. Die geringste Kleinigkeit erschreckte dich und ließ dich erzittern. In deiner kindlichen Freude hattest du dir angewöhnt, Sprünge zu machen und ziellos umherzuschweifen. Als du begannst zu lernen, dich hinzusetzen und ohne Hilfe dich zu üben, dich schwankend auf allen vieren zu bewegen, fielst du noch weiterhin, flach auf den Bauch oder den Rücken. Als du dann allmählich heranwuchsest und dich sicher auf den Beinen fortbewegen konntest, da begannst du, unbekümmert und unbesorgt durch die Räume, über die Terrasse und über die Bretter der Brücken deines schwimmenden Hauses zu laufen und zu spielen, und bisweilen fielst du ins Wasser, in die Einbuchtung, in die Weiher, unter die vom Wasser getragenen Algen zum großen Schrecken derer, denen dein Leben teuer war.

O edler Kwun, komm in deiner körperlichen Hülle! Verzögere diesen Huldigungsritus nicht! Jetzt bist du ein Erwachsener geworden und musst die Freude und Bewunderung von allen sein.
Mögen sich alle kleinen Teile des Kwun, die auf die Erde oder ins Wasser gefallen sind, wieder vereinigen und für immer in diesem lieben jungen Menschen Wohnung nehmen. Sie mögen alle zum Schauspiel dieser Zeremonie, dieser Einweihung eilen und die großen Vorbereitungen bewundern, die für sie in diesem Saale getroffen wurden!

Gebete des Mahayana-Buddhismus

An Amitabha, den Buddha unermesslichen Glanzes

O Amitabha, Licht ohnegleichen …
O Amitabha, unendlicher Glanz …
so rein und so ruhig …
so süß und so trostreich …
Wir begehren danach, bei dir wieder geboren zu werden!
Du, dessen Macht ohne Grenzen ist …
Du, um den sich die Wesen aller Welten drehen …
Wie schön ist doch dein Reich,
wo die Brise Blumen sät zu Füßen der Glücklichen …
Wie begehren wir danach, bei dir wieder geboren zu werden!
Wie schön ist doch dein Reich,
wo die schönste Musik ertönt,
wo die kostbarsten Wohlgerüche herrschen,
wo alle Wesen heilig sind,
wie begehren wir danach, bei dir wieder geboren zu werden!
Törichterweise haben wir während unserer zahllosen Lebensformen
das Karman erneuert, das uns an die Erde band.
O behüte uns von nun an, süßes Licht,
auf dass wir die Weisheit des Herzens nicht mehr verlieren!
Wir preisen dein Wissen und deine Werke,
wir wünschen, dass alle sich an dich wenden.

Keine Schranke möge ein Lebewesen daran hindern,
in Frieden und Glück bei dir wieder geboren zu werden!
Wir bieten dir alles, was wir haben, was wir sind, an.
Gewähre uns dafür, bei dir wieder geboren zu werden!
Sei gegrüßt, o unerforschlicher Glanz!
Mit ganzem Herzen und voll Vertrauen werfen wir uns dir zu Füßen.

Gebet bei der Freilassung von Tieren

Wenn ein frommer Laie lebende Tiere, Vierfüßler, Vögel oder Fische, zum Kloster mitgebracht hat, denen er die Freiheit wiedergeben will, und sie dem Mönch vorgeführt hat, muss dieser zunächst herzlich zu ihnen sagen:

O wie ihr voll Unwissenheit seid!
O wie ich Mitleid mit euch habe!
O wie ich euer Heil wünsche!

Dann wird er folgende Gebetsformel über sie sprechen:

Ich rufe Buddha, sein Gesetz und seine Gebote an. Hier sind Lebewesen, die, als sie im Netz gefangen wurden, bereit waren, getötet zu werden. Zum Glück sind sie einem NN (Name) begegnet, einem gläubigen und von Mitleid erfüllten Menschen, der ihnen das Leben gerettet hat. Jetzt will ich, der Mönch NN (Name), nach dem Ritual Mahayana, sie führen und Buddha, seinem Gesetz und seinen Ordnungen empfehlen. Aber sie sind, wegen der Strafe für ihre früher begangenen Sünden des Verstandes beraubt, im jetzigen Augenblick nicht in der Lage, mich zu verstehen. Ich bitte daher Buddha, sein Gesetz und seine Anordnung, die Finsternis ihres Verstandes aufzuklären und sie aus Erbarmen zu erleuchten.

Nach einer Pause wendet sich der Mönch dann im Glauben, die Erleuchtung sei nun erfolgt, den Tieren zu und sagt:

Ihr Tiere, die ihr hier vor mir steht, empfehlt euch Buddha, seinem Gesetz und seiner Anordnung.

Wenn der Mönch glaubt, dass die Tiere das Gebot befolgt haben, wendet er sich nunmehr an sie als »Schüler Buddhas«. Er lehrt sie den grundlegenden Glaubenssatz, dass die »Wiedergeburt das große Übel ist« und dass man sich diesem Kreislauf durch den Glauben an Buddha und die Befolgung seiner Gebote entzieht. Er ermahnt sie, während ihrer zukünftigen Existenz hieran zu glauben und danach zu leben, Geduld zu üben und sich zu vervollkommnen, sich vor Irrlehren zu hüten usw. Schließlich spricht der Mönch zu den Tieren:

Schüler Buddhas, nun seid ihr zugelassen und unterrichtet! Nun beichte ich für euch eure Sünden, damit sie euch nachgelassen werden. Befolgt in reuevoller Gesinnung meine Worte, die ich jetzt spreche... »Alles Böse, das ich in der Vergangenheit begangen habe infolge meiner Unwissenheit, meiner Begierden, meines Ungehorsams – alle Sünden, die ich mit meinem Leib, mit Worten oder Gedanken begangen haben mag, ich beichte und bereue sie.«

Dann besprengt der Mönch die Tiere mit Wasser, über das er vorher folgenden Spruch gesprochen hat:

O Buddha, der du in der Höhe wohnst, lass deine Kraft in dieses Wasser herabsteigen, auf dass hier eine Kraftquelle gegeben sei, um alle Lebewesen rein zu waschen.

Nach der Besprechung schließt der Mönch mit den Worten:

Ich hoffe, dass nach dieser Befreiung diese Schüler Buddhas nicht mehr in die Hände der Bösen fallen, nicht mehr in Netzen gefangen werden und sich in Fallen verfangen. Ich hoffe, dass sie in Freiheit und Frieden bis an ihr natürliches Ende leben. Ich hoffe, dass sie nach diesem Tode als Menschen wieder geboren werden, das Rechte tun, auf ihrem Wege vorwärtsschreiten und schließlich zu ihrem Ziele gelangen werden... Ich hoffe auch, dass ihr Wohltäter NN (Name) in diesem Leben gesegnet und immer mehr erleuchtet wird.

Opfergebet für einen Verstorbenen

OM. Möge dein Diadem die wahrhafte Seele des verstorbenen Wenju, des Hauptes der Familie Yang ... (es folgen die Titel), zu dir rufen! Möge er schnell auf den Sitz des Westens gelangen und nach seiner Verwandlung Freude empfinden und ein glückliches Leben in den Seen voller Lotusblumen führen. Befreit aus dem schmerzvollen Samsara möge er diese Schätze und diese Nahrung empfangen und sich ihrer erfreuen!
AHUM.

Om oder Aum, Ahum, ist die heiligste Silbe der indischen Religion, das zentrale Weltenwort. Vom Buddhismus übernommen, wanderte das Sanskritwort auch nach China, als Formel der Anrufung und Bestätigung. Die allgemeine Vorstellung, die sich in diesem Gebete äußert, ist doppelschichtig. Für die Seele wird um Aufnahme in das Paradies des Buddha gebeten; zur Stärkung auf diesem Wege aber werden ihr Opfergaben aus der doch als Verwirrung und Irrtum empfundenen Welt geboten.

Gebet an Kuan-Yin, den Gott der Barmherzigkeit

O! Bei so vielen Übeln, die die Menschen auf der Erde umgeben, rufet oft seinen Namen an, denn er ist der Retter bei allen irdischen Übeln.

Für die, die ihn anrufen, zu welcher Welt sie auch gehören mögen, werden sich die Wege der Züchtigung schließen: Sie werden nicht in der Höllenwelt wiedergeboren werden, sondern in der reinen Welt des Amitabha. Sie werden von den Leiden der Krankheit und des Alters befreit werden.

O durchdringender Blick, reiner Blick, mitleidsvoller Blick, dessen, der die Klagelaute der Welt hört!

O ständig wache Sorge!

O Licht ohne die geringste Trübung!

O Sonne der Weisheit, die durch alle Schatten dringt, deren Strahlen alle Übel bezwingen!

Du, der du die ganze Welt erleuchtest, Mitleid, wie ein Licht leuchtend, liebevolles Erbarmen, alle Wesen einer Wolke gleich als Beschützer umhüllend, milder Tau und wohltätiger Regen!

Du, der du Hass und Zwietracht, Streit und Prozess tilgst, du, der du den Frieden mitten in die Schlachten bringst,

o Kuan-shih-yin!

O dass ich ständig an dich denke! Dass ich nie in meinem Leben an dir zweifle!

Du, so rein und so heilig, beschütze mich in Qual und Leid, in Gefahren und im Tode. Sei meine Stütze und Kraft!

Hilf mir, alle meine Aufgaben zu erfüllen. Du, der du mitleidsvoll alle Lebewesen betrachtest, Ozean wohltätiger Barmherzigkeit!

Ich rufe dich an, indem ich mich dir zu Füßen werfe.

Kuan-Yin, die man eine »östliche Madonna der Barmherzigkeit« genannt hat, wird in der Liturgie häufig, so auch in diesem Gebet, als männliches Prinzip angerufen.

Gebete des tibetischen Buddhismus

Gebet um Behütung auf der Jenseitswanderung

Ach, dass ich, wandernd im Samsara – gebannt durch die Macht der fünf verderblichen Gifte –,
auf dem hellen Strahlungspfad der Vier Vereinigten Weisheiten geführt werde von den Fünf Siegreichen Eroberern,
dass die fünf Ordnungen der Göttlichen Mütter meine Deckung seien,
dass ich errettet werde von den unreinen Lichtpfaden der sechs Lokas
und, gerettet aus den Hinterhalten des gefürchteten Bardo,
versetzt werde in die fünf reinen Göttlichen Reiche.

Ein anderes Gebet im selben Sinn

O ihr Wissen bewahrenden Gottheiten, schenkt mir Gehör.
Führt mich auf dem Pfad durch eure große Liebe.
Wenn ich im Samsara wandere ob meiner wuchernden Neigungen,
dass mich die Scharen der Helden, die Wissens-Halter,
auf den hellen Lichtpfad der gleichzeitig geborenen Weisheit führen,
dass die Scharen der Mütter, die Dakinis, meine Schützer seien,
dass sie mich erretten aus den schreckensvollen Hinterhalten des Bardo
und versetzen in die reinen Paradiesesreiche.

Ein Drittes Gebet

Ach! da ich jetzt im Samsara wandere – überwältigt
von Trugbildern,
Dass auf den Lichtpfad des Verlassens von Schrecken,
Furcht und Schauer
Mich führen die Scharen der Bhagavans, die Friedlichen
und Zornigen,
Dass mich decken die Scharen der Zornigen Göttinnen,
reich an Raum,
Und mich erretten aus den schreckensvollen Hinterhalten
des Bardo
Und versetzen in den Zustand der Vollkommenen
Erleuchteten Buddhas.
Dass, wenn wandernd allein, getrennt von lieben Freunden,
Wenn die leeren Formen der eigenen Gedanken hier
erscheinen,
Die Buddhas durch die Kraft ihrer Gnade
Furcht, Schauer und Schrecken im Bardo nicht aufkommen
lassen,
Dass, wenn die fünf hellen Weisheitslichter hier scheinen,
Erkenntnis komme ohne Schrecken und Schauer;
Dass, wenn die göttlichen Körper der Friedlichen und
Zornigen hier erscheinen,
Die Versicherung der Furchtlosigkeit erzielt und der Bardo
erkannt werde,
Dass, wenn durch die Macht bösen Karmas Elend gekostet
wird,
Die Schutzgottheiten das Elend zerstreuen,
Dass, wenn die Laute der Natur und der Wirklichkeit wie
tausend Donner erschallen,
Sie in die Klänge der heiligen Sechs Silben verwandelt
werden.
Schutzlos und dieweil ich hier dem Karma zu folgen habe,

Flehe ich den Gnädig Barmherzigen an, mich zu beschützen;
Dass, wenn ich das Elend Karmischer Neigungen hier erleide,
Die Glückseligkeit Klaren Lichtes dämmere;
Dass die Fünf Elemente nicht als Feinde aufstehen,
Sondern dass ich erblicke die Reiche der Fünf Ordnungen der Erleuchteten.

Unterweisung an den Toten

O Edelgeborener, höre gesammelt zu. Er von der bluttrinkenden Vajra-Ordnung, mit Namen Bhagavan Vajra-Heruka, dunkelblau an Farbe, mit drei Gesichtern, sechs Händen und vier fest aufstehenden Füßen, in der ersten Rechten einen Dorje haltend, in der mittleren einen Menschenskalp, in der letzten eine Schlachtaxt; in der ersten der Linken eine Glocke, in der mittleren einen Menschenskalp, in der letzten eine Pflugschar; sein Körper umarmt von der Mutter Vajra-Krotischaurima, deren rechte Hand seinen Hals umklammert und deren linke seinem Mund eine rote Schale gefüllt mit Blut anbietet, kommen vom östlichen Viertel deines Hirnes und scheinen auf dich. Fürchte es nicht. Erschrick nicht. Lass dich nicht einschüchtern. Wisse, dass dies die Verkörperung deines eigenen Inneren ist. Da es deine eigene Schutzgottheit ist, erschrick nicht. In Wirklichkeit ist es der Bhagavan Vajra-Sattva, der dir Vater und Mutter sein wird. Glaube an sie. Wenn du sie erkennst, wirst du sofort Befreiung erreichen. Wenn du sie so nennst, sie als deine Schutzgottheiten erkennst, in Vereinung mit ihnen eingehst, wirst du Buddhaschaft erreichen.

HINDUISMUS

Wegen der Vielfalt unterschiedlicher Glaubenslehren bildet der Hinduismus keine in sich geschlossene Einheit. Die Verehrung der drei Hauptgottheiten Vishnu, Shiva und Kali stellt praktisch eine je eigene Religion dar, daneben gibt es noch eine ganze Anzahl an größeren und kleineren Sondergemeinschaften. Alle weisen jedoch einige gemeinsame Grundmerkmale auf. So glaubt jeder Hindu an die Macht des Karma, das Gesetz von Ursache und Wirkung, das darüber entscheidet, in welcher Form ein Mensch entsprechend seiner guten und schlechten Taten wieder geboren wird. Damit ist das zweite Merkmal angesprochen, nämlich die Annahme, dass sich alle Wesen in einem Kreislauf ständiger Wiedergeburten (Samsara) befinden. Das Heilsziel besteht im Beenden des Kreislaufs, indem der Mensch spirituell so weit fortschreitet, dass er Befreiung (Moksha oder Mukti) erlangt. Dies kann durch Gottesliebe (Bhakti) oder Versenkungstechniken (Yoga) erreicht werden. Ferner gehört die Anerkennung der Kastenordnung und der Autorität des Veda zum hinduistischen Selbstverständnis. Der Veda (»Wissen«) besteht aus vier Sammlungen: Rig-Veda (Götterhymnen), Sama-Veda (Opfergesänge), Yajur-Veda (Opfersprüche) und Atharva-Veda (Zaubersprüche).

Ab ca. 1500 v. Chr. wanderten indoeuropäische Völker, die sich selbst »Arier«, »die Edlen«, nannten, nach Nordindien ein. Sie unterwarfen die einheimische Bevölkerung und besiedelten die Gangesebene. Zunächst organisierten sie sich in Kleinfürstentümern, die oft gegeneinander Krieg führten. Ihre maßgebende heilige Überlieferung war der Veda, der den Priestern (Brahmanen) den Vorrang vor allen anderen gab, da sie durch ihre Opferrituale den Fortbestand der ewigen Ordnung sicherten. Zu den wichtigsten vedischen Göttern zählen Indra (Kriegsgott) mit seinen Begleitern, den Maruts (Sturm- und Gewittergötter), Surya (Sonnengott), Rudra (Herr der Tiere), Vayu (Windgott), Ushas (Göttin der Morgenröte), Agni (Feuergott), Varuna (Hüter der ewigen Ordnung) und Soma (Gott der gleichnamigen Rauschpflanze, die den Göttern Unsterblichkeit verleiht).

Um 800 v. Chr. kamen neue Lehren auf. Anstelle des äußerlichen Opferritus rückte nun verstärkt die innere Heilssuche in den Vordergrund. Dies war die Geburtsstunde des eigentlichen Hinduismus mit seinen Vorstellungen von Karma, Samsara und Moksha. Niedergelegt wurden die Lehren in den Upanishaden, deren Kernsatz lautet: »Tat tvam asi« – »Dies bist du selbst«, womit die Wesenseinheit der menschlichen Seele (Atman) mit der »Weltseele« (Brahman) gemeint ist. Wenn die Einzelseele erkennt, dass sie im Grunde nie etwas anderes war als das Brahman, überwindet sie die Täuschung der illusionären Welt (Maya) und verlässt den Geburtenkreislauf für immer. Die Mittel zu diesem Zweck stellte anfangs der Yoga bereit, dessen Meditationspraxis zur Erleuchtung (Samadhi) und damit zur letztendlichen Befreiung führen sollte. Doch das war nur ein Weg für diejenigen, die Weltabgeschiedenheit und Askese auf sich nehmen wollten. Bhakti, die Hingabe an einen persönlichen Gott, wurde in der Folgezeit die vorherrschende Religionsform. Die wichtigste heilige Schrift für die Bhakti-Anhänger ist die von allen Hindus hoch geschätzte Bhagavadgita, in der Krishna als höchster Herr gepriesen wird. Heute verehrt die Mehrheit der Bevölkerung eine der drei Hauptgottheiten: Vishnu (mit seinen Inkarnationen als Krishna und Rama), Shiva oder die weibliche Kali (auch Durga genannt). Außerdem gibt es noch eine Unzahl an weiteren Gottheiten, die teilweise in »Götterfamilien« (z. B. Shiva mit seiner Gemahlin Parvati und seinem Sohn Ganesha) zusammengefasst sind. Allerdings ist der Eindruck, der Hinduismus sei eine polytheistische Religion, weil er so viele Götter und Göttinnen kennt, unzutreffend. Denn jeder Hindu setzt die von ihm verehrte Gottheit an die erste Stelle und betrachtet andere Glaubensformen nicht als prinzipiell gleichwertig. Er toleriert sie lediglich als Ausdruck des zeitlos gültigen Gesetzes (Sanatana Dharma), das alles in sich einschließt.

Die alltägliche Religiosität eines Hindus äußert sich eher individuell. In Privathäusern und Geschäftsräumen sind fast überall kleine Altäre oder Schreine mit Götterbildern und -statuen, Räucherwerk, Blumen, Früchten und anderem mehr aufgebaut. Zu Beginn einer Andacht (Puja) wird die Gottheit angerufen, damit sie in ihrem Bildnis gegenwärtig ist. Sodann folgt je nach Anlass eine kürzere oder längere Rezitation aus den heiligen Texten, eventuell verbunden mit einem konkreten Anliegen. Der elefantenköpfige Ganesha etwa, einer der populärsten Götter, wird als »Entferner der Hindernisse« insbesondere vor Reisen, Prüfungen, Geschäftsabschlüssen und Ähnlichem um Beistand gebeten. Tempelbesuche unternimmt ein Hindu in der Regel allein oder mit seiner Familie. Dort erbittet er den Segen der jeweiligen Gottheit oder lässt vom Tempelpriester ein Ritual durchführen. Eine Verpflichtung zum Tempelbesuch besteht nicht und gemeinsame Andachten von vielen Gläubigen finden nur im Rahmen von Festtagen oder Pilgerfahrten statt. Bei der Bewältigung der täglichen Anforderungen spielt die Astrologie eine große Rolle, und zwar in allen Bevölkerungsschichten. Zur Festlegung des günstigsten Zeitpunktes für profane wie religiöse Unternehmungen wird ebenso ein Astrologe zu Rate gezogen wie für die Wahl des passenden Ehepartners. Gründe für eventuelle Misserfolge sucht ein Hindu in seinem Horoskop oder in der Vernachlässigung seiner religiösen Pflichten und macht dafür kaum sein Karma verantwortlich, wie häufig angenommen wird. Denn dessen vom Menschen unabhängige Gesetzmäßigkeit entzieht sich seinem Einfluss.

An Brahmanaspati

Erhebe dich, Brahmanaspati! Gott verlangend wenden wir uns an dich. Die gabenschönen Marut sollen herkommen; Indra, sei du als Anführer dabei!
Denn dich, du Sohn der Kraft, ruft der Sterbliche an, wenn Gewinn auf dem Spiel steht. Die Meisterschaft, guten Rossbesitz soll erwerben, wer euer begehrt, ihr Marut.
Brahmanaspati soll sich aufmachen, die Göttin Großmut soll sich aufmachen zu dem mannhaften Herrn, der fünffach beschenkt. Die Götter sollen unser Opfer geleiten.
Wer dem Priester echtes Gut schenkt, der erwirbt unvergänglichen Ruhm. Für ihn erbitten wir den Segen guter Männer, die tüchtig voranstreben und fehlerlos sind.
Jetzt hebt Brahmanaspati das zum Preis bestimmte Dichterwort an, an dem Indra, Varuna, Mitra, Aryaman, die Götter ihr Behagen haben.
Dieses Dichterwort wollen wir vortragen bei den Opfern, das zusagende, fehlerlose, ihr Götter. Und so ihr Herren diese Rede gern aufnehmet, so wird sie alles Gute von euch erreichen.

Rig-Veda

Brahmanaspati, der Herr der magisch-heiligen Formel, die auf die Menschen und die Götter wirkt, ist der Prototyp des Priesters, der sein Amt bei Indra ausübt. – Die Marut sind machtvolle und junge Brüder, die auf Wagen, von Antilopen gezogen, dahineilen, die in die Wälder herabstürzen und großen Lärm verursachen. Sie sind die treuen Gefährten Indras. Nach der begründetsten Deutung verkörpern sie die Gewitter, besonders zur Zeit der Monsune im Herbst.

An Surya, die Sonne

Es fahren den Gott Jatavedas seine Strahlen herauf, auf dass die ganze Welt den Sonnengott schaue.
Wie Diebe schleichen die Gestirne mit dem nächtlichen Dunkel davon vor dem allschauenden Surya.
Seine Vorzeichen, die Strahlen, sind unter den Menschen weit sichtbar geworden, wie Feuer erglänzend.
Pünktlich, allsichtbar, Licht machend bist du, Surya; du bescheinst den ganzen Lichthimmel.
Den Geschlechtern der Götter zugewandt, den Menschen zugewandt, gehst du auf, der ganzen Welt zugewandt, auf dass sie das Sonnenlicht sehe.
Du durchläufst den Himmel, den weiten Luftraum, indem du die Tage durch die Nächte bemissest und die Geschöpfe beschaust, o Surya. Sieben Falbinnen fahren dich zu Wagen, Gott Surya, den Flammenhaarigen, den Weitschauenden.
Surya hat die sieben reinen Töchter des Wagens angeschirrt. Mit diesen, die sich von selber in das Joch schmiegen, fährt er.
Aus dem Dunkel heraus, das höhere Licht erblickend, den Gott unter den Göttern, den Surya, sind wir zu dem höchsten Lichte gelangt.
Wenn du heute aufgehst, du als Freund Geehrter, und am Himmel höher steigst, so vertreibe, o Surya, meine Herzkrankheit und Gelbsucht! Auf die Papageien, auf die Ropanakas legen wir meine Gelbsucht ab.

Rig-Veda

An die Morgenröte und die Ashvin

Ushas, die Morgenröte, ist die schöne Göttin, die die Tore des Himmels öffnet, von manchen auch als Mutter der Sonne betrachtet. Die Ashvin, die »Pferdebesitzer«, sind zwei glänzende Brüder, die der Morgenröte vorauseilen, vielleicht Personifizierung der Venus als Abend- und Morgenstern. Als wohltätige Heiler betrachtet.

Es haben die Morgenröten ihr Banner aufgesteckt, auf der östlichen Seite des Raums legen sie sich Licht als Salbe auf, sich ablösend, wie Tapfere ihre Waffen wechseln. Es kehren die roten Kühe wieder, die Mütter.
Die rötlichen Lichter sind plötzlich aufgeflogen; sie haben ihre rötlichen, leichtgeschirrten Kühe angeschirrt. Die Ushas haben wie früher die Zeiten bestimmt; die Roten haben ihr helles Licht aufgesteckt.
Sie stimmen den Lobgesang an; gleich Frauen fleißig an der Arbeit, in ein und derselben Fahrt, aus der Ferne kommend, indem sie alle Tage dem werkfrommen und freigebigen, dem Soma bereitenden Opferer Labsal zuführen.
Sie legt sich wie eine Tänzerin bunte Farben auf; sie enthüllt ihre Brust wie die Kuh das volle Euter. Indem sie der ganzen Welt Licht schenkt, hat die Ushas die Finsternis aufgeschlossen wie die Kühe die Hürde.
Ihr heller Schein ist wieder sichtbar geworden; sie breitet sich aus, vertreibt das schwarze Ungeheuer. Die Himmelstochter hat ihr buntes Licht aufgesetzt, wie der Priester bei den Opfern den Pfosten aufgesetzt hat, indem er ihm bunte Farben aufsalbt.
Wir sind ans Ende der Finsternis gelangt, die Ushas bestimmt aufleuchtend die Zeiten. Schön lächelt sie wie ein Verführer, wenn sie erstrahlt. Schön von Erscheinung, hat sie zum Frohsinn erweckt.
Als glanzvolle Bringerin der Schenkungen wird die Tochter des Himmels von den Gotamas gepriesen. Teil uns Belohnungen zu, in Kindern und Männern bestehend, wobei Rosse den Schluss und Rinder die Spitze bilden, o Ushas!
Ushas! Solch großen, Ansehen bringenden Reichtum an tüch-

tigen Söhnen möchte ich erlangen, bei dem Sklaven den Anfang und Rosse den Schluss bilden, o Holde, die du Lohn anweisend in tatenschönem Ruhme erstrahlst.
Alle Geschöpfe überschauend erstrahlt die Göttin weithin, jedem Auge zugewandt. Alles, was lebt, zum Gehen erweckend, hat sie die Rede eines jeden Dichtenden gefunden.
Die uralte, immer wieder geborene Göttin, die sich in der gleichen Farbe schmückt, alt machend und die Lebenszeit des Sterblichen vermindernd wie der geschickte Glücksspieler die schlechten Würfe, des Himmels Enden enthüllend, ist sie erwacht; sie treibt die Nacht, ihre Schwester, weit fort. Die menschlichen Lebenszeiten schmälernd, erstrahlt die junge Frau im Auge ihres Liebhabers.
Ihre Strahlen wie die Rinder ausbreitend, ist die Farbenprächtige, Holde weithin erglänzt wie die Stromflut. Die göttlichen Gebote nicht schmälernd, lässt sie sich erblicken, mit den Strahlen des Sonnengottes erscheinend.
Ushas, bring uns das ansehnliche Geschenk, du an Belohnungen reiche, durch die wir Samen und Nachkommenschaft erlangen!
Ushas, an Rindern, Rossen reiche, strahlende, leuchte uns heute hier reichliches Gut zu, du Gunstreiche!
So schirr denn, o Ushas, an Belohnungen reiche, heute die rötlichen Rosse und fahr uns alle Glücksgüter her!
Ihr Ashvin, bis zu uns macht eure Umfahrt, die Rinder und Gold bringt, ihr Meister! Hierher lenkend haltet eines Sinnes euren Wagen an!
Die ihr zu dieser Stunde des Tages euren Weckruf erhebt, durch den wir Samen und Nachkommenschaft erlangen!
Hierher sollen die früh wachen Priester die beiden Götter, die heilsamen Meister mit goldenen Rädern zum Somatrunk fahren.

RIG-VEDA

An Rudra

Rudra, der ›Heulende‹, ein Furcht erregender und unheilvoller Gott, ist der Vater der Marut. Man ruft ihn an, um nicht von seinen tödlichen Pfeilen getroffen zu werden.

Diese frommen Gedanken tragen wir dem starken Rudra vor, dem Männerbeherrscher mit aufgewundenem Haar, auf dass es Zweifüßlern und Vierfüßlern wohl ergehe und alle Aufzucht in diesem Dorfe gesund sei.
Hab mit uns Erbarmen, Rudra, und mach uns Freunde! Wir wollen dir, dem Männerbeherrscher, in Demut dienen. Welch Wohl und Heil Vater Manu durch Opfer erlangt hat, das möchten wir unter deiner Führung erreichen, Rudra.
Wir möchten durch Gottesdienst deine, des Männerbeherrschers, Huld erlangen, o belohnender Rudra. Wohlwollend komme zu unseren Niederlassungen. Mit heilen Männern möchten wir dir Opfer darbringen. Wir rufen den funkelnden Rudra, den Opfererfüller, den fliegenden Seher zur Gnade herab. Weit weg von uns soll er seinen göttlichen Zorn senden; seine Gunst nur erbitten wir.
Des Himmel rötlichen Eber, mit dem aufgewundenen Haar, den funkelnd Erscheinenden rufen wir unter Verbeugungen herab. Er, der die erwünschten Arzneien in der Hand hält, gewähre uns Schutz, Schirm, Zuflucht.
Diese Rede wird für den Vater der Marut gesprochen, diese Rede, die süßer als süß, eine Erbauung für Rudra ist. Und gönne uns, du Unsterblicher, die Menschenzehrung; habe mit uns selbst, mit unserem leiblichen Samen Erbarmen!
Weder den Großen noch den Kleinen unter uns, weder den Heranwachsenden noch den Erwachsenen unter uns, nicht unseren Vater noch die Mutter sollst du töten, noch unsere lieben Leiber schädigen, o Rudra!
Nicht sollst du uns an dem leiblichen Samen, nicht an unsrem

Leben, nicht an unseren Kühen und Pferden schädigen. Nicht sollst du im Grimm unsere Männer töten, o Rudra. Mit Opferspenden rufen wir dich immerdar an.
Ich habe dir Loblieder zugetrieben, wie der Hirt die Herde heimtreibt. Schenk uns, du Vater der Marut, deine Huld! Denn segensreich ist dein Wohlwollen, sehr barmherzig. Darum bitten wir uns nur deine Gunst aus.
Fern sei deine Rinder und Männer mordende Waffe; du Männerbeherrscher, bei uns soll deine Gnade sein. Erbarme dich unser und sei unser Fürsprecher, o Gott, und gewähre uns doppelten Schirm!

RIG-VEDA

AN VAYU

Dich, Vayu, sollen die schnell laufenden Rennpferde hierher zum Labetrank fahren, um zuerst zu trinken, um zuerst den Soma zu trinken. Aufrecht bereitstehende Großmut soll deinem Sinne willfahren, den sie kennt. Komm auf dem Niyut-bespannten Wagen zum Schenken, o Vayu, zum Schenken der Gabe!
Berauschen sollen dich die berauschenden Säfte, Vayu, von uns angemacht, wohl bereitet, für die Himmlischen bestimmt, mit der Kuhmilch angemacht, für die Himmlischen bestimmt. Da ja die Hilfen, die bereit sind sich gewinnen zu lassen, seinem Willen folgen, so vereinigen sich die Gebete, dass er Angebinde schenke, so reden ihm die Gebete zu.
Vayu schirrt die beiden roten, Vayu die rötlichen Rosse, Vayu die beiden linken an den Wagen, die besten Zugpferde, dass sie im Joche ziehen. Wecke die Wunscherfüllung wie der Liebhaber die Schlafende! Erhelle beide Welten, lass die Morgenröten aufleuchten, dir zum Ruhm lass die Morgenröten aufleuchten!
Für dich breiten die reinen Morgenröten in der Ferne ihre

schönen Gewänder ... in ihren Strahlen aus, die bunten Gewänder in den neuen Strahlen. Für dich soll die Kuh Sabardugha alle Güter milchen. Du erzeugtest die Marut aus den Eutern, aus den Eutern des Himmels.
Für dich regen sich die klaren, reinen, eilenden, in berauschender Wirkung starken Somasäfte im Gewoge, regen sich im Gewoge des Wassers. Dich ruft der hungrige Jäger um Glück auf der Jagd an. Du schützest, wie es dir zukommt, vor aller Welt, du schützest vor der Asuramacht, wie es dir zukommt.
Du, Vayu, hast als allererster das Anrecht auf den Trunk dieser Somatränke von uns, hast das Anrecht auf den Trunk der ausgepressten. Und wenn die um die Wette opfernden Stämme dich in Beschlag genommen haben, so geben alle Milchkühe für dich ihre Mischmilch her, geben ihren Buttertrank, ihre Mischmilch her.

RIG-VEDA

AN INDRA, SOMA UND DIE ANDEREN GÖTTER

Soma ist das heilige Getränk. Das ganze Gebet ist gegen die dunklen und dämonischen Kräfte (rakshas) der Erde gerichtet.

Indra und Soma! Verbrennt den bösen Geist, fangt ihn ein; streckt die im Dunkeln Erstarkten nieder, ihr Stiere! Zerbrecht die Ahnungslosen, brennt sie nieder, erschlagt sie, jagt sie fort, stecht die Atrins nieder!
Indra und Soma! Rings um den Bösredenden soll die böse Glut sieden wie ein vom Feuer erhitzter Kochtopf. Setzt dem Feind des heiligen Wortes, dem Aasfresser mit dem bösen Auge, dem Kimidin unerbittliche Feindschaft!
Indra und Soma! Stoßt die Übeltäter in die Grube, in die haltlose Finsternis, auf dass auch nicht einer von ihnen wieder he-

rauskomme. Diese eure grimmige Kraft soll zur Bezwingung genügen.
Indra und Soma! Schleudert gemeinsam die zermalmende Waffe vom Himmel und von der Erde auf den Bösredenden. Meißelt aus den Bergen den sausenden Schleuderstein heraus, mit dem ihr den erstarkten bösen Geist vertilgt!
Indra und Soma! Schleudert vom Himmel her die Geschosse! Mit den feuergeglühten, wie Stein schlagenden Geschossen, mit den glutbewaffneten, nie altersschwachen Flammen stoßet die Atrins in die Versenkung! Lautlos sollen sie dahingehen.
Indra und Soma! Dies Lied, das ich euch nach meiner Eingebung als Opfer vorführe, soll euch rings umfangen wie der Gurt die Streitrosse. Ermuntert wie Fürsten diese feierlichen Reden! Gedenkt seiner; in fliegender Eile erschlaget die Tückebolde, die hinterlistigen Unholde! Indra und Soma, nicht soll es dem Übeltäter gut ergehen, der uns jemals mit Tücke nachstellt.
Wer mich, der ich schlichten Sinnes wandle, mit unwahren Worten beschuldigt, der werde zunichte wie Wasser, das man mit der Hand fasst, als Sprecher von Nichtigem, o Indra.
Welche die schlichte Rede absichtlich verdrehen oder die das Gute willkürlich schlecht machen, die soll Soma entweder der Schlange preisgeben oder in den Schoß des Verderbens bringen.
Wer uns den Saft der Speise verderben will, den unserer Rosse, Kühe oder unserer Leiber, o Agni, der Schelm, der Dieb, der Diebstahl begeht, soll dahinschwinden, er soll mit Leib und Kindern eingehen!
Der soll um Leib und Kinder kommen; er soll unter alle drei Erdräume versinken. Sein Ansehen soll verdorren, ihr Götter, wer uns am Tag und wer uns bei Nacht zu schädigen sucht!
Für den kundigen Mann ist das leicht zu unterscheiden; das wahre und das falsche Wort widerstreiten einander. Welches von beiden das wahre, das richtige ist, das bedenkt Soma mit Gunst; das unwahre bekämpft er.
Wahrlich, der Soma fördert nicht den Unredlichen, nicht den

Herrscher, der fälschlich die Herrschaft führt. Er bekämpft den bösen Geist, bekämpft den unwahr Redenden. Beide erliegen in der Schlinge des Indra.

Als ob ich je falsche Götter gehabt hätte, oder als ob ich nur zum Schein die Götter anerkannt hätte, Agni – was grollst du uns, Jatadevas? Die falsch Redenden sollen dem Tode durch dich verfallen.

Noch heute will ich sterben, wenn ich ein Zauberer bin oder wenn ich das Leben eines Menschen verbrannt habe. Und der soll um zehn Söhne kommen, der fälschlich zu mir sagt: du Zauberer.

Wer zu mir, der ich kein Zauberer bin, sagt: du Zauberer, oder welcher Dunkelmann sagt: ich bin unschuldig, den soll Indra mit mächtiger Waffe erschlagen. Tief unter alle Kreatur soll er sinken!

Die Unholdin, die wie eine Eule des Nachts zum Vorschein kommt, sich hinter einer Truggestalt verbergend, die soll in endlose Tiefe sinken! Die Presssteine des heiligen Somatrankes sollen mit ihrem Geklapper die Unholde erschlagen.

Verteilet euch, ihr Marut, in den Ansiedlungen, sucht, nehmt fest, zerquetscht die Dunkelmänner, die in Vögel verwandelt des Nachts fliegen, oder die bei dem göttlichen Opfer Unredlichkeiten verüben.

Schleudre vom Himmel den Stein, o Indra; den somageschärften mach ganz scharf, du Gabenreicher! Von vorn, von hinten, von unten, von oben erschlage die Dunkelmänner mit dem Fels!

Sie schwärmen als Werwölfe umher. Den vor Schädigung sicheren Indra suchen die Schadensüchtigen zu schädigen. Shakra schärft für die Verleumder die Waffe. Möge er jetzt den Stein gegen die Zauberer schleudern.

Indra ward der Zerschmetterer der bösen Geister, die das Opfer stören und die nachstellen. Shakra fährt auf die Dunkelmänner los wie die Axt in den Baum, sie gleichmäßig wie Töpfe zerbrechend.

Den Zauberer in Eulengestalt, in Käuzchengestalt erschlage, den Zauberer in Gestalt des wilden Hundes und den in Kokagestalt, den Zauberer in Adlergestalt und in Geiergestalt, den bösen Geist zermalme wie mit dem Mahlstein die Körner!
Nicht soll des Zauberers böser Geist uns beikommen, die Morgenröte soll das Kimidinpaar wegleuchten. Die Erde soll uns vor irdischem Ungemach schützen, der Luftraum vor Ungemach über der Erde!
Indra, erschlage den männlichen Zauberer und seine Frau, die auf ihr Blendwerk pocht! Mit gebrochenem Genick sollen die Götzenanbeter versinken, nicht sollen sie die Sonne aufgehen sehen.
Schaut hin, schaut aus; seid wachsam, Indra und Soma! Schleudert die Waffe nach den bösen Geistern, den Schleuderstein nach den Zauberern!

RIG-VEDA

AN DIE GEWÄSSER

Götterwärts soll der Weg für die feierliche Rede gehen, hin zu den Gewässern wie auf Antrieb des Geistes, zu der großen Schöpfung von Mitra und Varuna. Für den breit Strömenden möchte ich das Loblied richtig treffen*.
So haltet denn, ihr Adhvaryus**, die Opferspenden bereit; geht verlangend zu den Opfer verlangenden Gewässern, auf die der rötliche Adler*** herabschaut! Diese Welle fasst heute, ihr Handfertigen!
Adhvaryus! Geht zum Wasser, zum See; verehrt den Apam Na-

* Die Hymne steht in enger Beziehung zur Zeremonie des Wasserschöpfens durch das Opfer des Soma.
** Adhvaryu ist der Priester, der die einzelnen Handgriffe beim Opfer tätigte und gleichzeitig die passenden Worte murmelte.
*** Der rötliche Adler ist die Sonne.

pat mit Opfern! Er gebe euch heute die geläuterte Welle; für ihn presst den süßen Soma!
Der ohne Brennholz im Wasser leuchtet, den die Beredsamen bei dem Opfer anrufen, Apam Napat, du mögest das süße Wasser geben, durch das Indra zur Heldenkraft erstarkt ist!
Mit denen Soma sich vergnügt und sich erregt wie der Jüngling an schönen jungen Frauen, zu den Gewässern geh, Adhvaryu, hin! Wenn du sie einfüllen wirst, so sollst du sie mit Pflanzen läutern.
Ebenso ergeben sich die Jungfrauen dem Jüngling, wenn er verlangend zu den Verlangenden kommt. Sie sind im Herzen einverstanden, sie stimmen zusammen: die Adhvaryus, die Dhishana* und die göttlichen Gewässer.
Dem, der euch Eingeschlossenen Freiheit schuf, der euch von großer Schande erlöste, für diesen Indra sendet eure süße, götterberauschende Welle, ihr Gewässer!
Ihr Flüsse, sendet diese berauschende, von Indra getrunkene Welle, die beide Welten bewegt, die rauscherregte, aus der Ushanapflanze gewonnene, wolkengeborene, den dreifältigen, im Kreise wandelnden Quell!
Sie, die im doppelten Fluss sich bewegen, die wie die Kämpfer in doppelten Reihen vorwärtsstürmen, sie verehre: die Mütter, die Gattinnen des Alls, die Gewässer, die zusammenwachsen und schwellen und sich des gleichen Ursprungs rühmen.
Beschleunigt das Opfer für unseren Gottesdienst, beschleunigt das Segenswort, um die Siegespreise zu gewinnen! Öffnet eure Euter bei der Ausübung des frommen Brauchs, seid uns willfährig, ihr Gewässer!
Ihr reichen Wasser, da ihr über das Gut schaltet und guten Rat und den Lebensbalsam bringt, und da ihr die Herrinnen des Schatzes an gutem Nachwuchs seid, so soll Sarasvati dem Sänger solche Kraft bringen. Wenn die ankommenden Wasser sicht-

* Dhishana, die Göttin des Überflusses.

bar geworden sind, geschlagene Butter, Milch, Honig bringend, sind sie mit den Adhvaryus von Herzen einig, dem Indra wohlgepressten Soma bringend –
Die reichen Gewässer, tragend die Fülle des Lebens, sind angelangt. O Adhvaryus, ladet sie ein, Platz zu nehmen, ihr Freunde! Bannt sie auf den Barhis, ihr Gläubigen des Soma, sie, die mit dem erhabenen Sohn der Gewässer eins sind.
Die Gewässer sind voll guten Willens zu diesem Barhis gekommen; die Frommen haben sich zum Opfer niedergesetzt. Nun, ihr Opferpriester, spendet für Indra den Soma. Nun ist die Verehrung der Götter für euch leicht gemacht.

RIG-VEDA

OPFERSPENDE AN DIE SONNE FÜR DIE HEILUNG VON EINER LÄHMUNG

Nach einer brahmanischen Legende errichteten einige Dämonen, Kalanga genannt, einen Altar, um zum Himmel aufzusteigen, wurden jedoch von Indra herabgestürzt. Beim Sturz entwichen zwei von ihnen und wurden als ›Himmelshunde‹ ans Firmament gesetzt, wahrscheinlich, um die Sonne und den Mond darzustellen. Zum Verständnis der Formel: Dem Gelähmten wurde der erkrankte Körperteil mit Erde von der Fußspur eines Hundes bedeckt. In diesem Sinne ist der Hinweis auf den Himmelshund zu verstehen.

Quer durch die Luft fliegt er und richtet seinen Blick auf alle Lebewesen mit der Majestät des Himmelshundes. Mit dieser Opferspende wollen wir dir unseren ehrfürchtigen Tribut zollen.
Die drei Kalanga, die am Himmel wie Götter blieben, sie alle

habe ich angerufen, um von ihnen Hilfe zu erlangen, auf dass dieser Mensch hier von seiner Krankheit erlöst werde.
Aus den Wassern bist du erstanden, am Himmel wohnst du, mitten im Meer und auf der Erde zeigt sich deine Größe. In der Majestät des Himmelshundes, mit dieser Opferspende wollen wir dir unseren ehrfürchtigen Tribut zollen.

ATHARVA-VEDA

WEIHEGEBET UM GESUNDHEIT UND LANGES LEBEN

Diese Hymne gehört zum Ritual der Aufnahme eines jungen Hindu in die brahmanische Gemeinschaft. Sie zerfällt deutlich in zwei Teile. Im ersten werden die Prinzipien der Trennung, im zweiten die der Identifizierung und Einheit aufgezeigt.

Die Götter sind frei von Gebrechlichkeit. O Agni, der Dämon der Feindseligkeit sei entfernt von dir. Ich befreie dich von allem Übel und jeder Krankheit und vereinige dich mit dem Leben.
Vayu, der Reinigende Wind, wird dich von Unheil befreien, Shakra* von böser Zauberei! Ich befreie dich von allem Übel und aller Krankheit und vereinige dich mit dem Leben.
Die Haustiere sind von den wilden Tieren getrennt; das Wasser ist fern vom Durst geflossen, Himmel und Erde gehen hier getrennt voneinander; die Pfade laufen in jeder Richtung. Ich befreie dich von allem Übel und jeder Krankheit und vereinige dich mit dem Leben.
Agni vereinigt die Lebensgeister, der Mond wird mit dem Atem des Lebens vereint. Ich befreie dich von allem Übel und jeder Krankheit und vereinige dich mit dem Leben.

* Shakra bedeutet Indra

Kraft der Geister des Lebens erweckten die Götter die allmächtige Sonne. Ich befreie dich von allem Übel und jeder Krankheit und vereinige dich mit dem Leben.
Lebe kraft des Lebensatems derer, die das Leben haben und Leben erzeugen; stirb nicht! Ich befreie dich von allem Übel und jeder Krankheit und vereinige dich mit dem Leben.
Atme mit dem Lebensatem derer, die atmen. Stirb nicht! Ich befreie dich von allem Übel und jeder Krankheit und vereinige dich mit dem Leben.
Erhebe dich mit dem Leben, vereinige dich mit dem Leben, erhebe dich mit dem Saft der Pflanzen! Dem Regen des Porganya entsprossen, sind wir untersterblich. Ich befreie dich von allem Übel und jeder Krankheit und vereinige dich mit dem Leben.

ATHARVA-VEDA

BITTGESANG FÜR EIN MÄDCHEN UM EINEN MANN

Beim Rezitieren der Hymne isst das Mädchen einen Kuchen aus Reis und Sesamkraut. Auf einem Altar sind die Opfergaben aus Gold und Gummiharz aufgestellt. Nach Darbringung eines nächtlichen Opfers, aus Reis und Gerste bestehend, entfernt sich das Mädchen und salbt sich mit Fett.

O Agni, möge ein Freier nach unserem Herzen zu uns kommen, möge er zu diesem Mädchen mit unserem Glück kommen! Möge sie, Freiern gefallend, anziehend bei den Festen, bald ihr Glück erfahren durch einen Ehemann!
Soma gefallend, Brahma gefallend, mit der unfehlbaren Sicherheit des Gottes Dhatar verleihe ich dir Glück und den Gewinn eines Mannes.
Diese Frau soll einen Mann erhalten, da König Soma sie lie-

benswürdig macht! Möge sie Söhne gebären und eine Königin werden; möge sie, ihrem Manne entgegenkommend, in ihrer Anmut erscheinen.
Wie diese behagliche Hütte, o Maghavan Indra, die ein sicheres Dach bietet, den Tieren eine willkommene Zufluchtsstätte geworden ist, so möge diese Frau, vom Glück begünstigt, geliebt werden und nicht in Zwietracht mit ihrem Ehemann leben. Besteige das volle und unerschöpfliche Schiff des Glücks, auf dieses bringe den Freier hin, der dir gefallen wird. Bringe hierhin durch dein Rufen, o Herr des Reichtums, den Freier, lenke sein Sinnen und Trachten auf sie hin; wende die rechte Seite jedes Gefallen erregenden Freiers ihr zu! Dieses Gold und Bdellium*, dieser Balsam, all diese Mittel haben dich in rechter Weise auf die Ehe mit einem Mann vorbereitet, auf dass du den einen bekommen mögest, der dir gefällt. Du, Kraut, verleihe ihn ihr!

Atharva-Veda

Gebet bei der Wahl des Königs

Das Gebet wurde beim Ritual für die Wiedereinsetzung eines Königs gesprochen, wenn ein solcher König in seine Länder zurückkehrte, aus denen er durch einen Usurpatoren oder Eroberer vertrieben worden war.

Dein Königreich ist zu dir gekommen: Erhebe dich, von Glanz umwoben! Schreite daher als der Herr des Volkes, herrsche als Weltenherrscher! Alle Gebiete im Umkreis werden dich, o König, anrufen; hier sei dir unser Dienst und unsere Verehrung erwiesen!
Dich werden die Stämme, dich werden diese Gebiete, fünf

* bitteres, wohlriechendes Gummiharz vom Balsamstrauch

Göttinnen durch ihre Wahl zur Herrschaft berufen! Lass deine Wurzeln auf der Höhe, dem Gipfel des Königreiches, verankert sein: Dann verteile, du Mächtiger, deine Güter unter uns! Deine Verwandten werden mit ihren Anrufungen zu uns kommen; der behände Agni wird mit ihnen als Bote kommen! Deine Weiber, deine Söhne werden dir ergeben sein; als mächtiger Herrscher wirst du reichen Tribut bewachen. Zuerst werden dich die Ashvins, Mitra und Varuna, alle Götter und die Maruts anrufen! Dann richte dein Sinnen und Trachten auf die Verleihung von Wohlstand, dann breite, du Mächtiger, Wohlstand unter uns aus! Eile hierher aus dem entferntesten Winkel: mögen dir Himmel und Erde gnädig gesonnen sein! So beschloss es der König Varuna; er selbst rief dich hierher, komm hierher!

Die reichen Gottheiten der Wege sind unter mannigfach verschiedenen Gestalten alle zusammengekommen und haben dir ein weites Reich abgetreten. Sie werden alle einmütig den Ruf an dich richten: tritt deine Herrschaft hier an als ein mächtiger, gütiger König his zum zehnten Jahrzehnt deines Lebens!

Atharva-Veda

Gebet eines Kaufmanns

Indra, ich, der Händler, rufe dich an. Mögest du zu uns kommen und unser Wagen sein. Mögest du uns Wohlstand gewähren, die Dämonen der Unzufriedenheit, die Wegelagerer und die wilden Tiere von uns abhalten!

Und die vielen Pfade, die Wege der Götter, die zwischen Himmel und Erde zusammenlaufen, mögen mich mit Milch und geschmolzener Butter erfreuen, so dass ich in überreichem Maße Gewinn erwerben kann.

Ich begehre danach, o Agni, mit Brennholz und geschmolzener

Butter dir Opfergaben darzubringen, um Erfolg und Kraft zu erlangen; nach Kräften lobe ich dich mit meinem Gebet, singe ich deinen göttlichen Gesang, auf dass ich hundertmal so viel verdiene!
Verzeih uns, o Agni, die Sünde, die uns auf dem langen Weg, den wir zurückgelegt haben, befallen hat! Mögen unsere Käufe und Verkäufe für uns erfolgreich verlaufen; möge das, was ich im Tauschhandel erlange, mir einen Gewinn bringen! Möget ihr zwei im Einverständnis miteinander an dieser Opferspende Gefallen finden! Mögen unsere Geschäfte und der aus ihnen wachsende Gewinn für uns günstig sein! Das Geld, mit dem ich zum Kaufe gehe in dem Wunsche, o Götter, Geld durch Geld zu verdienen, möge sich vermehren und nicht verringern! Vertreibe, o Agni, zum Dank für das Opfer die Götter, die den Gewinn versperren!
Das Geld, mit dem ich zum Kaufe gehe in dem Wunsche, o Götter, Geld durch Geld zu verdienen, mögen Indra, Prajapati, Savitar, Soma, Agni es für mich mit Ruhm auszeichnen!
Wir loben dich in Ehrfurcht, o Priester Vaishvahara. Behüte das Leben unserer Kinder, unser eigenes und das unserer Tiere!
Tagtäglich, ohne Unterlass, werden wir dir Opferspenden darbringen, o Gatadevas, wie Futter für ein Pferd, das im Stall steht. In der Freude über das Anwachsen unseres Reichtums und der Mittel zum Leben mögen wir, o Agni, deine Nachbarn, keinen Schaden erleiden!

ATHARVA-VEDA

GEBET UM VERGEBUNG DER SÜNDEN

Von den Sünden, die wir unbewusst und bewusst begangen haben, befreit uns, ihr Götter, durch eine einzige Bestätigung. Wenn ich wach oder dämmernd, zur Sünde neigend, eine Sünde begangen habe, möge mir das, was ich getan habe, und das, was ich tun werde, fortgenommen werden wie ein Joch aus Holz. Wie einer, der vom Joch befreit wird, in Schweiß gebadet, sich wäscht und so den Schmutz an sich entfernt, wie ausgelassene Butter durch einen Filter geklärt wird, so mögen alle Götter mich von den Sünden reinigen!

ATHARVA-VEDA

Gebet zum Himmel nach der Sündenvergebung

Wenn wir die Luft oder den Himmel und die Erde, Mutter oder Vater beleidigt haben, dann möge dieser Agni Garhapatya* unfehlbar aus einem solchen Vergehen uns in die Welt des rechten Tuns führen!
Die Erde ist unsere Mutter, das All ist unser Verbündeter, die Luft schützt uns vor feindlichen Plänen. Der Vater Himmel möge uns Glück aus der Welt der Väter bringen! Möge ich zu meinem Bruder zurückkehren, der von mir getrennt ist, und den Himmel nicht verlieren!
In jener glänzenden Welt, wo unsere frommen Freunde in Freude leben, nachdem sie die Leiden des Leibes hinter sich haben, von Schmerzen befreit, ohne Missbildungen an ihren Gliedern, dort sei ihnen gewährt, unsere Eltern und unsere Söhne zu empfangen.

ATHARVA-VEDA

Anrufung des Vishnu

OM! Ehre sei Vasuveda, Sieg dir, o Pundarikaksha, Anbetung dir, der Augen wie die Lotusblume hat! Verehrung dir, Hrishikesha, Mahapurusha und Purvaja.

* das Hausfeuer

Möge dieser Vishnu, der der lebende, nie untergehende Brahma ist, der Ishvara ist, der Geist ist, der mit seinen drei Qualitäten die Ursache der Schöpfung, Erhaltung und Zerstörung ist, der der Vater der Natur, des Intellekts und anderer Bestandteile des Universums ist, – möge er für uns Spender der Einsicht, des Heils und der endgültigen Befreiung sein.

Vasuveda ist ein Attribut Vishnus. Während Brahma die abstrakte Kraft des höchsten Geistes ist, bedeutet Ishvara die aktive göttliche Natur. Die drei Eigenschaften der Gottheit sind: selige Wonne, Dynamik und Beharrungskraft.

Gebet zu Shri

Ich beuge mich vor dir, Shri, der Mutter aller Wesen, die auf ihrem Throne von Lotosblumen sitzt, mit Augen wie Lotusblumen in voller Blüte, an die Brust des Vishnu gelehnt. Du bist Siddhi (die übermenschliche Macht); du bist Abend, Nacht und Morgendämmerung; du bist Macht, Geist und Glaube, du bist die Königin der Wissenschaften.
Du, erhabene, schöne Göttin, bist die Wissenschaft der Opfer. Du bist die Wissenschaft der Verehrung des geheimen Weltprinzips. Du bist die Wissenschaft der Gebete und Versenkungen. Du bist die höchste Wissenschaft, welche die vollständige Befreiung bringt.
Du bist die Weisheit des Verstehens. Du bist die drei Veden. Du bist die Kunst und die Wissenschaft. Du bist die Wissenschaft der Moral und der Politik.
Durch dich, o Göttin, ist die Welt mit den schönen und den hässlichen Göttern bevölkert.
Und wer anders als du thront auf dem Leibe des Gottes der Götter, des höchsten Einsiedlers, der sich aus den Opfern erhebt und von den heiligen Asketen meditiert wird?
Von dir verlassen, war die Dreiwelt am Rande ihres Sturzes. Aber durch dich erhielt sie ihr Leben zurück.

Durch deinen wohlwollenden Blick, mächtige Göttin, mögen die Männer Frauen, Kinder, Behausungen, Freunde, gute Ernten und Wohlstand erlangen.
Gesundheit und Stärke, Macht, Sieg und Glück sind leicht für die zu erreichen, denen du gütig zulächelst.
Du bist die Mutter aller Wesen; wie der Gott der Götter, Vishnu, ihr Vater ist: und diese Welt, ob belebt oder unbelebt, wird von dir und Vishnu durchdrungen.
Du, die du alle Dinge reinigst, vergiss nicht unsere Schätze und Kornspeicher, unsere Behausungen, unsere Diener, unsere Verwandten und unsere Frauen. Lass nicht unsere Kinder, unsere Freunde, unseren Stamm und unsere Edelsteine im Stich, du, deren Heimat am Busen des Gottes der Götter ist. Die, die du verlässt, sind der Wahrheit, der Reinheit, der Güte, jeder liebenswürdigen und hervorragenden Eigenschaft beraubt; während die Niedrigen und Unwürdigen, denen du günstig gesonnen bist, unmittelbar mit allen hervorragenden Eigenschaften beschenkt werden, mit Familien und mit Macht.
Der, auf den sich dein Blick richtet, ist ehrenhaft, liebenswürdig, glücklich, weise, von vornehmer Herkunft, ein Held von unwiderstehlicher Tapferkeit. Aber all seine Verdienste und seine Vorzüge werden wertlos, wenn du von ihnen, Geliebte des Vishnu, dein Antlitz abwendest.
Die Worte selbst des Brahma vermögen nicht, deine Vortrefflichkeit zu rühmen. Sei mir, Lotusäugige Königin, günstig gesonnen und lasse mich nie mehr im Stich!

Wenn ein Vogel ihn mit seinen Exkrementen beschmutzt hat, betet er:
Der Vogel, der in seiner Furcht mit den Zerstörern zusammen fliegt, soll auf mich Glück, günstigen Glanz und Kraft ausschütten.

Wenn ein Wassertropfen einem Brahmanen auf den Rücken fällt:
Vom Himmel, aus der Luft ist ein Tropfen Wasser auf mich herabgefallen, der mir Glück bringt. Ich habe meine Sinne und meinen Geist mit meinem Selbst geeint, beschützt durch das Gebet, das von den Gerechten gebetet wurde.

Wenn unversehens eine Frucht auf ihn herabfällt:
Wenn eine Frucht vom Wipfel des Baumes oder aus der Luft auf mich herabgef allen ist, dann ist es Vayu, der sie fallen ließ. Wo er unseren Leib oder unser Gewand getroffen hat, dort mögen die heiligen Wasser den Verfall davontragen.

Wenn man an einer Wegkreuzung anlangt:
Anbetung dem, der an der Wegkreuzung wohnt, dessen Pfeil der Wind ist, dem Rudra! Anbetung dem Rudra, der an der Wegkreuzung lebt!

An einer Stelle, wo sich häufig Schlangen finden:
Anbetung dem, der unter den Schlangen lebt, dessen Pfeil der Wind ist, dem Rudra! Anbetung dem Rudra, der unter den Schlangen lebt!

Gegen einen heulenden Schakal:
Wenn du deine göttliche Stimme erhebst, unter die Lebewesen tretend, dann vertreibe mit deiner Stimme unsere Feinde. O Tod, führe sie zum Tode!

Zeremonie beim Baden eines Kindes

Von lang dauernden Krankheiten, von Vernichtung, von List und Tücke, von Varunas Fesseln befreie ich dich. Ich mache dich unschuldig vor dem Brahman; mögen Himmel und Erde dir günstig gewogen sein.
Möge Agni gemeinsam mit den Wassern dir Segen bringen, Himmel und Erde gemeinsam mit den Kräutern; möge die Luft gemeinsam mit dem Winde dir Segen bringen; mögen die vier Himmelsrichtungen dir Segen bringen.
Zu Recht haben die Götter die Sonne von der Dunkelheit und vom Griff des Dämon befreit; sie haben sie von jeder Schuld befreit; so befreie ich dieses Kind von lang dauernden Krankheiten, vom Fluche, der von seiner Herkunft herkommen könnte, von List und Tücke und von Varunas Fesseln.

Wunsch für alle Lebewesen

Mögen Götter, Menschen, Tiere, Vögel, Heilige, Yakshas, Schlangen, Dämonen, Geister, Kobolde, Bäume – alle, die nach Nahrung verlangen, die von mir gegeben wird; mögen Ameisen, Würmer, Motten und andere Insekten, ausgehungert und durch die Fesseln ihrer Taten gebunden, mögen alle gesättigt werden durch die Nahrung, die ich ihnen überlasse, und sie glücklich genießen! Mögen die, die weder Vater noch Mutter, weder Verwandte noch Nahrung noch die Mittel, sie sich zu bereiten, haben, befriedigt werden und ihr Gefallen haben an der Nahrung, die ihnen zur Freude geboten wird! Insofern sind alle Lebewesen und diese Nahrung und ich und Vishnu nicht voneinander unterschieden, ich gebe daher zu ihrem Unterhalt die Nahrung, die eins ist mit dem Körper aller Geschöpfe.
Mögen alle Lebewesen durch die von mir dargereichte Nahrung zu ihrer Freude und Wonne befriedigt werden!

Gebet nach der Mahlzeit

Möge das Feuer, von der Luft entfacht, diese Nahrung in die stofflichen Elemente meines Leibes verwandeln und in dem Raum, den die ätherische Hülle bestimmt, mir Genugtuung geben!
Möge diese Nahrung zur Stärkung des Festen, des Flüssigen, des Feurigen, des Luftigen in meinem Leibe einverleibt werden und mir ununterbrochen Segen bringen!
Mögen Agasti, Agni und das unterseeische Feuer die Aufnahme der Speise befördern, die ich gegessen habe! Mögen sie mir die Freude und das Behagen gewähren, das ihre Verwandlung in Nahrung erzeugt, und möge immer Gesundheit meine Gestalt beleben!
Möge Vishnu, der ja das Grundprinzip aller Dinge ist, die mit körperlicher Struktur und Sinnesorganen begabt sind, wegen meines Glaubens an ihn mir günstig sein und die richtige Aufnahme der stärkenden Speise, die ich aß, lenken!
Denn Vishnu ist in Wahrheit der Esser und die Nahrung und die Stärkung durch die Nahrung, und in diesem Glauben möge das, was ich aß, in mich eingehen!

An das Brahman

Höchstes Brahman, höchste Stätte und höchste Läuterung bist du!
Den ewgen Geist, den himmlischen, den Urgott, mächtig, ungeboren – So nennen dich die Weisen all, – auch der Gottweise Narada,
Asita, Vyasa, Devala – und auch du selber sagst es mir.
Dies alles halte ich für wahr, was du mir sagst, o Keshava!
Denn deine Offenbarung ist Göttern und Geistern unbekannt,

Du selber aber kennst dich wohl durch dich selber, o höchster Geist,
Der Wesen Heiland du und Herr, Gott der Götter und Herr der Welt! Du kannst es künden ohne Rest, denn himmlisch ist ja deine Macht,
Mit welcher Macht du diese Welt durchdrungen hast und stehst so da. Wie erkenn ich dich, Heiliger, wenn ich auch immer denk an dich?
In welchem Zustand deines Seins soll ich dich fassen, Herrlicher?
Ausführlicher erzähl mir noch von deiner Wunderkraft und Macht!
Hör ich den Nektar deines Worts, dann hör ich mich wohl niemals satt.

BHAGAVADGITA

DIE VISION DES HÖCHSTEN

Die Götter schau ich all in deinem Leibe,
O Gott, so auch die Scharen aller Wesen,
Brahma, den Herrn, auf Seinem Lotussitze,
Die Rishis alle und die Himmelsschlangen.
Mit vielen Armen, Bäuchen, Mündern, Augen
Seh ich dich – allerwärts endlos gestaltet;
Nicht Ende, Mitte, noch auch Anfang seh ich
An dir, du Herr des Alls, du allgestaltger!
Mit Diadem, mit Keule und mit Diskus,
Ein Berg von Glanz, nach allen Seiten strahlend,
So seh ich dich, ringsum schwer anzuschauen,
Wie strahlend Feuer und Sonnenglanz, unmessbar.
Das Unvergängliche, höchst Wissenswürdge,
Der größte Schatz bist du des ganzen Weltalls,
Du bist des ewgen Rechtes ewger Hüter,

Als ewgen Urgeist hab ich dich begriffen.
Ohn Anfang, Mitte, End, unendlich kraftvoll,
Mit Armen ohne End, mond-sonnen-äugig,
Mit einem Mund wie strahlend Opferfeuer
Seh ich mit eigner Glut dies All dich wärmen.
Was zwischen Erd und Himmel ist, erfüllst du
Mit dir allein, und jede Himmelsgegend, –
Die Dreiwelt bebt, wenn deine wundersame
Schreckensgestalt sich ihren Blicken zeigt.
Sieh dort der Götter Scharen zu dir treten,
Furchtsam, die Hände faltend, sie dich preisen;
Hei! ruft die Schar der Seher und der Selgen, –
Sie preisen dich mit prächtgen Lobgesängen.
Die Rudras, Adityas, Vasus und Sadhyas,
Allgötter, Ashvin, Marutas und Manen,
Gandharven, Yakshas, Asuras und Selge,
Sie alle schaun empor zu dir voll Staunen.
Dein Riesenleib mit vielen Mündern, Augen,
Mit vielen Armen, vielen Schenkeln, Füßen,
Mit vielen Bäuchen, Rachen voller Zähne, –
Es bebt die Welt, ihn schauend – ich auch bebe.
Den Himmel rührend, strahlend, mannigfarbig,
Mit offnem Munde, großen Flammenaugen, –
Schau ich dich so, dann zittert meine Seele,
Nicht find ich Festigkeit und Ruh, o Vishnu.
Schau deine Rachen ich mit dräunden Zähnen,
Dem Feuer ähnlich bei der Zeiten Ende,
Dann weiß ich nichts und finde nirgends Zuflucht, –
Sei gnädig, Götterherr, du Weltenwohnstatt!
Und diese Söhne all des Dhritarashtra,
Zusamt den Scharen königlicher Helden,
Bhishma und Drona, samt des Lenkers Sohne,
Zusamt den Unsrigen, den besten Kämpfern;
Sie nahen eilend sich zu deinen Rachen,

Den schrecklichen, klaffend mit dräunden Zähnen;
Es stecken manche schon zwischen den Zähnen,
Man kann sie sehen mit zermalmten Köpfen!
Gleichwie der Ströme mächtge Wasserwogen
Zum Meere hin, ihm zugewendet, laufen,
So diese Helden aus der Welt der Menschen
Bewegen sich in deine Flammenrachen.
Wie Schmetterlinge in ein flammend Feuer
In voller Hast zum Untergange eilen,
So eilen auch zum Untergang die Menschen
In voller Hast hinein in deine Rachen.
Du leckst und züngelst rings umher, verschlingend
Die Menschen alle mit den Flammenrachen;
Die ganze Welt mit ihrem Glanz erfüllend,
Glühn deine fürchterlichen Strahlen, Vishnu!
Sag mir, wer bist du, Fürchterlichgestaltger?
Verehrung dir, du höchster Gott, sei gnädig!
Dich Uranfänglichen möcht ich erkennen,
Denn nicht begreifen kann ich die Erscheinung.

BHAGAVADGITA

JUDENTUM

Die jüdische Geschichte beginnt mit der Einwanderung nomadischer Viehzüchter ab etwa 1500 v. Chr. nach Kanaan (Palästina). Drei herausragende Gestalten aus jener Zeit gelten als die so genannten Stammväter: Abraham, Isaak und Jakob. Letzterer erhielt laut der Torah – die fünf Bücher Moses – von Gott einen neuen Namen: Israel (Gottesstreiter). Hinfort hießen seine Nachkommen »die Kinder Israels«. Da die Nomaden in Palästina während der Wintermonate mangels Regen keine ausreichende Lebensgrundlage hatten, wichen sie in das Niltal aus. Hier mussten sie Sklavenarbeit für den Pharao verrichten. Unter der Führung von Moses schlossen sich die einzelnen Sippen zu einem einheitlichen Volk zusammen und kehrten im 13. Jahrhundert v. Chr. in das gelobte Land zurück. Der Auszug aus Ägypten und die nachfolgenden göttlichen Offenbarungen an Moses auf dem Berg Sinai sind die zwei zentralen Ereignisse aus der Frühzeit des Judentums. An die Befreiung aus der Knechtschaft erinnert alljährlich das Passah-Fest.
Die nach wechselhaften Kämpfen mit feindlichen Völkern entstandenen zwei Reiche, das Nordreich Israel und das Südreich Juda, wurden unter König David etwa 1000 v. Chr. vereint. Davids Nachfolger Salomo ließ das bedeutendste Heiligtum errichten, den Tempel in Jerusalem. Nach seinem Tod 928 v. Chr. flammten die alten Feindseligkeiten wieder auf, die Einheit zerfiel und die Assyrer vernichteten 722 v. Chr. das Nordreich. Juda fiel in die Hände der Babylonier, der Tempel wurde zerstört und die Angehörigen der jüdischen Führungsschicht gerieten ab 597 v. Chr. in die bekannte Babylonische Gefangen-

schaft, die etwa 60 Jahre andauerte. Es folgten Fremdherrschaften von Persern, Griechen, Ptolemäern und Seleukiden, wobei die Juden meistens ihre Religion weiter ausüben durften. Nachdem Juda 63 v. Chr. zur römischen Provinz geworden war, kam es in den nächsten Jahrzehnten unter anderem wegen des immer höheren Steuerdrucks zu Aufständen. In deren Verlauf wurde der 515 v. Chr. neu erbaute Zweite Tempel im Jahre 70 n. Chr. bis auf die heutige Klagemauer abermals zerstört. Damit ging der religiöse Mittelpunkt verloren. Die nationale Einheit endete 135 n. Chr. mit der endgültigen Niederlage gegen die Römer und der Vertreibung aus Juda. Von da an begann die Zeit der jüdischen Diaspora (»Zerstreuung«).

Um die Überlieferung in der Diaspora nicht abreißen zu lassen, wurden Religionsschulen gegründet, zunächst in Babylonien, später auch in Europa und Arabien. Hier kommentierten und interpretierten Gelehrte (Rabbis) die jüdische Bibel (Tanach), die von Christen als Altes Testament bezeichnet wird. Die Torah ist der erste Teil des Tanach. Im Talmud wurden die Ausdeutungen zusammengefasst und je nach Notwendigkeit weiter ergänzt. Daneben enthält der Talmud aber auch Erzählgut, Zeremonien, Bräuche, Volksweisheiten, Speisevorschriften, Gebete, verschiedene Meinungen zu einzelnen Fragen und vieles mehr. Das Anliegen der Autoren war vor allem, den jüdischen Gemeinden Anleitungen zur Klärung von Zweifelsfällen an die Hand zu geben. So führte die Lösung von neu auftauchenden Problemen des Alltagslebens zu immer umfangreicheren Kommentaren. Die Vielzahl an Vorschriften, Geboten und Verboten hatte zur Folge, dass Außenstehende das Judentum oft als eine Religion des Gesetzes betrachten. Aber ein Jude beachtet die religiösen Gesetze nicht, weil er sich davon eine göttliche Belohnung verspricht, sondern um dem Auftrag Gottes nachzukommen, sich an das Gesetz zu halten. Zudem bildet der Inhalt des Talmud keine unumstößliche Norm, er gibt lediglich eine Maxime vor, an der man sich orientieren soll. Auf

neue Herausforderungen – etwa, ob man am Sabbat zu den Waffen greifen darf – findet das Judentum stets neue Antworten, anderenfalls hätte es die Zeiten auch gar nicht überdauern können.
In den fast zwei Jahrtausenden, während sie über die ganze Welt zerstreut waren, haben die Juden nie das Bewusstsein für ihre besondere Identität verloren. Diese Identität gründet auf vier Elementen: einem strengen Eingottglauben, dem göttlichen Wort, dem Einhalten der Gebote sowie dem Bezug zum Land Israel. Der Name Gottes (JWHW = Jahwe) soll wegen seiner absoluten Heiligkeit nicht ausgesprochen werden, ebenso wenig darf man Gott bildlich darstellen. Seine Heilstaten bestehen darin, dass er die Juden als sein Volk auserwählte, mit ihnen einen Bund schloss, sie in das verheißene Land führte und ihnen das Gesetz offenbarte. Am besten wird er durch die Befolgung des Gesetzes verehrt, was nicht zuletzt ein wesentlicher Faktor zur Bewahrung des jüdischen Glaubens in der Diaspora war. Als Ebenbild Gottes erschaffen, soll der Mitmensch als Nächster geliebt werden, gleich welcher Abstammung, Nationalität oder Religion. Gut und Böse kamen durch Gott in die Welt, er stellt es jedem Einzelnen frei, wofür er sich entscheidet. Doch in welcher Form die Gerechten belohnt und die Sünder bestraft werden, bleibt dem Menschen verborgen. Fest umrissene Paradies- oder Höllenvorstellungen kennt das Judentum nicht, im Vordergrund stehen die Pflichten des diesseitigen Lebens, alles Weitere ist müßige Spekulation.
Nachdem der Tempel in Jerusalem nicht mehr als das zentrale Heiligtum zur Verfügung stand, übernahmen Synagogen die Funktion des Gemeinde- und Bethauses. Viele der alten Tempelbräuche wurden in veränderter Form weitergeführt, etwa Gebete zu den Zeiten, als früher die Tieropfer stattfanden. An die Stelle der Tempelpriester traten die Rabbis bzw. Rabbiner (»mein Meister«). Anfänglich nur mit der Schriftauslegung betraut, wuchs ihnen mehr und mehr die Rolle eines geistlichen

Führers zu. Sie predigen und beraten die Gemeindemitglieder in Rechtsfragen und Alltagsproblemen. Männern und Frauen sind in einer Synagoge getrennte Sitzbereiche zugewiesen. Ein Kantor rezitiert aus der Torah, die innerhalb eines Jahres einmal vollständig gelesen wird. Die Gläubigen sind aktiv am Gottesdienst beteiligt, indem sie beim Tragen der Torah-Rollen zum Lesepult helfen und der Reihe nach selbst einige Stellen daraus vortragen. Damit ein Gottesdienst abgehalten werden kann, ist die Anwesenheit von mindestens zehn männlichen Juden im Alter von über 13 Jahren erforderlich. Zur Liturgie gehört ferner ein Gebetbuch (Siddur), das alle täglichen Gebete und diejenigen für die Festtage enthält. Die heiligste Zeit der Woche ist der Sabbat, der von Freitag- bis Samstagabend dauert. Fromme Juden verzichten an diesem »Ruhetag des Herrn« auf jegliche Arbeit, selbst auf das Anzünden eines Streichholzes. Beim Sabbatgottesdienst wird zusätzlich eine Predigt gehalten. Die wichtigsten Gebete sind das Glaubensbekenntnis (Schema Israel), »Höre, Israel! Gott ist einzig, darum sollst du ihn lieben mit ganzem Herzen, mit ganzer Seele und mit ganzer Kraft!«, und das Totengebet (Kaddisch) zum Gedenken an die Verstorbenen. Der heiligste Ort der Juden ist die Klagemauer, die ehemalige Westmauer des Zweiten Tempels. Da hier die göttliche Kraft anwesend sein soll, wird den Gebeten an dieser Stelle eine besondere Wirksamkeit zugeschrieben. Oft schreibt man Gebete auf Papierschnipsel und steckt sie in eine Mauerritze. Während des Betens tragen viele Juden die so genannten Gebetsriemen (Tefillin), die um den linken Oberarm und den Kopf gebunden werden und die in kleinen Lederbehältern Pergamentstreifen mit Versen aus der Torah enthalten.

Glaubensbekenntnis (Schema Israel)

Höre, Israel! Gott ist einzig, darum sollst du ihn lieben mit ganzem Herzen, mit ganzer Seele und mit ganzer Kraft!
Diese Worte, die ich dir heute gebiete, sollen in deinem Herzen geschrieben stehen und du sollst sie deinen Kindern erzählen und davon, wenn du zu Hause sitzt oder unterwegs bist, wenn du dich schlafen legst und wenn du aufstehst. Du sollst sie als Zeichen um dein Handgelenk binden und sie sollen ein Merkzeichen auf deiner Stirn sein. Du sollst sie auf die Türpfosten deines Hauses und an deine Tore schreiben.

5. Mose 6

Morgengebet (Auszug)

Mein Gott! Die Seele, die du mir rein gegeben hast, wurde von dir erschaffen. Du hast sie geformt, du hast sie mir eingehaucht, und du hütest sie in mir, so wie du sie einst von mir nehmen und sie mir wiedergeben wirst in der zukünftigen Welt. So lange die Seele in mir ist, danke ich dir, Ewiger, mein Gott und Gott meiner Väter, Meister aller Werke, Herr aller Seelen. Gelobt seist du, Ewiger, der die Seelen zurückgibt den toten Leibern.

Mittagsgebet (Auszug)

Herr, öffne meine Lippen und mein Mund soll deinen Ruhm verkünden. Gepriesen seist du, Ewiger, unser Gott und Gott unsrer Väter, Gott Abrahams, Gott Isaaks und Gott Jakobs, großer, mächtiger und furchtbarer Gott, höchster Gott! Der Gnade und Güte gewährt und das All erschuf und der Liebe der Väter gedenkt.
Du bist mächtig in Ewigkeit, Herr! Die Toten belebst du, die

Lebenden erhältst du in deiner Gnade, die Toten erweckst du in großem Erbarmen. Du hilfst den Strauchelnden, heilst die Kranken, erlöst die Gefangenen und hältst den in Staub Schlafenden die Treue. Wer ist wie du, Herr aller Dinge, und wer gleicht dir?
Du bist heilig, dein Name ist heilig, und die Heiligen loben dich jeden Tag. Gepriesen seist du, Ewiger, heiliger Gott.
Höre unsere Stimme, Herr unser Gott, schone uns, erbarme dich über uns und empfange in Barmherzigkeit und Wohlgefallen unser Gebet, denn du, Gott, hörst Gebet und Flehen. Und lass uns, o unser König, nicht leer von dir zurückkehren, denn du hörst das Gebet deines Volkes Israel in Erbarmen. Gepriesen seist du, Ewiger, der das Gebet erhört.

Abendgebet (Auszug)

Ihr Diener des Herrn, lobt seinen Namen. Gelobt sei der Name des Herrn von jetzt an bis in Ewigkeit. Von Sonnenaufgang bis Sonnenuntergang sei der Name des Herrn gelobt.
Lobet den Herrn, ihr seine Diener, die ihr euch des Nachts im Hause des Herrn befindet. Erhebt eure Hände im Heiligtum und lobet den Herrn! Der Herr, der Himmel und Erde erschaffen hat, segne euch.

Totengebet (Kaddisch)

Erhoben und geheiligt sei sein großer Name, in der Welt, die er erneuern wird. Er belebt die Toten und führt sie empor zu ewigem Leben. Er erbaut die Stadt Jerusalem und errichtet seinen Tempel auf ihren Höhen. Er tilgt den Götzendienst von der Erde und setzt den Dienst des Himmels wieder an seine Stelle. Regieren wird der Heilige, gelobt sei er, in seinem Reiche und in seiner Herrlichkeit, in eurem Leben und in euren Tagen und im Leben des ganzen Hauses Israel, jetzt und in naher Zukunft. Sein großer Name sei gelobt, in Ewigkeit und Ewigkeit der Ewigkeiten! Er sei gelobt und verherrlicht und erhoben und gefeiert. Gepriesen sei der Name des Heiligen, gelobt sei er, hoch hinaus über jede Lobpreisung und jedes Lied, jede Verherrlichung und jedes Trostwort, welche jemals in der Welt gesprochen wurden. Gelobt sei der Name des Ewigen, von nun an bis in Ewigkeit! Es sei Fülle des Friedens vom Himmel herab und Leben, über uns und über ganz Israel. Meine Hilfe kommt vom Ewigen, dem Schöpfer des Himmels und der Erde, der Frieden schafft in seinen Höhen. Er schaffe Frieden unter uns und über ganz Israel.

Das Opfer der Erstlinge

Dies ist das nach dem offiziellen Text übersetzte, für die Darbringung der Erstlinge vorgeschriebene Antwortgebet des Gläubigen an den Priester (5. Mose 26,5–10); bemerkenswert, weil hier noch die Abstammung des Judentums aus einem gemeinsam Westsemitischen angerufen wird. Das Aramäische wurde dann wieder die allgemein-jüdische Sprache und so auch diejenige Jesu, das Hebräische aber zur Sakral- und Gelehrtensprache, um seit Ende des 19. Jahrhunderts in Israel/Palästina in Neuhebräisch (Ivrit) seine Wiederauferstehung zu erfahren.

Ein umherirrender Aramäer war mein Stammvater; mit wenigen Leuten zog er nach Ägypten hinab und lebte dort als Fremdling, wuchs dort aber zu einem großen, starken und zahlreichen Volke heran. Weil uns aber die Ägypter misshandelten und bedrückten und uns harte Knechtschaft auferlegten, schrieen wir zu dem Herrn, dem Gott unserer Väter, um Hilfe, und der Herr erhörte unser Flehen und sah unser Elend, unsere Mühsal und Bedrängnis, und der Herr führte uns mit starker Hand und hoch erhobenem Arm, mit Schrecken erregender Macht und unter Zeichen und Wundern aus Ägypten hinaus; er brachte uns an diesen Ort und gab uns dieses Land, ein Land, das von Milch und Honig überfließt. Und nun bringe ich hier die Erstlinge von den Früchten des Landes, das du, Herr, mir gegeben hast.

5. Mose 26

Gebet bei der Entrichtung des Zehnten

Ich habe die heilige Abgabe aus meinem Hause getragen und sie auch den Leviten und Fremdlingen, den Waisen und Witwen genau so übergeben, wie du mir geboten hast; ich habe keines von deinen Geboten übertreten noch vergessen. Ich habe nichts davon gegessen in meiner Trauer, und nichts davon weggeschafft, während ich unrein war, und habe nichts davon für die Totenspeisung verwandt; ich habe den Weisungen des Herrn, meines Gottes gehorcht und mich genau an seine Gebote gehalten. Blicke von deiner heiligen Wohnung, vom Himmel, herab und segne dein Volk Israel und das Land, das du uns gegeben hast, wie du unsern Vätern zugeschworen hast, ein Land, das von Milch und Honig überfließt!

5. Mose 26

Siegeslied Moses

Singen will ich dem Herrn, denn hoch erhaben ist er;
Rosse und Reiter hat er ins Meer gestürzt.
Meine Stärke und mein Lobgesang ist der Herr,
der mir Rettung geschaffen hat;

er ist mein Gott: Ihn will ich preisen,
meiner Väter Gott: Ihn will ich erheben.
Der Herr ist ein Kriegsheld, Herr ist sein Name.
Die Wagen des Pharao und seine Heeresmacht hat er
ins Meer gestürzt;
seine erlesenen Krieger sind im Schilfmeer versunken.
Die Fluten haben sie bedeckt;
wie Steine sind sie in die Tiefen gefahren.
Deine Rechte, o Herr, ist herrlich durch Kraft;
deine Rechte, o Herr, zerschmettert den Feind.
Durch die Fülle deiner Hoheit vernichtest du deine
Widersacher;
du lässt deine Zornglut ausgehen, die verzehrt sie wie
Stoppeln.
Durch den Hauch deiner Nase türmten die Wasser sich hoch,
wie ein Wall standen die Fluten,
die Wogen erstarrten mitten im Meer.
Da dachte der Feind: »Ich will nachsetzen, einholen,
will Beute verteilen; meine Gier soll sich letzen an ihnen;
zucken will ich mein Schwert, meine Hand soll sie vertilgen!«
Da bliesest du mit deinem Odem drein: Das Meer
bedeckte sie;
wie Blei versanken sie in den gewaltigen Wogen.
Wer ist dir gleich unter den Göttern, Herr?
Wer ist wie du herrlich an Majestät,
furchtbar an Ruhmestaten, ein Wundertäter?
Du hast deine Rechte ausgestreckt: Da verschlang sie die Erde.
Mit deiner Huld hast du das Volk geleitet, das du erlöst hast;
mit deiner Kraft hast du es geführt zu deiner heiligen
Wohnstatt.
Die Völker vernahmen's und bebten;
Angst erfasste die Bewohner des Philisterlandes.
Da erschraken die Fürsten von Edom,
Zittern ergriff die Häupter von Moab,

die Bewohner Kanaans verzagten alle.
Schrecken und Angst befiel sie;
ob der Kraft deines Armes wurden sie stumm wie ein Stein,
bis dein Volk hindurchzog, Herr,
bis das Volk hindurchzog, das du dir erworben.
Du brachtest sie hinein und pflanztest sie in das Bergland deines Eigentums,
an die Stätte, die du, Herr, dir zur Wohnung erwählt,
in das Heiligtum, Herr, das deine Hände zugerichtet.
Der Herr ist König immer und ewiglich.

2. Mose 15

Das Lied Moses

Horcht auf, ihr Himmel, denn ich will reden,
und die Erde vernehme die Worte meines Mundes!
Wie der Regen ergieße sich meine Belehrung,
wie der Tau rieselt meine Rede,
wie Regenschauer auf das junge Grün
und wie Regentropfen auf die Pflanzen.
Denn den Ruhm des Herrn will ich verkünden:
Gebt unserm Gott die Ehre!
Er ist ein Fels, vollkommen ist sein Tun;
denn alle seine Wege sind recht;
ein Gott der Treue und ohne Falsch,
gerecht und wahrhaftig ist er.
Übel haben gegen ihn gehandelt, die wegen ihrer Verworfenheit nicht seine Kinder sind,
ein verdorbnes und verkehrtes Geschlecht.
Durftet ihr dem Herrn so vergelten,
du törichtes und unverständiges Volk?
Ist nicht er dein Vater, der dich geschaffen hat?
Hat nicht er dich gemacht und bereitet?

Gedenke der Tage der Vorzeit,
betrachtet die Jahre von Geschlecht zu Geschlecht!
Frage deinen Vater, der wird es dir kundtun,
deine Greise, sie werden es dir erzählen.
Als der Höchste den Völkern ihre Erbbesitztümer zuteilte,
als er die Menschenkinder voneinander schied,
da setzte er die Gebiete der Stämme fest
nach der Zahl der Kinder Israels.
Denn des Herrn Anteil ist sein Volk,
Jakob der Bezirk seines Erbgutes.
Er fand es im Bereiche der Wüste
und in einer Einöde voll Geheul der Wildnis;
er umhegte es schützend, nahm sich seiner an,
behütete es wie seinen Augapfel.
Wie ein Adler, der seine Brut aus dem Neste hinausführt
und über seinen Jungen schwebt,
seine Fittiche über ihnen ausbreitet, sie aufnimmt,
sie auf seinen Schwingen trägt:
so leitete der Herr allein das Volk,
und kein fremder Gott war mit ihm.
Er ließ es auf den Höhen der Erde einherfahren,
und es aß die Erträgnisse des Gefildes;
er ließ es Honig aus dem Felsen schlürfen
und Öl aus Kieselgestein;
Sahne von Kühen und Milch vom Kleinvieh,
dazu das Fett der Lämmer und der Widder,
Sprösslinge von Basan und Böcke
samt dem Nierenfett des Weizens;
und der Traube Blut trankst du, feurigen Wein.
Da wurde Jeschurun* fett und schlug aus
– du wurdest fett, wurdest dick, wurdest feist! –
und verwarf den Gott, der ihn geschaffen hatte,

* Jeschurun – Israel (Name); eig. der Rechtschaffene

und verachtete den Fels seines Heils.
Sie reizten ihn zur Eifersucht durch fremde Götter,
durch Götzendienst weckten sie seinen Zorn;
sie opferten den Dämonen, die doch nicht Gott sind,
Göttern, die sie vorher nicht gekannt hatten,
neuen Göttern, die erst vor kurzem aufgekommen waren,
die eure Väter nicht verehrt hatten.
Des Felsens, der dir das Dasein gegeben hat, gedachtest du nicht mehr und vergaßest den Gott,
dem du das Entstehen verdanktest.
Der Herr sah es und verwarf sie,
voll Unwillens über seine Söhne und Töchter,
und sprach: »Ich will mein Angesicht vor ihnen verbergen,
will sehen, welches ihr Ausgang sein wird;
denn sie sind ein Geschlecht voll Verkehrtheit,
Kinder, in denen keine Treue wohnt.
Sie haben mich zur Eifersucht gereizt durch Nicht-Götter,
mich erbittert durch ihre nichtigen Götzen;
so will auch ich sie zur Eifersucht reizen durch ein Nicht-Volk,
durch eine unverständige Nation will ich sie erbittern.
Denn ein Feuer ist durch meinen Zorn entbrannt
und hat bis in die Tiefen des Totenreiches gelodert;
es hat die Erde samt ihren Früchten verzehrt
und die Grundfesten der Berge in Flammen gesetzt.
Ich will Leiden auf sie häufen,
meine Pfeile gegen sie verbrauchen.
Sind sie vor Hunger verschmachtet
und von Fieberglut und giftigen Seuchen verzehrt,
so will ich den Zahn wilder Tiere gegen sie loslassen
samt dem Gift der im Staube kriechenden Schlangen.
Draußen soll das Schwert sie der Angehörigen berauben
und in den Gemächern der Schrecken sie wegraffen,
den Jüngling wie die Jungfrau,

den Säugling mitsamt dem Graukopf.«
Ich hätte gesagt: »Zerschlagen will ich sie,
ihr Gedächtnis unter den Menschen verschwinden lassen«,
wenn ich nicht Verdruss vom Feinde her fürchtete,
dass nämlich ihre Widersacher es falsch deuteten,
dass sie sagen würden: »Unsere Hand hat obsiegt,
und nicht der Herr hat dieses alles vollbracht.«
Denn ein Volk sind sie, dem alle Einsicht abgeht,
und kein Verständnis findet sich bei ihnen.
Wären sie weise, dass sie dies einsähen,
so würden sie bedenken, welches ihr Schicksal sein wird.
Wie könnte wohl ein einziger Tausend vor sich hertreiben
und zwei Zehntausend in die Flucht schlagen,
wenn nicht ihr Fels sie verkauft
und der Herr sie preisgegeben hätte?
Denn nicht wie unser Fels ist ihr Fels;
das müssen unsere Feinde selbst anerkennen.
Ja, vom Weinstock Sodoms stammt ihr Weinstock
und aus den Gefilden Gomorrhas;
ihre Trauben sind Gifttrauben, welche gallenbittere Beeren
haben;
Drachengeifer ist ihr Wein
und grausiges Natterngift.
Liegt solches nicht bei mir aufbewahrt,
versiegelt in meinen Schatzkammern?
Mir steht die Rache und die Vergeltung zu
für die Zeit, da ihr Fuß wanken wird;
denn nahe ist der Tag ihres Verderbens,
eilends kommt das Schicksal heran, das für sie festgesetzt ist.
Denn der Herr wird seinem Volke Recht schaffen
und seiner Knechte sich erbarmen,
wenn er sieht, dass jeder Halt geschwunden
und dass es aus ist mit allen, mit den Hörigen
wie mit den Freien.

Da wird er sagen: »Wo sind nun ihre Götter,
der Fels, auf den sie ihr Vertrauen gesetzt hatten?
Wo sind die, welche das Fett ihrer Schlachtopfer gegessen,
den Wein ihrer Trankopfer getrunken haben?
Sie mögen auftreten und euch helfen,
damit ein Schirm über euch sei!
Erkennet jetzt, dass ich allein es bin
und kein anderer Gott neben mir besteht.
Ich töte und mache lebendig,
ich verwunde und heile wieder,
und niemand kann aus meiner Hand erretten.
Denn ich erhebe meine Hand zum Himmel
und gelobe: So wahr ich ewiglich lebe:
Wenn ich mein blitzendes Schwert geschärft habe
und meine Hand zum Gericht greift,
so werde ich Rache an meinen Feinden üben
und denen vergelten, die mich hassen!
Meine Pfeile will ich mit Blut trunken machen,
und mein Schwert soll Fleisch fressen:
vom Blut der Erschlagenen und Gefangenen,
vom Haupte der Anführer des Feindes.«
Jubelt, ihr Heidenvölker, über sein Volk!
Denn er wird das Blut seiner Knechte rächen
und an seinen Feinden Rache nehmen
und entsündigen sein Land, sein Volk.

5. Mose 32

Jesajas Klagelied

O dass du doch den Himmel zerrissest, herabführest, dass vor deinem Angesicht die Berge ins Wanken kämen – wie Feuer Reisig in Brand setzt und Feuer das Wasser zum Sieden bringt –, um deinen Namen deinen Widersachern kundzutun, dass die Heidenvölker vor dir zittern müssten, indem du furchtbare Taten vollführtest, die unser Hoffen überstiegen! Ja, führest du doch herab, dass vor deinem Angesicht die Berge ins Wanken kämen! Hat man doch von alters her nicht gehört noch vernommen, hat kein Auge es je gesehen, dass ein Gott außer dir für den auf ihn Harrenden Taten vollbringt.
Du kommst dem entgegen, der Freude daran hat, Gerechtigkeit zu üben, denen, die auf deinen Wegen deiner gedenken. Doch ach! Du hast gezürnt, denn wir haben gesündigt durch unsere Untreue allezeit und unsern Abfall. So sind wir denn allesamt einem Unreinen gleich geworden und alle unsere Tugenden wie ein besudeltes Gewand; wir sind allesamt verwelkt wie Laub, und unsere Sünden haben uns mit sich fortgerissen wie der Wind; und niemand hat deinen Namen angerufen, niemand hat sich aufgerafft, an dir festzuhalten; denn du hattest dein Angesicht vor uns verborgen und ließest uns unter dem Druck unserer Sünden vergehen.
Nun aber, Herr, – du bist ja unser Vater; wir sind der Ton, und du bist unser Bildner, und das Werk deiner Hände sind wir alle: Zürne nicht unversöhnlich, Herr, und gedenke nicht ewiglich unserer Verschuldung! Ach, blicke doch her: Dein Volk sind wir alle! Deine heiligen Städte sind eine Wüste geworden, Zion ist zur Wüste geworden, Jerusalem zur Trümmerstätte. Unser heiliger und herrlicher Tempel, wo selbst unsere Väter dir Lob gesungen haben, ist in Flammen aufgegangen, und alle unsere Lieblingsstätten liegen in Trümmern. Willst du bei alledem an dich halten, Herr? Willst du schweigen und uns erniedrigen bis zur Vernichtung?

Jesaja 64

Der Segen Salomos

Gepriesen sei der Herr, der seinem Volke Israel Ruhe verschafft hat, ganz wie er es verheißen hat! Von allen seinen herrlichen Verheißungen, die er durch den Mund seines Knechtes Mose gegeben hat, ist keine einzige unerfüllt geblieben. Der Herr, unser Gott, sei mit uns, wie er mit unsern Vätern gewesen ist! Er verlasse uns nicht und verstoße uns nicht, sondern lasse unsere Herzen auf ihn gerichtet sein, damit wir allezeit auf seinen Wegen wandeln und seine Gebote, Satzungen und Rechte beobachten, zu denen er unsere Väter verpflichtet hat! Und diese meine Worte, mit denen ich den Herrn angefleht habe, mögen dem Herrn, unserm Gott, bei Tag und Nacht gegenwärtig sein, dass er seinem Knechte und seinem Volke Israel jederzeit so, wie es Not tut, Recht schaffe, damit alle Völker der Erde erkennen, dass der Herr Gott ist und sonst keiner. Euer Herz aber möge dem Herrn, unserm Gott, ungeteilt ergeben sein, dass ihr nach seinen Satzungen wandelt und seine Gebote so haltet, wie ihr es heute tut.

1. Könige 8

Daniels Sündenbekenntnis

Ach, Herr! Du großer und furchtbarer Gott, der seinen Bund und seine Gnade denen bewahrt, die ihn lieben und seine Gebote halten! Wir haben gesündigt und Unrecht getan, wir sind gottlos und ungehorsam gewesen und von deinen Geboten und Satzungen abgewichen; wir haben auch nicht auf deine Knechte, die Propheten, gehört, die in deinem Namen zu unsern Königen, unsern Fürsten und unsern Vätern und zu dem ganzen Volk des Landes geredet haben. Auf deiner Seite, Herr, ist die Gerechtigkeit, auf der unsrigen aber die Schamröte im Angesicht, wie es jetzt zu Tage liegt: für die Männer von Juda und die

Bewohner Jerusalems und für alle Israeliten, sie seien nahe oder fern, in allen Ländern, wohin du sie verstoßen hast wegen der Untreue, die sie sich gegen dich haben zu Schulden kommen lassen. Ja, Herr! Uns muss die Schamröte ins Angesicht steigen, unsern Königen, unsern Fürsten und unsern Vätern, weil wir gegen dich gesündigt haben. Doch bei dem Herrn, unserm Gott, ist die Barmherzigkeit und die Vergebung dafür, dass wir uns gegen ihn aufgelehnt haben und den Weisungen des Herrn, unseres Gottes, nicht gehorsam gewesen sind, um nach seinen Gesetzen zu wandeln, die er uns durch seine Knechte, die Propheten, vorgelegt hat. Ja, ganz Israel hat dein Gesetz übertreten und ist untreu gewesen, ohne deinen Weisungen zu gehorchen. Darum ist auch der Fluch und der Schwur über uns hereingebrochen, der im Gesetz Moses, des Knechtes Gottes, geschrieben steht, weil wir gegen ihn gesündigt haben; und er hat seine Drohung in Erfüllung gehen lassen, die er gegen uns und gegen die Herrscher, die über uns regiert haben, ausgesprochen hat, dass er ein großes Unglück über uns verhängen wolle, so dass unter dem ganzen Himmel sich nirgends etwas so Schlimmes ereignet hat wie in Jerusalem. So wie es im Gesetz Moses geschrieben steht, ist all dieses Unglück über uns hereingebrochen; wir haben den Herrn, unsern Gott, nicht versöhnt, dass wir von unsern Sünden umgekehrt wären und auf deine Wahrheit geachtet hätten. Darum ist der Herr auf das Unglück bedacht gewesen und hat es über uns kommen lassen; denn der Herr, unser Gott, ist gerecht in allem, was er tut; wir haben auf seine Weisungen nicht geachtet.

Und nun, Herr, unser Gott, der du dein Volk mit starker Hand aus Ägypten geführt und dir einen Namen gemacht hast bis auf den heutigen Tag, – wir haben gesündigt, haben gottlos gehandelt. O Herr, lass doch nach allen deinen Gnadenerweisungen deinen Zorn und Grimm sich von deiner Stadt Jerusalem, von deinem heiligen Berge abwenden! Denn um unserer Sünden willen und wegen der Übertretungen unserer Väter ist Jerusalem und dein Volk für alle rings um uns wohnenden Völker ein Gegenstand des Hohns geworden. Nun aber erhöre, unser Gott, das Gebet und Flehen deines Knechtes und lass dein Angesicht über dein verwüstetes Heiligtum leuchten um des Herrn willen! Neige, mein Gott, dein Ohr und höre! Öffne deine Augen und sieh unsere Trümmer an und die Stadt, die nach deinem Namen genannt ist! Denn nicht auf Grund der Erweise unserer Gerechtigkeit bringen wir unser Flehen vor dich, sondern im Vertrauen auf deine große Barmherzigkeit. Herr, höre! Herr, vergib! Herr, merke auf und handle ohne Verzug um deiner selbst willen, mein Gott! Denn deine Stadt und dein Volk tragen deinen Namen.

Daniel 9

Esras Bussgebet

Mein Gott! Ich schäme mich und erröte, mein Angesicht zu dir, mein Gott, zu erheben; denn unsere Missetaten sind uns über das Haupt gewachsen, und unsere Schuld ist groß geworden bis an den Himmel. Seit den Tagen unserer Väter sind wir in großer Schuld bis auf den heutigen Tag, und um unserer Missetaten willen sind wir, wir, unsere Könige und unsere Priester, der Gewalt der Könige der heidnischen Länder preisgegeben worden, dem Schwerte, der Gefangenschaft, der Plünderung und schmachvollen Entehrung, wie es noch heutigen Tages der Fall ist. Jetzt ist uns zwar für einen kurzen Augenblick Gnade von dem Herrn, unserm Gott, dadurch widerfahren, dass er uns einen Rest von Entronnenen übrig gelassen und uns an seiner heiligen Stätte einen Zeltpflock geschenkt hat, damit unser Gott unsere Augen leuchten mache und uns in unserer Knechtschaft ein wenig aufleben lasse. Denn ob wir schon Knechte sind, hat unser Gott uns doch in unserer Knechtschaft nicht verlassen, sondern uns die Huld der Könige von Persien zuge-

wandt, so dass sie uns ein Aufleben vergönnt haben, um das Haus unseres Gottes wieder aufzubauen und es aus den Trümmern wieder erstehen zu lassen und uns einen sicheren Wohnsitz in Juda und Jerusalem zu gewähren.
Jetzt aber, unser Gott, – was sollen wir nach solchen Vorkommnissen sagen? Wir haben ja deine Gebote unbeachtet gelassen, die du uns durch deine Knechte, die Propheten, zur Pflicht gemacht hast mit den Worten: Das Land, wohin ihr kommt, um es in Besitz zu nehmen, ist ein Land, das infolge der Unreinheit der heidnischen Völkerschaften befleckt ist infolge ihrer Götzengreuel, mit denen sie es bei ihrer Unreinheit von einem Ende bis zum andern angefüllt haben. So sollt ihr nun eure Töchter nicht ihren Söhnen zu Frauen geben und ihre Töchter nicht mit euren Söhnen verheiraten und nun und nimmer auf ihre Wohlfahrt und ihr Wohlergehen bedacht sein, damit ihr stark bleibet und die Güter des Landes genießet und es auf eure Kinder für ewige Zeiten vererbet. Und nun nach allem Unheil, das uns infolge unserer bösen Taten und unserer großen Schuld widerfahren ist, – wiewohl du, unser Gott, größere Schonung gegen uns geübt hast, als unsere Verfehlungen verdient haben, und uns den geretteten Rest hier geschenkt hast –, sollten wir da aufs Neue deine Gebote übertreten und uns mit diesen Greuelvölkern verschwägern? Würdest du uns da nicht bis zur Vernichtung zürnen, so dass niemand mehr übrig bliebe, noch entrinnen könnte? O Herr, Gott Israels! Du bist gerecht; denn wir sind nur noch als ein Rest von Geretteten übrig geblieben, wie es heutigentags der Fall ist. Siehe, wir stehen hier vor dir in unserer Schuld; denn bei solchem Verhalten kann niemand vor dir bestehen.

Esra 9

Der Herr ist mein Hirte

Der Herr ist mein Hirte: Mir wird nichts mangeln.
Auf grünen Auen lässt er mich lagern,
zur Ruhstatt am Bache leitet er mich.
Er erquickt meine Seele;
er führt mich auf rechten Bahnen
um seines Namens willen.
Auch wenn ich wandre in finsterm Tal:
ich fürchte kein Unglück;
denn du bist bei mir: dein Hirtenstab und dein Stecken,
die sind mein Trost.
Du richtest einen Tisch mir zu
vor den Augen meiner Feinde;
du salbst mir das Haupt mit Öl
und schenkst mir voll ein.
Ja, Glück und Gnade werden mir folgen
mein Leben lang,
und weilen werd' ich im Hause des Herrn
gar lange Tage.

23. Psalm

Dankgebet an den Herrn

O Gott, du bist mein Gott: Dich suche ich,
es dürstet nach dir meine Seele;
es lechzt nach dir mein Leib
wie dürres, schmachtendes, wasserloses Land.
So habe ich nach dir im Heiligtum ausgeschaut,
deine Macht und Herrlichkeit zu erblicken;
denn deine Gnade ist besser als Leben;
meine Lippen sollen dich loben.
So will ich dich preisen mein Leben lang,

in deinem Namen meine Hände erheben.
Wie von Mark und Fett wird meine Seele gesättigt,
und mit jubelnden Lippen jauchzt mein Mund,
wenn ich deiner gedenke auf meinem Lager,
in den Stunden der Nacht über dich sinne;
denn du bist mir ein Helfer gewesen,
und im Schatten deiner Flügel darf ich jubeln.
Fest hängt meine Seele dir an;
aufrecht hält mich deine rechte Hand.
Doch sie, die nach dem Leben mir trachten, mich zu verderben,
sie werden fahren in die Tiefen der Erde.
Man wird sie der Schärfe des Schwerts überliefern,
eine Beute der Schakale werden sie sein.
Der König aber wird Gottes sich freun:
glücklich preise sich jeder, der bei ihm schwört; denn den Lügnern wird der Mund verschlossen werden.

63. Psalm

Das Hauptgebet bei der Sabbatfeier

I. Ewiger, unser Gott! Großer, Allmächtiger, Hocherhabener! So haben Abraham, Isaak und Jakob dich erkannt, so haben alle unsere frommen Ahnen dich verehrt. Deine Gnade erhält das All. Liebevoll lohnst du das Gute und gedenkst der Väter Verdienst noch den späten Enkeln. Du erlösest sie aus aller Not, dass sie deinen Namen künden fort und fort.
Du warst und bleibst uns Helfer, Beistand und Beschützer! Gelobt seist du, o Gott, unser Schutz und unser Schirm seit der Vorzeit Tagen!

II. In deiner unendlichen Macht, o Herr, gibst du den Gestorbenen neues Leben – nie versagt deine Hilfe.

Wie du in deiner Gnade für die Lebenden sorgst, so lässt du voll Erbarmen die Toten eingehen zur ewigen Seligkeit. Der du den Wankenden Stütze, den Leidenden Arzt, den in Fesseln Schmachtenden Befreier bist: Du bewahrest deine Treue auch denen, die im Staube schlummern. Wer ist wie du, Herr aller Kräfte! Wer gleicht dir, der du tötest und belebst und sprießen lässt das Heil! Wie tröstlich ist's, dass du die Abgeschiedenen erweckest zum ewigen Leben!
Gelobt seist du, o Gott, der Leben hervorgehen lässt aus dem Tode!

III. Heilig bist du, Heiliger ist dein Name und heilige Scharen preisen dich für und für. Gepriesen seist du, o Gott, der du in Heiligkeit waltest!

IV. Einen Abglanz deiner Heiligkeit hast du über den Sabbat ausgegossen, den Tag der Ruhe und Weihe nach Vollendung des Himmels und der Erde. Ja, reich gesegnet hast du diesen Tag und ihn erhoben über alle andern Tage, denn so verkündet es die Schrift:
Vollendet waren Himmel und Erde und all ihr Heer. Es war am siebenten Tage, als Gott sein Werk vollendet hatte, da ruhete er von aller Arbeit, die er getan. Und Gott segnete den siebenten Tag und heiligte ihn als Ruhetag nach dem Schöpfungswerke.
Gott und Vater! Deine Gnade walte über unserer Sabbatfeier! Lass uns den heiligen Tag, der jetzt seinen Anfang nimmt, dazu nützen, dass wir erkennen und tun, was uns zum Heile führt. Sättige uns mit deinem Gute, erfreue uns durch deinen Trost und deine Hilfe und läutere unser Herz, dass wir dir in Treue und Wahrheit dienen. Deine Vatergüte verhelfe uns und ganz Israel zu einer gesegneten Sabbatruhe! Gepriesen seist du, o Gott, der du den Sabbat geheiligt hast!

Gebet der deutschen Israelitischen Gemeinden

Zum ersten Tag des Hüttenfestes

Vom lebendigen Gott will ich singen und sagen,
So lange des Lebens Pulse mir schlagen! –
Nur wer an ihn glaubet, der wird ihn finden.
Wer aber könnte ihn ganz ergründen,
Von dessen Glanz, von dessen Macht
Erzählt der Gestirne leuchtende Pracht?
Sie wandeln am Himmel in kreisenden Bahnen
Und lehren den ewigen Schöpfer uns ahnen.

Wenn die Wetterwolken sich dunkel ballen,
Wenn die Blitze flammen und Donner hallen –
Hörst du den lebendigen Herrscher nicht,
Der droben gewaltige Sprache spricht?
Aus Erde und Meer, aus Tal und Höhen –
Fühlst du den Gottesodem nicht wehen?

Siehst du den Fruchtbaum in herrlichem Prangen –
Wer hat ihn mit Früchten so reich behangen?
Das Gewimmel im Meer und das Würmlein im Staub
Und der furchtbare Leu, wenn er brüllet nach Raub,
Und der Vogel mit leicht befiederten Schwingen:
Ein Loblied sie alle dem Schöpfer singen.
Du Quell des Lebens, du gabst uns das Leben,
Auf dass wir uns strebend zu dir erheben.
Du schufst uns in deinem göttlichen Bild,
Dass Gottessehnen die Seele uns schwillt.
Und zieht uns die Sünde zum Staube nieder,
Aus dem Staube erhebt deine Gnade uns wieder.

Abraham Ibn Esra (1092–1167)

Gebet beim Jom-Kippur-Fest

Du hast uns unter allen Völkern auserwählt,
du hast uns geliebt, angenommen und über alle Stämme erhoben,
du hast uns mit deinen Geboten geheiligt
und zu deiner Verehrung geführt.
Dein großer und heiliger Name ist ein Ruhmestitel für uns.
Liebevoll hast du uns, o Herr unser Gott, diesen Kippurtag gegeben,
an dem du Verzeihung, Erlassung und Tilgung
für all unsere Sünden erteilst,
diesen Tag der geheiligten Zusammenrufung, an welchem des Auszuges aus Ägypten gedacht wird.
Herr unser Gott, Gott unserer Väter!
Es erreiche uns, es komme, es erscheine,
es sei mit Freuden aufgenommen, angehört und betrachtet,
das Gedenken an uns, an unsere Väter, an deine Stadt Jerusalem,
an den Messias, der von deinem Diener David stammt,
an dein ganzes Volk, die Familie Israel,
und gebe uns jedes Gut, Gnade, Erbarmen, Barmherzigkeit und Freude an diesem Tag des Kippur.

Das Jom-Kippur-Fest, ursprünglich ein Entsühnungsfest des kämpfenden Heeres am Vorabend vor der Schlacht, ist die Sühnefeier Israels, an der sich zugleich das religiös-nationale Selbstbewusstsein sammelt.

Gebet um Frieden

Herr und Vater!
Verherrlicht und geheiligt werde dein Name in der Welt, die du geschaffen nach deinem Willen. Dein Reich komme, bald, in unsern Tagen, dass wir alle seine Vollendung schauen! Amen.

Die ganze Menschheit verkünde mit uns dein Lob durch Zeit und Ewigkeit, dass es in allen Zungen ertöne, jede Freude veredle und jede Trauer lindre! Amen.
Vater im Himmel! Vor dich komme unser Flehen, o erhöre unser Gebet! Amen.
Herr, sende uns deinen Himmelsfrieden und gib uns wahres Leben! Amen.
Friede ist in deinen Höhen, Friede sei bei uns auf Erden, überall lass Frieden werden!
Amen.

DEUTSCHE ISRAELITISCHE GEMEINDEN

CHRISTENTUM

Obwohl die Quellenlage sehr spärlich ist, besteht heute kaum noch ein Zweifel daran, dass Jesus eine historische Gestalt war. Als Sohn eines Zimmermanns in Galiläa in Palästina geboren, trat er erstmals im Alter von zwölf Jahren öffentlich in Erscheinung. Im Tempel von Jerusalem soll er mit jüdischen Religionsgelehrten diskutiert und sie mit seinem profunden Wissen verblüfft haben. Über den Verlauf seiner Kindheit und Jugend schweigen sich die Quellen weitgehend aus. Sein eigentliches Wirken begann erst nach seiner Begegnung mit Johannes dem Täufer im Jahre 27/28 n. Chr. und endete bereits wenige Jahre später (30 oder 33) mit seiner Kreuzigung.
Johannes der Täufer war einer jener zahlreichen prophetischen Mahner, die die Menschen vor dem kommenden Strafgericht Gottes warnen wollten. Unterdrückt vom römischen Joch und unzufrieden mit den sozialen Verhältnissen im eigenen Volk, wurde ein Messias (»Gesalbter«) erwartet, der nach dem Vorbild König Davids eine neue, gerechte Ordnung errichten sollte. Jesus ließ sich von Johannes taufen, was ihm als Zeichen dafür galt, dass es für das persönliche Heil nicht genügte, als Jude geboren zu sein, sondern bewusst entschieden werden musste. Nachdem er selbst zu predigen begonnen hatte, konnte Jesus schon bald eine Anhängerschar um sich versammeln. Sie zogen durch die jüdischen Gebiete und riefen die Menschen zu Umkehr und Buße auf, denn das Himmelreich sei nahe. Dabei lag es nicht in der Absicht Jesu, eine neue Religion zu gründen, vielmehr wollte er Missstände beseitigen und das Judentum reformieren.

Da die Priester in Jesus eine Gefahr sahen, klagten sie ihn der Gotteslästerung an und lieferten ihn nach dem Schuldspruch an die Römer aus, da sie selbst keine Todesurteile vollstrecken durften. In der römischen Rechtsprechung war für die Verhängung der Todesstrafe ein anderer Grund erforderlich, weshalb man Jesus des Hochverrats bezichtigte. Weil er die Frage, ob er der König der Juden sei, bejahte, hatte er in den Augen der Römer gegen den Absolutheitsanspruch ihres Kaisers verstoßen und dadurch sein Leben verwirkt. Die Krise, die die Kreuzigung Jesu für seine Anhänger mit sich brachte, wurde durch ein zentrales Ereignis überwunden: die Auferstehung. Was damals genau geschah, ist für die weitere Entwicklung nicht von Belang. Das Entscheidende liegt in der Tatsache, dass die Anhängerschaft nach dem Tod Jesu nicht auseinander fiel, sondern sich neu organisierte, wobei das Pfingstereignis ausschlaggebend war. Denn 50 Tage nach dem jüdischen Passah-Fest (das christliche Ostern) ergriff laut biblischem Bericht der Heilige Geist Besitz von den Jüngern und ließ sie in fremden Sprachen reden. Dies galt als der Beweis, dass die junge Gemeinschaft göttlichen Beistand hatte und die Botschaft Jesu in die Welt tragen sollte.

Den größten Anteil am Fortbestand der Lehren Jesu und ihrer Ausbreitung über den jüdischen Bereich hinaus hatte der Apostel Paulus. Es gelang ihm auf seinen zahlreichen Reisen, an vielen Orten des Römischen Reiches Gemeinden zu gründen, die er anschließend durch seine aus dem Neuen Testament bekannten Briefe in Glaubensdingen unterrichtete und anleitete. Obwohl die Römer fremde Religionen prinzipiell duldeten, sahen sie in den Christen eine Gefahr, weil sie die Gottgleichheit des römischen Kaisers nicht akzeptierten. Doch nach langen und grausamen Verfolgungen wendete sich das Blatt, als im Jahre 313 Kaiser Konstantin Religionsfreiheit für die Christen verfügte. In der Dauerhaftigkeit ihres Widerstands und in ihrer gewachsenen Mitgliederzahl sah er ein probates Mittel zur Sicherung seiner eigenen Herrschaft. Nun gelang es den Christen mit staatlicher Hilfe, ihre Mission voranzutreiben. Den äußeren Rahmen dafür bildeten die Schaffung einer Hierarchie (Klerus), eine allgemein gültige Glaubensregel (Dogma) sowie die Zusammenstellung der Texte des Neuen Testaments (Kanon). Aus einer einstigen jüdischen Sekte war eine Weltreligion geworden.

Trotz der Bemühungen, sich auf mehreren Konzilen (überregionale Versammlung von Kirchenführern) über noch strittige Punkte zu einigen, zerbrach die Einheit der christlichen Kirche schon früh an dogmatischen Fragen, etwa ob Jesus nur Gott oder auch Mensch gewesen sei. Nachdem sich zunächst nur einzelne Nationalkirchen (ägyptische Kopten, libanesische Maroniten und andere) selbstständig gemacht hatten, kam es 1054 wegen des so genannten Bilderstreits zur ersten großen Spaltung (Schisma) in die orthodoxe Ost- und die katholische Westkirche. Ab 1517 begann mit Martin Luther das zweite Schisma, das zur Entstehung der protestantischen (evangelischen) Kirche führte. In allen drei Großkirchen gab es in der Folgezeit aufgrund unterschiedlicher Lehrmeinungen weitere Abspaltungen, am ausgeprägtesten im Protestantismus (Mennoniten, Baptisten, Quäker und viele mehr).

Unbeschadet aller Sonderentwicklungen herrscht in den christlichen Kirchen Einigkeit über die Glaubensmitte: Gott hat seinen Sohn gesandt, um durch seinen Kreuzestod die Menschheit zu erlösen. Sein Blut wäscht die Sünden ab und eröffnet die Hoffnung auf Gottes Barmherzigkeit und Vergebung. Mit der Auferstehung wurde die Macht des Todes überwunden und dem Menschen ist ewiges Leben verheißen. Jesus nachzufolgen heißt, seinen Nächsten zu dienen, in erster Linie den Kranken, Schwachen, Armen und Unterdrückten. Durch tätige Nächstenliebe und nicht durch Gesetzesfrömmigkeit wird der göttliche Wille erfüllt. Dem reuigen Sünder gewährt Gott aus freiem Ermessen seine Gnade, zu einer Umkehr ist es nie zu spät. Der

Körper ist der Tempel Gottes, wer seinen Mitmenschen liebt, liebt Gott selbst. Er wendet sich dem Menschen zu und ist kein ferner Gott, sondern als unmittelbares Gegenüber, als »Du« ansprechbar.

Die direkte Beziehung des Menschen zu seinem Schöpfer drückt sich vor allem in den christlichen Gebeten aus, am prägnantesten im »Vaterunser«, das Bestandteil jedes Gottesdienstes ist. Im Laufe der Jahrhunderte entstand eine umfangreiche Sammlung von Gebeten für die verschiedensten Anlässe. Am häufigsten sind die regelmäßig wiederkehrenden liturgischen Gebete bei einer Messe, der Beichte, dem Abendmahl, Taufen, Konfirmationen bzw. Firmungen, Hochzeiten und Beerdigungen. Hinzu kommen die großen christlichen Festtage Advent, Weihnachten, Ostern, Himmelfahrt und Pfingsten. Diese werden je nach Region und Kirchenzugehörigkeit ergänzt um Epiphanias, Fronleichnam, Erntedank, Allerheiligen, Allerseelen, Buß- und Bettag und andere mehr. Katholiken kennen zusätzlich noch die Marienverehrung und die Anrufung verschiedener Schutzheiliger. Beim häuslichen Gottesdienst wird morgens, mittags und abends gebetet. In manchen Gegenden erinnert das Läuten der Kirchenglocken an die Gebetszeiten. Es können längere Gebete sein oder auch nur kurze Sätze, wie etwa vor und nach dem Mittagsmahl, »Komm, Herr Jesu, sei Du unser Gast und segne, was Du uns bescheret hast. Amen«, sowie »Danket dem Herrn, denn er ist freundlich, und seine Güte währet ewiglich. Amen«. In der Regel werden Gebete in immer gleicher Form gesprochen, doch auch spontane, individuelle Varianten sind durchaus möglich. Das grundlegende Charakteristikum aller christlichen Gebete ist die Verbindung von Ehrfurcht und Vertrautheit, das heißt der Anerkennung Gottes als unergründlich und allmächtig und der gleichzeitigen Hinwendung zu ihm als liebendem Vater.

Aus den Evangelien

Das Vaterunser

Vater unser im Himmel,
geheiligt werde dein Name.
Dein Reich komme.
Dein Wille geschehe, wie im Himmel, so auf Erden.
Unser tägliches Brot gib uns heute.
Und vergib uns unsere Schuld,
wie auch wir vergeben unseren Schuldigern.
Und führe uns nicht in Versuchung,
sondern erlöse uns von dem Bösen.
Denn dein ist das Reich und die Kraft
und die Herrlichkeit in Ewigkeit.
Amen.

Matthäus 6, 9-13

Lobgesang der Maria (Magnificat)

Meine Seele erhebt den Herrn, und mein Geist jubelt über Gott, meinen Retter, weil er die Niedrigkeit seiner Magd angesehen hat. Denn siehe, von nun an werden alle Geschlechter mich selig preisen, weil der Allmächtige Großes an mir getan hat. Ja, heilig ist sein Name und seine Barmherzigkeit wird von Geschlecht zu Geschlecht denen zuteil, die ihn fürchten. Er übt Gewalt mit seinem Arm, er zerstreut, die da hoffärtig sind in ihres Herzens Sinn; er stürzt Machthaber vom Thron und erhöht Niedrige; Hungrige sättigt er mit Gütern und lässt Reiche leer ausgehen. Er hat sich seines Knechtes Israel angenommen, um der Barmherzigkeit zu gedenken – wie er unsern Vätern verheißen hat – dem Abraham und seinen Nachkommen in Ewigkeit.

LUKAS 1, 46–55

JESUS BETET

Ich preise dich, Vater, Herr des Himmels und der Erde, dass du dies vor Weisen und Klugen verborgen hältst und es Unmündigen geoffenbart hast; ja, Vater, denn so ist es dein Wille gewesen. Alles ist mir von meinem Vater übergeben worden; und niemand weiß, wer der Sohn ist, als nur der Vater, und wer der Vater ist, als nur der Sohn und wem der Sohn ihn offenbaren will.

LUKAS 10, 21–22

DAS HOHEPRIESTERLICHE GEBET JESU

Vater, die Stunde ist gekommen: Verherrliche deinen Sohn, damit dein Sohn dich verherrliche; du hast ihm ja die Macht über die ganze Menschheit verliehen, damit er allen, die du ihm gegeben hast, ewiges Leben verleihe. Darin besteht aber das ewige Leben, dass sie dich, den allein wahren Gott, und den du gesandt hast, Jesus Christus, erkennen. Ich habe dich hier auf Erden verherrlicht, indem ich das Werk vollendet habe, dessen Vollführung du mir aufgetragen hast. Und nun verherrliche du mich, Vater, bei dir selbst mit der Herrlichkeit, die ich bei dir schon besessen habe, ehe die Welt war.
Ich habe deinen Namen den Menschen geoffenbart, die du mir aus der Welt gegeben hast. Dein Eigentum waren sie, und mir

hast du sie gegeben, und sie haben dein Wort befolgt. Jetzt haben sie erkannt, dass alles, was du mir gegeben hast, von dir stammt; denn die Worte, die du mir gegeben hast, habe ich ihnen gegeben, und sie haben sie auch angenommen und in Wahrheit erkannt, dass ich von dir ausgegangen bin, und haben den Glauben gewonnen, dass du es bist, der mich gesandt hat. Ich bitte für sie; nicht für die Welt bitte ich, sondern für die, welche du mir gegeben hast; denn sie sind dein Eigentum – was mein ist, ist ja alles dein, und was dein ist, ist mein – , und ich bin in ihnen verherrlicht worden. Ich bin ja nicht länger in der Welt, doch sie sind noch in der Welt, während ich zu dir komme.

Heiliger Vater, erhalte sie in deinem Namen, den du mir kundzutun verliehen hast; lass sie eins sein, so wie wir es sind. Solange ich in ihrer Mitte gewesen bin, habe ich sie, die du mir gegeben hast, in der Gemeinschaft mit deinem Namen erhalten und habe sie behütet; und keiner von ihnen ist verloren gegangen außer dem Sohne des Verderbens, damit die Schrift erfüllt würde. Jetzt aber gehe ich zu dir und rede dieses noch in der Welt, damit sie die Freude, wie ich sie habe, vollkommen in sich tragen. Ich habe ihnen dein Wort gegeben, und die Welt hat sie gehasst; denn sie gehören nicht zu der Welt, wie auch ich nicht zur Welt gehöre. Ich bitte dich nicht, sie aus der Welt hinwegzunehmen, sondern sie vor dem Bösen zu behüten. Sie gehören nicht zu der Welt, wie ich nicht zu der Welt gehöre. Heilige sie in deiner Wahrheit: Dein Wort ist Wahrheit. Wie du mich in die Welt gesandt hast, so sende auch ich sie in die Welt; und für sie heilige ich mich, damit auch sie in Wahrheit geheiligt seien.

Ich bitte aber nicht nur für diese, sondern auch für die, welche durch ihr Wort zum Glauben an mich kommen werden: Gib, dass sie alle eins seien; wie du, Vater, in mir bist und ich in dir bin, so lass auch sie in uns eins sein, damit die Welt glauben lerne, dass du mich gesandt hast. Und ich habe die Herrlichkeit, die du mir gegeben hast, ihnen gegeben: Sie sollen eins sein, wie wir eins sind: ich in ihnen und du in mir, auf dass sie voll ausgestaltet werden zu einer Einheit, damit die Welt erkenne, dass du mich gesandt und sie geliebt hast, wie du mich geliebt hast. Vater, ich will, dass, wo ich bin, auch die bei mir seien, die du mir gegeben hast, damit sie meine Herrlichkeit sehen, die du mir gegeben hast; denn du hast mich schon vor Grundlegung der Welt geliebt. Gerechter Vater, die Welt hat dich nicht erkannt, aber ich habe dich erkannt; und diese haben erkannt, dass du mich gesandt hast. Ich habe ihnen deinen Namen kundgetan und werde ihn auch ferner kundtun, damit die Liebe, mit der du mich geliebt hast, in ihnen sei und ich in ihnen.

Johannes 17, 1–26

Frühchristentum

Dankgebet

Wir danken dir, heiliger Vater, für deinen heiligen Namen, dem du eine Wohnstätte bereitet hast in unsern Herzen, und für die Erkenntnis und für den Glauben und für die Unsterblichkeit, die uns du kundgetan durch Jesus, deinen Knecht. Dir sei Ehre in Ewigkeit! Du, allmächtiger Herrscher, hast alles erschaffen um deines Namens willen, Speise und Trank hast du den Menschen gegeben zur Nutznießung, damit sie dir danken; uns aber hast du gespendet geistliche Nahrung und Trank und ewiges Leben durch deinen Knecht. Vor allem danken wir dir, weil du mächtig bist. Dir sei Ehre in Ewigkeit. Gedenke, Herr, deiner Kirche, sie zu erlösen von allem Bösen und sie zu vollenden in deiner Liebe, und führe sie, die geheiligte, von den vier Winden zusammen in dein Reich, das du ihr bereitet hast. Denn dein ist die Kraft und die Herrlichkeit in Ewigkeit. Es komme die Gnade und es vergehe diese Welt. Hosianna dem Gotte Davids. Wer heilig ist, komme herzu; wer es nicht ist, der tue Buße. Maranatha. Amen.

Aus der ersten Kirchenordnung »Lehre der XII Apostel« (Didaché), 2. Jahrhundert

O mein Herr!

Mein Herr und Gebieter meines Lebens! Den Geist des Müßigganges, der Niedergeschlagenheit, der Herrschsucht und des eitlen Geschwätzes entferne von mir!

Den Geist aber der Keuschheit, der Demut, der Geduld und der Liebe gib mir, deinem Knechte!
O mein Herr und König! Gib mir, meine eigenen Missetaten zu sehen und über meinen Bruder nicht zu richten, denn du bist gebenedeit in alle Ewigkeiten!

Ephraim der Syrer (etwa 306–373)

Bereitschaft zum Martyrium

Herr, allgewaltiger Gott, Vater deines geliebten und gelobten Dieners Jesu Christi, durch welchen wir die Erkenntnis deiner empfangen haben, du Gott der Engel und Kräfte und aller Kreatur und des ganzen Geschlechts der Gerechten, welche vor dir lebten, ich preise dich, dass du mich dieses Tages und dieser Stunde gewürdigt hast, dass ich in der Zahl der Märtyrer Anteil empfange an dem Kelch deines Christus zur Auferstehung ewigen Lebens an Seele und Leib in der Unvergänglichkeit des Heiligen Geistes. Möge ich unter ihnen heute vor deinem Angesicht Aufnahme finden als ein reiches und wohlgefälliges Opfer, wie du es mir vorbereitend schon kundgetan und nun erfüllt hast, du trugloser und wahrhaftiger Gott. Darum lobe ich dich auch um alles, dich preise ich, dich rühme ich durch den ewigen und himmlischen Hohenpriester Jesus Christus, deinen geliebten Diener, durch welchen dir mit ihm und dem Heiligen Geist die Ehre gebührt wie jetzt, so auch in die Ewigkeiten der Zukunft. Amen.

Polykarp (etwa 69–155)

Bitte um das rechte Herz

O Herr, der du Erbarmen hast mit allem, nimm hinweg von mir meine Sünden, und entzünde gnädig in mir das Feuer deines Heiligen Geistes. Nimm hinweg von mir dies Herz von Stein und gib mir ein Herz von Fleisch und Blut, ein Herz, dich zu lieben und anzubeten, ein Herz, in dir mich zu erfreuen, dir zu folgen und zu gefallen, um Christi willen.

Ambrosius (etwa 339–394)

Anrufung der göttlichen Barmherzigkeit

Zeig mir, Herr, deine Barmherzigkeit und erfreue mein Herz in ihr. Lass mich dich finden, den ich in meiner Sehnsucht suche. Sieh hier den Menschen, den die Räuber fingen, schlugen und halbtot liegen ließen, als er auf dem Wege war nach Jericho. Du mildherziger Samaritaner, nimm mich auf! Ich bin das Schaf, das in die Irre ging – such mich auf und bring mich wieder heim in deine Hürde. Tu mit mir nach deinem Wohlgefallen, auf dass ich bei dir verbleibe alle Tage meines Lebens und immer und ewig dich mit denen preise, die bei dir sind. Amen.

Hieronymus (etwa 347–419/420)

Hymnus

Was ist mein Gott? Was, frag ich, anders als Gott, der Herr? »Denn wer ist der Herr außer dem Herrn? Oder wer ist Gott außer unserm Gotte?«
Höchster, Bester, Mächtigster du, Allmächtigster, Allerbarmer und Allgerechter.

Verborgenster und Allgegenwärtiger, Schönheitsherrlicher, Kraftgewaltiger!
Du stehest fest und bist unfassbar, unwandelbar bist du und wandelst alles.
Nie neu, nie alt, erneuerst du alles und »führest ins Alter die Stolzen und sie wissen es nicht«.
Ständig wirkend ruhst du ständig, sammelst immer und hast nie Bedarf.
Träger, Erfüller, Beschützer,
Schöpfer, Erhalter, Vollender!
Der du suchst, wo nichts dir fehlt.
Du bist die Liebe, doch nie wogt's in dir; du bist der Eifernde und ruhest sorglos.
Reue kennst du ohne den Schmerz, Zorn kennst du und bleibst die Stille; Werke änderst du – nie änderst du den Plan; du nimmst auf, was du findest und nie verlorst; nie bedürftig, freust du dich des Gewinnes, nie habsüchtig, forderst du doch Herzen. Über die Schuld wird dir gegeben, dass du Schuldner werdest, und doch – wer hat, was nicht dein wäre?
Schulden zahlst du zurück, niemandes Schuldner; Schulden erlässest du und nichts geht dir verloren.
Aber was sagt das denn von dir, mein Gott, mein Leben, meine heiligsüße Wonne? Was vermag ein Mensch zu sagen, wenn er von dir redet? Aber wehe denen, die von dir schweigen, wo schon die, die reden, Stumme sind!

AUGUSTINUS (354–430)

ERBARME DICH!

Wer gibt mir, dass ich Ruhe finde in dir? Wer gibt mir, dass du kommest in mein Herz und es trunken machest, dass ich vergesse meine Sünden und dich umfange, du mein einzig Gut? Was bist du mir? Erbarme dich, damit ich's sagen kann! Und ich, was bin ich dir, dass du geliebt sein willst von mir, und, tat ich's nicht, mir zürntest und drohtest ohne Maß? Ist nicht schon Elends genug, dich nicht zu lieben? Ach ich Armer! Sag mir um deiner Barmherzigkeit willen, Herr mein Gott, was du mir bist!

Sprich zu meiner Seele: »Ich bin dein Heil.« Sprich so, dass ich höre! Sieh, die Ohren meines Herzens sind vor dir, Herr, öffne sie und sprich zu meiner Seele: »Ich bin dein Heil.« Nachlaufen will ich hinter diesem Worte und dich fassen. Verbirg dein Angesicht nicht vor mir; sterben will ich: nicht zu sterben, dein Angesicht zu schauen!

Eng ist das Haus meiner Seele, in das du kommen magst zu ihr: Erweitere es! Baufällig ist es: Erneuere es! Es bietet ein Ärgernis deinen Augen, ich weiß und bekenne es. Aber wer wird es reinigen? Zu wem andern soll ich rufen als zu dir: »Von meinen verborgenen Sünden reinige mich, Herr, und vor fremder Sünde behüte deinen Knecht! Ich glaube, und darum rede ich.« Herr, du weißt es. »Hab ich dir nicht meine Sünden bekannt wider mich selbst, mein Gott, und du hast mir vergeben die Bosheit meines Herzen?« Ich rechte nicht über das Urteil mit dir, der du die Wahrheit bist, und ich will mich nicht selbst betrügen, dass nicht »meine Sünde sich zum eigenen Schaden lüge«. Darum rechte ich nicht mit dir über das Urteil, denn »wenn du Acht haben wolltest auf die Missetaten, Herr, Herr, wer könnte dann bestehen?

AUGUSTINUS

Orientalisches Christentum

Lied zur heiligen Kommunion

O Kirche, Mutter des Glaubens, Gemach der heiligen Hochzeit, erhabenes Bett! Wohnung des ewigen Bräutigams, der euch geschmückt hat mit ewigen Zierden!
Du verteilst das reinigende Brot und gibst uns dieses Furcht erregende Blut zu trinken,
das uns zur höchsten Stufe erhoben hat, um uns in die Gemeinschaft der geistigen Wesen zu führen.
Kommt also, ihr Söhne des neuen Zion, nähert euch reinen Herzens unserem Herrn.
Der Ersten Führer war Josua, euer Führer ist Jesus Christus, der Eingeborene des Vaters.
Dieses Brot ist der Leib Jesu Christi, dieser Kelch ist das Blut des Neuen Bundes.
Das größte Geheimnis offenbart sich euch, hier ist es Gott selbst, der sich euch offenbart.
Es ist Jesus Christus selbst, das göttliche Wort, das zur Rechten des Vaters sitzt und das, für euch geopfert, die Sünden der Welt auf sich nimmt.
Ewig wird er gepriesen zusammen mit dem Vater und dem Geiste, heute und in aller Zukunft, von Ewigkeit zu Ewigkeit.

Aus der armenischen Liturgie

Eingangsgebet zur heiligen Messe

Alleluja!
Ich werde dein Haus betreten durch die Fülle deiner Barmherzigkeit. Ich werde anbetend vor deinem heiligen Tempel stehen, von Furcht vor dir erfüllt.
Ich bekenne dir mit meinem ganzen Herzen, o Herr, da du die Worte aus meinem Munde erhört hast.
Ich werde singend vor dir tanzen im Angesicht deiner Engel.
Ich werde anbetend vor deinem heiligen Tempel stehen.
Deine Priester sind gerecht, und deine Heiligen jubeln vor Freude.
Besprenge mich, o Herr, mit Ysop, und ich werde gereinigt sein.
Wenn du mich wäschst, werde ich weißer als der Schnee werden.
Wasche mich ganz rein von meiner Bosheit und reinige mich von meinen Sünden.
Und verteidige deine Diener gegen die Fremden. Er hat ihnen Brot vom Himmel gegeben.
Der Mensch hat Brot von den Engeln gegessen.
In Unschuld will ich meine Hände waschen und den Altar umschreiten, Herr.
Ich habe sein Zelt umschritten und in ihm das Sühneopfer dargebracht. Du hast vor meinen Augen den Tisch bereitet gegen die, die mich in Drangsal stürzen.
Du hast mein Haupt mit Öl gesalbt. Wie glänzend ist mein Kelch, der Spender der Trunkenheit!
Ich werde den Kelch des Heiles empfangen und den Namen des Herrn anrufen. Gesegnet sei, der da kommt im Namen des Herrn. Heil, o unsere Mutter, heilige Kirche, von Mauerwerk verteidigt, o Kirche, Heil!
Du bist jenes Gefäß aus reinem Gold, in dem das Manna verborgen war, du bist das Zelt des Brotes, das vom Himmel herabsteigt, das allen das ewige Leben gibt.

Aus der Äthiopischen Liturgie

Gebete der Ostkirche

An die Gottesmutter

Die dich, Gottesmutter, in Hymnen besingen, lebendiger, reichlich spendender Born, stärke die, welche einen geistlichen Reigen dir tanzen, und an deinem heiligen Feste schmücke sie mit der Herrlichkeit Kranz.
Du ließest sprossen die göttliche Ähre im Land, das unbestellt. Gegrüßt du, lebendige Tafel, die des Lebens Brot trägt. Gegrüßt du, des lebendigen Wassers Herrin, unversiegbarer Born. Wie eine Färse hast du geboren den Gläubigen das Kleine, das Reine, gegrüßt du. Gegrüßt du, als Lamm hast Gottes Lamm du geboren, das die Sünden aller Welt wegnimmt. Gegrüßt du, glühende Sühnung.
Strahlende Frühe, gegrüßt du, du führst allein Christus, die Sonne herauf, die Wohnung des Lichtes. Gegrüßt du, du verscheuchest die Nacht und vernichtest gänzlich die finstern Dämonen.
Gegrüßt du, einzige Pforte, durch die einzig hindurchging das Wort, durch dein Gebären, o Herrin, die Riegel und Tore des Hades zerschlagend. Gegrüßt du, der Geretteten, Allgepriesene, heiliger Eingang.

Totenhymne an die Jungfrau und die Märtyrer

Dir bringe ich dar eine Hymne, o Jungfrau. Verachte mich nicht, weil ich von Sünden besiegt bin. Nein, volle Besserung wolle mir geben, o Reine, durch alles Fasten, durch Wandel, der zum Guten sich wendet.
Feuer und Schwert und Tiere, ihr Sieger im Streit, ihr habt sie im Leiden wie Wonne erachtet. Eure Mörder machtet ihr staunen, preisend Christus in Hymnen, den Gott eurer Väter.
Gliedweise zerschlagen, verbrannt, wurdet ihr Christus dargebracht als duftendes Opfer, Märtyrer Christi. Wohlan, flehet für uns immer zu ihm.
Ich preise den Gott in der Dreiheit, den Vater, den Sohn und den Geist, die einfache Dreiheit, die heilige Dreiheit, den Beginn vor allem Beginne, den Einen in der Natur.
Gottesmutter, allheilige Herrin, nimm an deiner Knechte Gebete und trag sie zu dem, der aller Gott ist, er möge uns vor jeder Prüfung bewahren.
Ihr Märtyrergeschlechter, vom Himmel her segnet, welche, euch in Hymnen besingend, hier stehen. Heiliget sie, dass freudig sie die Zeit der Fasten vollenden.
Denen, die im Glauben zu dir hinübergegangen – du kennst ja die Werke der Menschen –, vergib ihre Sünden, die freiwilligen und unfreiwilligen, verleihe Erquickung ihnen, o Gott.
Die Glut des Ofens hast mit Tau du besprengt und die Jünglinge hast du unversengt bewahrt. Gepriesen bist du in die Äonen, Herr, Gott unserer Väter.

Hosianna!

Du, der im Himmel sitzt auf dem Thron, auf der Erde auf einem Füllen, Christus, o Gott, hast angenommen den Lobpreis der Engel, der Kinder Gesang, die zu dir riefen:

Gepriesen bist du. Denn Adam zurückzurufen zu dir, bist du gekommen.
Nachdem du den Hades gefesselt, Unsterblicher, und getötet den Tod und erwecket die Welt, haben mit Zweigen die Unmündigen dich, Christus, als Sieger umjubelt. Heute rufen sie dir zu: Hosianna dem Sohne Davids. Denn nicht mehr, sagen sie, werden hingemordet werden die Kindlein wegen des Kindes Marias. Nein, für alle Unmündigen und Greise wirst du gekreuzigt allein. Nicht mehr wird über uns kommen das Schwert. Denn deine Seite wird durchstochen werden von einer Lanze. Drum rufen wir jubelnd: Gepriesen bist du. Denn Adam zurückzurufen zu dir, bist du gekommen.

Gebet um Erleuchtung

Mich, den durch Lüste Verbrannten und am Auge der Seele Geschwächten, erneuere durch das Feuer deiner Furcht, o Christus, und erleuchte mich mit dem Lichte des Heiles, damit ich dich preise in alle Äonen.
Den Ekel der Leidenschaften verachte und weide dich an der Labe des Edlen und erfreue dich mehr an der Wonne der Fasten durch Verzicht auf die Bitterkeiten der Lüste, meine Seele, du arme, und in Ewigkeit lebe.
Ist die Seele verhärtet und durch den Rausch der Leidenschaften verfinstert, nimmer blicke ich dann zu dir hin, dem alleinigen Gott. Darum erbarme dich meiner und erleuchte mich und öffne mir heimlich die Tore zur Umkehr.
Unser erdhaftes, verderbliches Wesen hast du zum Himmel erhoben, o Reine. So lass durch dein glühend Gebet unsre Bitten, Gebete hindringen zu deinem und aller König und Gott.

Bitte um Erbarmen

Himmel, merk auf, und reden will ich und Christus in Hymnen besingen, der als Sohn der Jungfrau im Fleische gewohnt.
Himmel, merk auf, und reden will ich, Erde, lausche der Stimme, die zu Gott sich bekehrt und ihn in Hymnen erhebt.
Neig dich mir, Gott, mein Erbarmer, mit deinem gnädigen Antlitz und nimm auf mein heißes Bekenntnis.
Ich habe gesündigt mehr als alle Menschen, ich allein hab mich an dir versündigt. Wohlan, hab Erbarmen, Gott, Heiland, mit deinem Gebild.
Gestaltet durch meiner Leidenschaften Missgestalt, entehrte meines Geistes Schönheit ich durch lusthaft Streben.
Der Sünden Seesturm tobt um mich, erbarmungsvoller Herr. Wohlan, so wie dem Petrus streck auch mir entgegen deine Hand.
Befleckt hab ich mein Fleischgewand, besudelt dein Bild und Gleichnis, o Heiland. Verfinstert habe ich der Seele Lieblichkeit durch der Leidenschaften Lüste, mit einem Wort: ganz den Geist gemacht zu Erdenstaub.
Zerrissen hab ich jetzt mein erstes Kleid, das mir der Bildner im Anbeginn gewebt. Darum lieg ich hier in Blöße.
Mit dem zerrissenen Gewand bin ich bekleidet, das die Schlange mir gewebt durch ihren Rat, und muss mich schämen.
Auf die Zähren der Buhlerin beruf auch ich mich, o Erbarmer. In deiner Güte, Heiland, meiner dich erbarm.
Ich schaute auf des Baumes Schönheit, ließ täuschen meinen Sinn. Und nun liege ich hier nackt und muss mich schämen.
Auf meinem Nacken schmiedeten ihre Ränke all die Anstifter der Sünden und wälzten ihre Sünde auf mich ab.
Als einen Gott aller besinge in drei Personen ich dich als den Vater, den Sohn und den Heiligen Geist.
Reine Gottesmutter, Jungfrau, allgepriesen allein, mit ausgespannten Armen fleh um unsere Rettung.

Lasst den Sohn uns loben!

Durch Fasten lasset, wohlan, die Leidenschaften der Sinne uns knechten. Mit geistigen Schwingen lasst uns verhüllen uns, damit wir des Feindes sich erhebenden Sturm leichten Sinnes durchschreiten und würdig werden der Verehrung des Kreuzes des Gottessohns, der für die Welt willig opfern sich ließ, und des Erlösers Auferstehung von den Toten geistig begehen. Auf den Berg erhoben, lasst mit den Jüngern den Sohn uns loben, der alle Macht empfangen vom Vater, den Menschenfreund.
Unüberwundene Märtyrer Christi, besiegt habt ihr den Trug durch die Macht des Kreuzes und empfangen die Gnade des ewigen Lebens. Nicht ducktet ihr vor der Tyrannen Drohungen euch. Von Foltern wurdet gequält ihr. Nun jauchzt ihr. Und euer Blut wurde unsern Seelen zur Heilung. Flehet um unserer Seelen Errettung.
Was ist das für ein wunderbar Schauspiel, das meinen Augen sich bietet, Gebieter? Du, der die ganze Schöpfung in ihrem Bestande erhält, wardst aufgerichtet am Kreuz. Und du stirbst, der allen schenket das Leben. So sagte die Gottesgebärerin weinend, als am Kreuz die Allreine den Gottmenschen schaute, der aus ihr auf unsagbare Weise erstrahlte.

Europäisches Mittelalter

Mitternachtshymne an den Heiligen Geist

Im Schweigen der dunklen Nacht erheben wir uns vor dir, o Herr, und setzen in ehrfürchtigen Nachtwachen die Überlieferung fort, die uns von den Vätern anvertraut wurde und wir nach den Riten als Erbe übernommen haben. Wir dienen dir in Wachen, Heiliger Geist.
Du bist dem Vater im Glanze gleich, Christus gleich in der Zartheit, auf vielfältige Weise, Heiliger Geist, sei gerühmt als der mystische König.
Richte dein Auge auf den, der schwach im Fleische ist, ziehe mit deiner Macht die zu dir hin, die der alte Betrüger mit seinen Künsten umringt. Die Herde, die dir anvertraut wurde, sei nicht durch die Bande der Sünde gefesselt, die Herde, die du, Christus, mit deinem Blute erkaufen wolltest.
Behüte die irrenden Schafe, o barmherzigster guter Hirt, und trage sie auf deinen Armen in das Haus des Vaters zurück. Erschöpft und verwundet weiche der Fürst der Unterwelt zurück und wütend vor ungestilltem Hunger verliere er seine Beute aus dem Rachen.
Es frohlocke Christus der Herr, es tanze der Chor der Engel beim Erschallen der Lieder auf der Orgel, und dreimal rufe er: Heilig ist der Herr!

Altspanischer Ritus

Gebet um Regen

Unter dem Staub, in trockener Bleichheit breiten sich unter der Sonne die Felder aus, die dürre Erde färbt sich gelb, der Boden spaltet sich, jede gefällige Anmut schwindet dahin, und die Blumen in ihrem Reiz blühen nicht mehr.

Das ausgetrocknete Land lechzt nach Regen, versiegt sind die Quellen, der Fluss führt kein Wasser mehr mit sich, ungepflügt werfen die Furchen unförmige Risse auf. Die Hitze entfacht Brände auf dem Feld, die Feuersglut verbrennt sogar die Vögel, die Bäume tragen keine Blätter mehr, um den müden Wanderern Schatten zu spenden, aus ausgetrocknetem Munde spuckt der Pilger Sand.

Die wilden Tiere und die Haustiere halten das Maul vor dem Wind verschlossen und täuschen sich auf diese Art eine Erleichterung ihres Durstes vor. Beim Winde schließen die Menschen den Mund und halten den Atem an, sogar die Vögel halten im Winde ihren Schnabel geschlossen.

Die Hirschkuh, vom Durste gequält, geht nicht zu ihren süßen Hirschkälbern, die unruhige Hirschkuh verlässt die armen Jungtiere, weil sie das gesuchte Laub nicht findet. Die Jünglinge und Mädchen kommen, um Wasser aus dem gewohnten Brunnen zu schöpfen, und da es auch nicht einen einzigen Tropfen Wassers gab, kehren sie mit ihren leeren Krügen nach Hause zurück und trinken – o weh – ihre eigenen Tränen. Der Ochse verlässt seine leere Krippe und irrt durch das kahle Land umher und sucht das Unkraut auf den Wiesen. Und so kommen alle Viehherden ohne Weiden um. Der Bauer mit seinem gekrümmten Rücken geht in seiner bitteren Not auf die Suche nach Wurzeln in den Wäldern und hofft, den Hunger mit Baumrinden zu stillen, aber der Boden bietet keine weichen Säfte.

Unsere Sünden verdienen diese Hungersnot, aber du, Barmherziger, o Christus, erlöse uns von den Fesseln der gerechten

Strafe durch deine Gnade, die größer ist als das Gewicht unserer Schuld.
Wir flehen dich an, o Milder, öffne den Himmel und lasse fruchtbaren Regen auf die Felder fallen. Auch uns gewähre Regen, den du dem gottlosen Volke durch die Verdienste des Elias geschenkt hast.
O ewiger Schöpfer, wie mächtig bist du durch alle Zeiten hindurch. Ehre sei dir mit Christus, deinem Sohne, und dem Heiligen Geiste, der dir gleich ist.

Altspanischer Ritus

Das Gebet für alle

Wir bitten dich um dein Erbarmen, o Herr, befreie uns aus den Banden all unserer Vergehen.
Durch die Fürbitte der seligen und allzeit glorreichen Jungfrau Maria, der Muttergottes, und durch alle deine Heiligen bewahre uns in aller Heiligkeit unseren Papst, die Priester und unseren Abt, den König wie auch unsere Oberen und mit dem ganzen christlichen Volk uns selbst, deine Diener, und schließlich diesen Ort mit all denen, die hier wohnen. Auch alle die, die uns verbunden sind durch Verwandtschaft oder Familienbande oder auch nur durch das Gedenken im Gebete, reinige von Mängeln und erleuchte sie mit Tugend.
Uns gewähre Heil, halte fern die sichtbaren und die unsichtbaren Feinde, halte ab von uns die Begierden des Fleisches, spende uns eine heilsame Luft, flöße unseren Feinden Liebe ein, verzeihe in deiner Milde die Sünden derer, die uns Almosen gegeben haben, und allen Gläubigen, den Lebenden und Verstorbenen gewähre auf Erden das Leben und die ewige Ruhe.

Altenglisches Ritual

Gebet um die Gabe der Tränen

Allmächtiger, gütigster Gott, der du für dein durstiges Volk eine Quelle lebendigen Wassers aus dem Felsen hast hervorquellen lassen, locke aus unseren harten Herzen Tränen der Reue, auf dass wir unsere Sünden beweinen und durch dein Erbarmen verdienen, Vergebung zu erlangen.
Diese Opfergabe, so bitten wir dich, Herrgott, die wir deiner Majestät für unsere Sünden darbringen, nimm huldvoll an und lass Ströme aus unseren Augen hervorquellen, die die Brände der sündigen Flammen löschen.

Alkuin (735–804)

Stärke unsere Schwachheit

O ewiges Licht, erleuchte unsere Herzen, ewige Güte, erlöse uns vom Übel. O ewige Macht, sei du unsere Hilfe. Ewige Weisheit, zerstreue das Dunkel unserer Unwissenheit. Ewige Erbarmung, habe Nachsicht mit uns. Gewähre uns, dass wir aus ganzem Gemüt und aller Kraft allezeit dein Antlitz suchen; und endlich führe uns in deiner unermesslichen Barmherzigkeit zu deiner heiligen Gegenwart. Stärke unsere Schwachheit, dass wir den Fußstapfen deines gebenedeiten Sohnes folgen, deine Gnade gewinnen und eintreten in deine verheißene Freude. Amen.

Alkuin

O milder Herre Christ!

Allmächtiger, zu dir redet mein Gemüt, zu dir meines Herzens tiefste Not. Was meine Zunge, meine Hand und meine Lippen beten, was ein zerknirschtes Herz, ein redlich Tun, ein heiliges

Wollen, es ist dein: dein Lob, dein Lied, o milder Herre Christ. Dir huldigt, Herr, zerknirscht und fröhlich doch, mein ganzes Sein und spricht, vor deinem Kreuze hingeworfen: Lass deines Frühlings Knospe, deines Altars Gabe, lass dies Herz dich lieben! Nur diesen Brand entfach, nur diese Inbrunst schüre meine Seele, nur dies lass Durst und Hunger und unnennbare Sehnsucht mir sein – nur dies, dass du mich mild empfängst, mich armen Knecht, der sich zum Opfer ganz dir geweiht: dir, guter Jesus.

Rhabanus Maurus (etwa 780–856)

Hymne an den Heiligen Geist

Komm, Heiliger Geist, du Schaffender,
Komm, deine Seelen suche heim;
Mit Gnadenfülle segne sie,
Die Brust, die du geschaffen hast!

Du heißest Tröster, Paraklet,
Des höchsten Gottes Hochgeschenk,
Lebend'ger Quell und Liebesglut
Und Salbung heiliger Geisteskraft.

Du siebenfaltiger Gabenschatz,
Du Finger Gottes rechter Hand,
Von ihm versprochen und geschickt,
Der Kehle Stimm' und Rede gibst.

Den Sinnen zünde Lichter an,
Dem Herzen frohe Mutigkeit,
Dass wir im Körper Wandelnden
Bereit zum Handeln sei'n, zum Kampf!

Den Feind bedränge, treib ihn fort,
Dass uns des Friedens wir erfreun
Und so an deiner Führerhand
Dem Schaden überall entgehn!

Vom Vater uns Erkenntnis gib,
Erkenntnis auch vom Sohn zugleich,
Uns, die dem beiderseit'gen Geist
Zu allen Zeiten gläubig flehn!

Darum sei Gott dem Vater Preis,
Dem Sohne, der vom Tod erstand,
Dem Paraklet, dem wirkenden,
Von Ewigkeit zu Ewigkeit!

Gesungen am Vorabend des Pfingstfestes. Verfasser wahrscheinlich Rhabanus Maurus, übersetzt von Goethe (1820)

Das Wessobrunner Gebet

Das erfuhr ich mit den Menschen als wunderbarstes,
dass die Erde nicht war, noch der Himmel über uns,
noch Baum, noch Berg, dass nichts war.
Noch Sonnenschein, noch Mondlicht,
noch die herrliche See.
Dass nichts war, als die Unendlichkeit
und der eine allmächtige Gott,
der mildeste Mann, und waren auch
einige guten Geister da und der heilige
Gott …
Gott allmächtiger, du machtest Himmel
und Erde und gabst den Menschen so
manches Gut, gib mir in deiner

Gnade rechten Glauben und guten Willen,
Weisheit, Einsicht und Kraft,
den Teufeln zu widerstehen und
das Böse abzuweisen und deinen Willen zu erfüllen.

HANDSCHRIFT AUS DEM 9. JAHRHUNDERT

GEBET UM VERSTAND UND GLAUBEN

Herre Gott, hilf mir und gib mir Verstand und guten Glauben, deine Liebe und rechten Willen, Glück und Gesundheit und deine gute Huld.

FRÄNKISCHES GEBET AUS DEM 9. JAHRHUNDERT

OTHLOHS GEBET

Herr allmächtiger, der du einiger Trost bist und das ewige Heil aller derer, die an dich glauben und auf dich hoffen, du leuchte in mein Herz, dass ich deiner Güte und deiner Gnade möge gedenken, weil ich das nötig habe, wegen meiner Sünden und meiner Übel, die mich vor dir anklagen.

Lösche aus, Herr, alles Unnütze, Unrechte oder Unreine in mir, das der abscheuliche Feind (Widersacher) in mir entfachen kann, und erschließe mich dem ewigen Leibe, dass ich ihn möge lieben und mich deshalb danach hungere und dürste, weil ich dessen bedarf. Dann mache mich fügsam und kräftig in allen deinen Aufgaben, auf dass ich alle die Mühen möge erdulden, die ich in dieser Welt sollte erdulden, sei es durch deinen Namen oder wegen deiner Ehre, sei es wegen meiner Not oder der Not irgendeines anderen. Herr, gib mir die Kraft und die Kunst dazu. Ferner gib mir solchen Glauben und solche Zuversicht zu deiner Güte, wie ich es nötig habe, und solche Liebe und solche

Furcht, Demut und Gehorsam und solche Geduld, wie ich dir Allmächtigem und allen Menschen, unter denen ich lebe, sollte erbieten. Danach bitte ich dich, dass du mir solche Reinheit gebest, in meinen Gedanken und bei meinem Leibe, ob ich wache oder schlafe, dass ich würdig und so wie es sich gehört zu deinem Altar und an alle deine Aufgaben gehen möge. Auch bitte ich dich, dass du mich aller der Tugenden zuteil werden lassest, in denen weder ich noch sonst jemand dir gleicht: erstens wegen deiner heiligen Geburt, wegen deiner Marter, wegen des heiligen Kreuzes, in dem du alle Welt erlöstest, wegen deiner Auferstehung, durch die Gnade und den Trost des Heiligen Geistes. Damit tröste und stärke mich wider alle Fährnisse und wider alle Trugbilder des abscheulichen Widersachers. Danach hilf mir durch die Fürbitten der heiligen, ewigen Jungfrau Maria, durch die Fürbitten St. Michaels und des gesamten himmlischen Heeres und durch die Fürbitten der Heiligen: Johannes Baptist, Petrus, Paulus, Andreas, Jakob, Johannes, aller deiner Jünger und aller der Kindlein, die deinetwegen von Herodes erschlagen wurden. Danach hilf mir durch die Bitten der Heiligen: Stefan, Laurenz, Vitus, Pankraz, Georg, Mauriz, Dionisius, Gereon, Kilian, Bonifaz, Januarius, Hipolitus, Kiriaz, Sixtus und aller seiner Gefährten. Danach hilf mir durch die Fürbitte der Heiligen Emeram, Sebastian, Fabian, Quinn, Vinzenz, Kastul, Blasius, Alban, Antonin. Ferner hilf mir durch die Fürbitten der Heiligen Silvester, Martin, Remigius, Gregor, Nikolaus, Benedikt, Basilius, Patrik, Antonius, Hylarion, Ambrosius, Augustin, Hieronimus, Wolfgang, Zenon, Simeon, Bardus, Ulrich, Leo, des Papstes, und durch die Bitten der heiligen Jungfrauen Petronella, Cecilia, Scolastica, Margareta. Danach hilf mir durch die Fürbitten aller deiner Heiligen, dass mich weder meine Sünden noch irgendwelche Versuchungen des abscheulichen Feindes mögen irreleiten, auf dass deine Gnade nicht von mir weichen möge. Danach rufe ich zu deinen Gnaden um unseren Schutz, der durch unsere Sünden zerstört worden ist, dass er durch deine Gnade und Fürbitte aller deiner Heiligen errichtet werde, wegen unserer Nöte und der Nöte aller der, die darum sich mühen oder die darum Gnade suchen. Gedenke, Herr, aller durch deine mannigfaltige Gnade und bedenke deshalb, dass deine Ehre und dein Lob hier mögen sein. Gedenke, Herr, auch aller der Versammlungen, die irgendwo in deinem Namen zusammenkommen, und gedenke ihrer in allen ihren Nöten. Danach bitte ich für alle die, die sich in mein Gebet mit Beichte und mit Flehen eingeschlossen haben, wo sie auch seien, wer sie auch seien, dass du sie das Vertrauen genießen lassest, das sie zu deinen Gnaden und zu meinem Gebete haben. Sei uns gnädig, Herr, und lehre uns, für andere Gebete zu beten. Danach rufe ich zu deinen Gnaden für alle unsere Richter, Priester und Laien, dass du sie dahin bringst, mit sich zu Gericht zu gehen, um so auch den ihnen Untergebenen befehlen zu können. Danach bitte ich für alle meine Verwandten, dass du dich ihrer in Gnaden annimmst. Auch bitte ich für alle die, die niemals mir Gnade erwiesen haben, noch jemals Mühe für mich verwandt haben von Anbeginn meines Leibes bis zu diesem Augenblick, dass du sie belohnest, da sie es sehr nötig haben. Ich bitte auch für alle die, die da in keiner Weise von mir gebessert und getröstet wurden, dass du sie aufrichtest und mit deiner Güte tröstest. Danach bitte ich wegen all des Ungerechten, des Unfriedens und wegen all des Schlechten, das es je geben wird, dass du, der du alle Dinge machtest, alles nach deinem Willen bedenkest. Danach rufe ich zu dir wegen aller unserer verstorbenen Brüder, die hier begraben sind, und wegen aller der, die hier begraben sind, weil sie in rechtem Glauben gestorben sind. Danach bitte ich für alle die Toten, die die hiesige Bruderschaft hat, ferner für alle die, deren Gaben wir jemals empfingen. Dann bitte ich für alle die, für die man deine Gnade erbitten muss, damit sie alle mein Leben in Anspruch nehmen, und deswegen, weil ich hier ihr oberster Verantwortlicher bin.

Zum Schluss befehle ich mich selbst und meine ganze Mühsal und all meinen Fleiß in deine Gnade, weil ich selber es nicht vermag, noch kann, noch will, wegen meiner Schwachheit, Ruchlosigkeit und Unfähigkeit, mich um mich selbst zu kümmern, darum sorge du für mich, wie du nach deiner Güte und Weisheit es willst und kannst. Herr, ich übergebe meinen Geist und meinen Leib in deine Hände.

Etwa 9. Jahrhundert

Sigihards Gebet

I. Du himmlischer Herr,
sei uns gnädig mit deiner Macht
in deinem Reiche, das dir gleich ist.

II. Herr Christ im Himmel, sei uns mit
deines Vaters Segen gnädig bis in Ewigkeit,
auf dass wir die Schmerzen erdulden.

9.–10. Jahrhundert

»Augsburger Gebet«

Gott, deine Eigenschaft ist,
dass du immer gnädig bist,
erhöre unser Gebet,
des bedürfen wir sehr,
weil uns die Ketten der Sünden binden.
Die Gnade deiner Güte möge uns baldigst befreien.

9.–10. Jahrhundert

Klosterneuburger Gebet

Herr, der du mich Armen schufest zu deinem Bilde
und mich erlöstest mit deinem heiligen Blute,
erlöse mich Armen von allen meinen Sünden,
die ich je getan, und die ich täglich tue und von den künftigen.
Herr, ich bitte dich, dass du mir an dem Jüngsten
Tage helfest, wenn die Seele scheidet vom Körper,
dass ich mit Wahrheit glaube und mit Lauterkeit
beichte und mit Hingabe liebe deinen und meinen
Nächsten und zu der Gemeinschaft deines Leibes
und deines Blutes gehöre.

10. Jahrhundert

An den Vater der Liebe

Wir lieben dich, o unser Gott, und wir begehren dich zu lieben mehr und mehr. Gewähre uns, dass wir dich also lieben, als wir es begehren und als wir sollen. O liebster Freund, der du uns so sehr geliebt und gerettet hast, du, an den zu denken süß ist und immer süßer wird, komm und nimm Wohnung in unserm Herzen. Dann wirst du Wache halten über unsere Lippen, unsere Tritte und unsere Taten, und wir brauchen fürder nicht zu bangen für unsere Seelen und unsere Leiber. Ja, gib uns Liebe, aller Gaben köstlichste, die keine Feinde kennt. Gib uns ins Herz die reine Liebe, geboren aus deiner Liebe zu uns, auf dass wir andere lieben wie du uns. O liebevollster Vater Jesu Christi, aus dem alle Liebe fließt, lass unsere Herzen, die gefroren in der Sünde, kalt für dich und kalt für andere geworden, erwärmen an deiner göttlichen Glut. So hilf uns, segne uns in deinem Sohne. Amen.

Anselm von Canterbury (1033–1109)

Für die Feinde

Herr Jesus Christus, der du uns geboten hast, nicht Böses mit Bösem zu vergelten, sondern für die zu beten, die uns hassen und beneiden, mach, dass wir durch das Beispiel des Heiligen Geistes unsere Feinde lieben und insbesondere für sie beten.
Mach, o Christus, Sohn Gottes, dass unser Gebet für die aufrichtig sei, von denen du weißt, dass sie uns Böses angetan haben.
Wenn wir in irgendeiner Weise der Grund gewesen sind für die Beleidigungen, die sie uns angetan haben, dann bessere uns und ebne uns den Weg zu einer heiligen Versöhnung. Mach, dass ihr Zorn nicht immer weiter gegen uns glühe, sondern befreie sie und uns von der bösen Gewalt des Hasses, auf dass wir bereit sind, die Vergehen auf beiden Seiten wieder gutzumachen.
Mach, dass der Friede Gottes unser Herz und unseren Verstand lenke, jetzt und in alle Ewigkeit. Amen.

Anselm von Canterbury

Anrufung Mariens

Herrliche Mutter des himmlischen Heiles, du hast durch deinen heiligen Sohn Salböl ausgegossen in die erbärmlichen Todeswunden, die Eva zur Qual der Seelen geschlagen hat. Du hast den Tod vernichtet und das Leben auferbaut. Bitt für uns bei deinem Sohne, Stern des Meeres, Maria! O lebendige Mittlerin, heitere Zier und Inbegriff alles Köstlichen, das in dir nie versiegen kann: bitt für uns bei deinem Sohne, Stern des Meeres, Maria!

Hildegard von Bingen (1098–1179)

Lobpreis des Herrn

Du höchster, mächtiger, guter Herr, dein ist der Lobpreis, Ruhm und Ehre und jeglicher Dank zumal: Erhabener, dir nur gebührt es, und kein Mensch ist würdig, dich zu nennen.
Gelobt seist du, Herr, mit allen deinen Kreaturen, der edlen Herrin vor allem, Schwester Sonne, die uns den Tag macht und uns freundlich Licht durch ihn spendet. Schön ist sie in den Höhen und prächtig in mächtigem Glanze: Dein Gleichnis birgt sie, Erhabener.
Gelobet seist du, Herr, durch Bruder Mond und die Sterne. Du schufest sie, dass sie funkeln am Himmel köstlich und schön.
Gelobet seist du, Herr, durch Bruder Wind und Luft und Wolke und jegliches Wetter, mildes und anderes auch, wodurch du belebst, was du erschufest.
Gelobet seist du, Herr, durch Bruder Feuer, durch den du uns leuchtest in der Nacht. Es glühet mild und sprühet gewaltig und kühn.
Gelobet seist du, Herr, durch unsere Schwester, die Mutter Erde, die stark und gütig uns trägt und zeitigt mancherlei Frucht mit farbigen Blumen und Gras.
Gelobet seist du, Herr, durch die, so vergeben um deiner Liebe willen und Pein und Betrübnis geduldig tragen: Selig, die's überwinden in deinem Frieden! Sie werden gekrönt von dir, dem Höchsten.
Gelobet seist du, Herr, durch unseren Bruder, den leiblichen Tod, dem kein lebendiger Mensch entrinnet. Ach wehe, die sterben in ihren Sünden. Und selig, die er findet in deinem heiligsten Willen, denn sie berührt nicht der zweite Tod.
Lobet und preiset den Herrn und danket und dienet ihm in großer Demut.
Amen.

Franz von Assisi (1182–1226)

Das Vaterunser des Franz von Assisi

Vater unser, Schöpfer, Erlöser, Heiland und Tröster.
Der du bist in den Himmeln, in den Engeln und Heiligen, du erleuchtest sie zur Erkenntnis: Denn du, o Herr, bist Licht und zündest die Liebe an; denn du, o Herr, bist Liebe, wohnst in ihnen und erfüllst sie bis zur Seligkeit; denn du, o Herr, bist das höchste Gut; das ewige Gut, von dem alles Gute kommt und außer dem nichts Gutes ist.
Geheiligt werde dein Name. Es leuchte in uns die Erkenntnis von dir, auf dass wir innewerden der Breite deiner Wohltaten, der Ausdehnung deiner Verheißungen, der Höhe deiner Majestät und der Tiefe deines Gerichtes.
Zukomme uns dein Reich, damit du herrschest in uns durch die Gnade und uns kommen lässest in dein Reich, wo du unverhüllt zu sehen bist, vollkommen geliebt, selig empfunden und ewig genossen wirst.
Dein Wille geschehe wie im Himmel, also auch auf Erden, damit wir dich aus ganzem Herzen lieben im steten Gedenken an dich, aus ganzer Seele in der steten Sehnsucht nach dir, aus ganzem Gemüte, indem wir all unsere Absichten auf dich hinrichten und in allen Dingen deine Ehre suchen, aus allen unsern Kräften, indem wir alle Kräfte des Leibes und alle Vermögen der Seele zu nichts anderem als nur auf deine Liebe verwenden; damit wir auch unsere Nächsten lieben wie uns selbst, indem wir alle nach Kräften deiner Liebe zuführen, über der andern Glück uns freuen, als wär's das eigene, in ihrem Unglück Mitleid haben und niemand irgendwie beleidigen.
Unser tägliches Brot, deinen geliebten Sohn, unsern Herrn Jesus Christus, gib uns heute – zum Gedächtnis, zur Erkenntnis, zur Anbetung der Liebe, die er zu uns gehegt, und alles dessen, was er für uns gesprochen, was er getan und getragen hat.
Und vergib uns unsere Schuld durch die unaussprechliche Barmherzigkeit, das unaussprechliche Leiden deines geliebten

Sohnes, unseres Herrn Jesu Christi, durch die Heiligkeit der seligsten Jungfrau Maria und durch aller deiner Auserwählten Verdienst und Fürsprache.
Wie auch wir vergeben unsern Schuldigern – und wenn wir etwas nicht vollkommen vergeben, so mach du, Herr, dass wir es über uns bringen, damit wir unsere Feinde um deinetwillen aufrichtig lieben und für sie bei dir andächtig fürbitten, keinem Böses mit Bösem vergelten und allen hilfreich sind in dir.
Und führe uns nicht in Versuchung – sie sei heimlich oder offen, sie komme flüchtig oder mit dauerndem Ungestüm.
Sondern erlöse uns vom Übel – vom gewesenen, vom heutigen und künftigen. Amen.
Ehre sei dem Vater.

Gebet um Erfahrung durch Liebe

O Jesus, du Quell der Weisheit, du Urheber der Erkenntnis, du Spender des keuschen Rates, lass mich von nun an deine Stimme vernehmen und immer in meinem Ohr ertönen.
In der Bitterkeit meiner Seele bedenke ich, wie der unselige Ruf derer mich verführte, die da sangen und sprachen: »Kommt, lasst uns genießen des Guten, das noch ist! Wir wollen uns mit Rosen kränzen, eh sie verwelken, und nicht soll die Blüte der Zeit uns entgehen. Wir wollen uns mit Wein und köstlichen Salben füllen. Überall wollen wir Zeichen der Freude zurücklassen« (Weish. 2,6–9). So hörte ich und verstand nicht, dass alles eitel sei und lächerlich; denn schnell gingen diese Freuden vorüber und verschwanden wie Schattenbilder. Oder was haben sie ihren Genießern genützt? Welche Frucht hatten sie von den Dingen, deren sie jetzt sich schämen? O Herr, mein Gott, du Licht meines Herzens, Brot meiner Seele, bittersüße Kraft meines Geistes, dich liebte ich nicht, dich floh ich und ging fremder Liebe nach. Und wie ich so fremder Liebe nachlief,

hörte ich immer den Spottruf: Recht so, recht so! Die Freundschaft mit dieser Welt ist vor dir frevle Buhlschaft. O was ist elender als der Mensch, dem sein eigen Elend nicht zu Herzen geht! Doch du, liebenswürdigster Gott, hast mich bei all dem nicht verlassen.
Nun bitte ich dich mit Augustinus: Mache, dass ich innerlich erfahre durch die Liebe, was ich äußerlich erfasse durch den Gedanken; dass ich im Willen erlebe, was ich durch den Verstand erkenne.

BONAVENTURA (1221–1274)

ABENDMAHLSHYMNE

Preiset, Lippen, das Geheimnis
Dieses Leibs voll Herrlichkeit
Und des unschätzbaren Blutes,
Das, zum Heil der Welt geweiht,
Jesus Christus hat vergossen,
König aller Wesenheit.

Uns gegeben, uns geboren
Von der Jungfrau keusch und rein,
Ist auf Erden er gewandelt.
Saat der Wahrheit auszustreun;
Und zum Ende seines Lebens
Setzt' er dieses Wunder ein.

In der Nacht beim letzten Mahle,
Wo er mit der Jünger Schar
Nach der Vorschrift des Gesetzes
Bei dem Osterlamme war,
Gab mit eigner Hand den Seinen
Er sich selbst zur Speise dar.

Durch das Wort wird Brot zum Fleische,
Und zum Blute wird der Wein:
Gott und Mensch und Leib und Seele,
Sieht es auch der Sinn nicht ein;
Einem reinen Sinn genüget
Fester Glaube schon allein.

Darum lasst uns tief verehren
Ein so großes Sakrament!
Dieser Bund wird ewig währen,
Und der alte hat ein End;
Unser Glaube soll uns lehren,
Was das Auge nicht erkennt.
Gott dem Vater und dem Sohne
Sei Lob, Preis und Herrlichkeit,
Mit dem Geist auf höchstem Throne
Eine Macht und Wesenheit!
Singt in lautem Jubeltone
Göttlicher Dreieinigkeit. Amen.

Thomas von Aquin (1224–1274)

Vor der Kommunion

Allmächtiger, ewiger Gott, siehe, ich nahe dem Sakramente deines eingeborenen Sohnes, unseres Herrn Jesus Christus. Ich nahe, wie ein Kranker dem Arzte des Lebens, wie ein Unreiner dem Quell der Erbarmung, wie ein Blinder dem Lichte der ewigen Klarheit, wie ein Armer und Dürftiger dem Herrn des Himmels und der Erde. Ich bitte also deine überreiche Freigebigkeit, meine Krankheit zu heilen, meine Unreinigkeit abzuwaschen, meine Blindheit zu erleuchten, meine Armut zu bereichern, meine Blöße zu bekleiden, damit ich das Brot der

Engel, den König der Könige und den Herrn der Herrscher empfangen möge mit so großer Ehrfurcht und Demut, mit so großer Zerknirschung und Andacht, mit so großer Reinheit und Glaubensfülle, mit solcher Gesinnung und Meinung, wie es dem Heile meiner Seele nützlich ist. Verleihe mir, ich bitte dich, dass ich das Sakrament des Leibes und Blutes des Herrn mit all seinen himmlischen Wirkungen empfange. O mildreichster Gott, lass mich den Leib deines eingeborenen Sohnes, unseres Herrn Jesus Christus, den er aus Maria der Jungfrau angenommen hat, so genießen, dass ich seinem geistigen Leibe einverleibt und seinen Gliedern beigezählt zu werden verdiene. O liebreichster Vater, gewähre mir, dass ich deinen geliebten Sohn, den ich jetzt verhüllt unter der Gestalt des Brotes auf diesem meinem Lebenswege empfangen will, endlich mit enthülltem Angesichte ewig anschauen möge, der mit dir und dem Heiligen Geiste lebt und regiert, Gott von Ewigkeit zu Ewigkeit. Amen.

Thomas von Aquin

Preis und Dank

Ich armer Sünder danke dir, Vater der Güte, für alle Treue, danke dir im Verein mit deinem geliebten Sohne und in Gemeinschaft mit allen Geschöpfen. Und ich preise dich, guter Vater, mit ihnen allen, für den getreuen Schatz, den du mir Armem an Leib und Seele in dieser Pilgerschaft je gewährt hast. In dieser Gesinnung, o Liebe über alle Liebe, bitte ich dich, dir selbst zu Ehren, um vollkommene Wandlung und Bekehrung der armen Sünder, die noch im Bösen befangen sind. Und ich bitte dich, wahre Liebe, um heiliges Wachstum in allem Guten und um Beharrung für alle Guten, die sich vor Sünde bewahren. Und ich bitte dich, Herr, um reichsten Segen und um gütigen Schutz und um Fülle des Heiligen Geistes für alle, die mir Armem hienieden das Meine tragen helfen an Leib und Seele. Herr, himmlischer Vater, nimm von deinen Kindern Dienst und Lob und errette dein Volk aus aller Not! Erlöse uns von allen Banden, nur nicht von denen der Liebe – die mögen uns nimmer genommen werden.

MECHTHILD VON MAGDEBURG (etwa 1212–1283)

GEBET EINER FRAU UM KRAFT

O Gott, meine Liebe! Wer sich im Werke deiner Liebe tapfer und gewandt erweist, wird sicher einst allzeit vor deinem königlichen Antlitz stehen. Stähle meine Hand zu Heldentaten, damit ich in dir und durch dich rasch und unermüdlich die Waffentaten edelster Liebestreue unternehme und glücklich vollbringe.
Umgürte du, o Gewaltiger, meine Lenden mit dem Schwerte deines Geistes und rüste mich mit männlichem Mute, um im Tugendstreit tapfer und mannhaft zu stehen und fest gegründet in dir, unüberwindlich an deiner Seite auszuharren. Bringe all meine Kräfte in Verhältnis zu den Unternehmungen, die ich, um deine Liebe zu erringen, wagen muss. Festige meine Gesinnung in dir, damit ich, ungeachtet der Schwäche meines Geschlechts, herzhaft und mit männlichem Starkmut jenen Grad der Liebe erkämpfe, der mir den Zutritt eröffnet zur geheimnisvollen Stätte der innigsten Einigung mit dir. Von jetzt an, o Liebe, nimm und besitze mich als ganz dein eigen. Denn ich habe fortan weder Herz noch Geist, außer in dir.

GERTRUD DIE GROSSE (1256–1302)

Bitte um den rechten Geist

Herr Jesus Christus, ich komme zu dir mit allen meinen Mängeln, Herr, und klage sie leidvoll in meines Herzens Bitterkeit und befehle dir mein ganzes Innere und die Anliegen aller Menschen, besonders derer, die es von mir wünschen. Liebreicher Herr, ich bitte dich, du mögest uns taufen und lauter waschen in der Kraft deines edlen Blutes, uns darein kleiden und wohlgefällig machen vor den Augen deines himmlischen Vaters und also uns mit ihm versöhnen und seines Herzens Huld gewinnen, auf dass seiner Liebe Gunst und Geist in uns fließe und sie allein es sei, die unser Denken hervorbringt und unser Wort und Werk gebäre zum Lobe seines gepriesenen Willens.

Meister Eckhart (etwa 1260–1328)

An den gütigen Gott

Allmächtiger Gott und Herr Jesu Christe, ewige Wahrheit, du bist der gerechte Richter, dessen Augen nicht nur die Werke, sondern auch den innersten Grund des Menschen klar durchschauen. Deine durchdringende Wahrheit und der Ernst deines Gerichtes lässt mich mit Zagen und Beben vor dein Angesicht kommen. Denn ich weiß mich von vielen bösen Leidenschaften befleckt und habe verdient, dass du mir zürnest.
Aber deine unendliche Milde und Barmherzigkeit lässt mich Hoffnung schöpfen auf deine Gnade und verzeihende Nachsicht. Zu wem sollte ich auch fliehen als zu dir, o guter Gott? Du bist mein erbarmungsreicher Erlöser, das Lamm ohne Makel, das alle Sündenschuld von uns nimmt und unser Böses heilt mit seinem reinen Blute. Darum komme ich voll Vertrauen zu dir und flüchte unter den Schutz deiner milden Güte. Unrein bin ich ganz und gar, aber du bist die Quelle barmherziger

Gnade, und wenn du willst, so kannst du mich rein machen. Mein Gott, Arznei des Lebens, siehe, ich lege dir meine Wunden bloß: Herr, wenn du willst, so kannst du mich reinigen – du allein. Dir ist es ein Geringes, zu geben, was mir zu empfangen das Höchste ist.

Gedenke, o milder Jesu, des tröstlichen Wortes, das du gesagt: dass du nicht wollest den Tod des Sünders, sondern dass er sich bekehre und lebe. So komme ich denn von ganzem Herzen zu dir, getreuer Menschenfreund, und wende mich zu dir mit all meinem Wesen. Demütig flehend klopfe ich an die Tür deiner göttlichen Gnade: höre mein Flehen, gib meiner Sehnsucht Erfüllung, stille meinen Hunger und Durst, stärke den Matten, heile den Kranken: Du allein bist Heil. Geh nicht an mir vorüber, barmherziger Samariter, sondern lass dich von Mitleid rühren mit meinem Elend und gieße Wein und Öl auf meine schmerzenden Wunden! Die Liebe hat dich herniedergezogen zu dem verlorenen Menschengeschlecht, es zu erlösen: Die Liebe bewege dich auch, an mir Erbarmen zu üben, dem Ärmsten von allen.

Aber nicht nur, weil ich in meiner Not so sehr deiner Hilfe bedarf, komme ich zu dir, o guter Jesu, sondern auch weil die Liebe mich drängt, die innige Sehnsucht nach dir, meinem einzigen Herrn und Heiland und wahren Freunde. Deine zuvorkommende Gnade und Liebe ist es, die mein Herz zu gläubiger, hoffender Liebe regt. Ich habe nun nicht mehr Angst und muss nicht fliehen vor dir wie vor dem schrecklichen Richter: Ich darf dir entgegengehen und dich umfangen als meinen wahrhaften Freund und darf Vertrauen haben zu dir als meinem gütigen Vater. Deine Güte ist ja so groß, deine Freigebigkeit so reich, deine Nähe so süß, all dein Wesen so mild und deine Liebe so beglückend, – du bist ganz Gnade und Trost, ganz Liebe.

O gütiger Gott, wenngleich die Himmel deine Größe nicht fassen und ich ein so armes Würmlein der Erde bin, unwert auch

deiner geringsten Guttat, so können doch alle deine Gaben mein Herz nicht stillen und meiner Sehnsucht nicht Schweigen gebieten, – du nur allein. O gib dich mir!
Guter Jesu, der du die Freundschaft der Zöllner und Sünder nicht verschmäht und vom sündigen Weibe dich hast berühren lassen: Bleibe nicht fern meiner einsamen Seele! Komm und sage ihr: »Ich bin dein Heil!« Ich möchte mit dir vereinigt sein, ich möchte dich, himmlische Güte, wie eine Speise aufnehmen in mein Inneres, möchte vergehen in mir und leben in dir und ewig Ruhe finden in dir, meines Wesens ewigem Quell. In dir allein kann ich wahrhaft Leben haben und Sein, und unruhig ist mein Herz, bis es ruhet in dir, meinem einzigen Ziel.
Eja, so komm zu mir und bringe mir den Vater, den Überguten, und lass mich für immer verborgen, geborgen sein am Herzen deiner unendlichen Liebe!

JOHANN TAULER (etwa 1300–1361)

MORGENGRUSS AN DIE EWIGE WEISHEIT

Meine Seele hat nach dir verlangt in dieser Nacht, nun des Morgens erwacht mein Geist in mir zu dir, o herrliche Weisheit, und bittet dich, dass deine ersehnte Gegenwart uns alles Widrige verscheuche, das Innerste unseres Herzens mit deiner vielförmigen Gnade durchgieße und in deiner Liebe stark errege. Nun aber, süßer Jesus Christus, steh ich im Morgenlicht auf zu dir und grüße dich aus Herzensgrund. Und auch die tausend Scharen Geister, die dir dienen, sollen dich von mir grüßen und das unzählbare Heer der Himmlischen soll dich in meinem Namen preisen. Und die ganze Harmonie der Kreaturen, alles soll dich von mir loben und deinen ruhmwürdigen Namen, der unser Schirm und Schild ist, in Ewigkeit benedeien. Amen.

HEINRICH SEUSE (1295–1366)

O ewige Weisheit

Eja, du unergründliches Gut, das Himmel und Erde erfüllt: Neige dich heute gnädig zu mir und verschmähe nicht deine arme Kreatur! Herr, bin ich deiner nicht würdig, so bin ich doch deiner bedürftig. Ach liebreicher Herr, bist du nicht der, der Himmel und Erde mit einem Wort erschaffen hat? Herr, mit einem einzigen Wort kannst du meine Seele gesund machen. Liebreicher Herr, tue mit mir nach deiner Gnade und nach deiner unergründlichen Erbarmung, nicht nach meinem Verdienen! Bist du doch das schuldlose Lamm, das da für aller Menschen Sünden geopfert wird.

O ewige Weisheit, komm heute mit solcher Macht in meine Seele, dass du alle meine Feinde vertreibest, alle meine Gebrechen linderst und alle meine Sünden vergibst. Erleuchte mein Verständnis mit dem Lichte des wahren Glaubens, entzünde meinen Willen mit deiner innigen Liebe, verkläre meinen Geist mit deiner fröhlichen Gegenwart, gib allen meinen Kräften Frische und Vollkommenheit und bewahre mich endlich bei meinem Tode, dass ich dich unverhüllt schauen und genießen dürfe in seliger Ewigkeit.

Heinrich Seuse

Lob des Herrn

Herr, tue an mir, deiner armen Kreatur, was immer zu deinem Lob gereicht; denn es gehe, wie es wolle, dein Lob will ich sprechen, solange ein Atemhauch in meinem Munde ist. Und wenn mir die Sprache verfiele, so begehre ich, dass ein Aufheben meines Fingers eine Bestätigung und eine Beschließung sei all des Lobes, das ich dir je sprach. Und wenn mein Leib einst zu Staub geworden ist, so begehre ich, dass von einem jeden Stäubchen ein grundloses Lob aufdringe durch den harten

Grabstein, durch alle Himmel hin vor dein göttliches Antlitz bis an den Jüngsten Tag, an dem sich Leib und Seele wieder vereinigen in deinem Lobe. Amen!

HEINRICH SEUSE

IN HORA MORTIS (IN DER TODESSTUNDE)

Ich bitte euch, heilige Jungfrau und ihr fünfundzwanzig ehrwürdigen Heiligen sowie alle Engel und Erzengel; alle heiligen Patriarchen und Propheten und alle Apostel und Märtyrer, Bekenner, Jungfrauen wie alle andern Heiligen und Auserwählten, dass sie mir in jener Stunde hilfreich zur Seite stehen mögen, in der meine Seele das Zeitliche segnet.

Dich bitte und rufe ich um Beistand an, heiliger Michael, Erzengel Gottes, der du die Macht hast, die Seele zu geleiten, der du meine Seele aus den Händen des Teufels befreien musst, dass ich vor den Toren der Hölle und den Wegen der Finsternis bewahrt bleibe wie vor den Nachstellungen des Dämons der Hölle; auch vor dem Löwen, der die mit Sünden beladenen Seelen greift und in die Qualen der Hölle schleppt.

Ich bitte den heiligen Petrus, den Apostelfürsten, zu entsenden, der mir die Pforten zum Paradies aufschließen möge. Allmächtiger Gott und Herr, Schöpfer des Himmels und der Erde, erhöre mein Gebet, in dem ich, deine Sünderin, dein Erbarmen für mich, deine Dienerin, erflehe: Nimm mich auf, ich bitte dich im Vertrauen auf die Gnade deines Erbarmens und durch das Anstimmen des Psalmes, erhöre meine Bitte; und gewähre mir in dieser jetzigen Welt Leben und Gesundheit wie Raum und Zeit, Buße zu tun. In der zukünftigen Welt verleihe mir Vergebung, Verzeihung und Nachlass aller meiner Sünden, um mit allen deinen Heiligen das ewige Leben zu empfangen. Amen.

SIZILIANISCHES GEBET AUS DEM 14. JAHRHUNDERT

Aus der Römischen Liturgie

Gebet zum Palmsonntag

Wir bitten, heiliger Herr, allmächtiger Vater, ewiger Gott: Segne und heilige den Ölzweig, den Du hast hervorsprossen lassen und den die Taube, als sie zur Arche zurückkehrte, in ihrem Schnabel trug; lass alle, die von ihm erhalten, Schutz für Leib und Seele erlangen. So werde uns, Herr, das Sinnbild deiner Gnade zu einer wirksamen Arznei.
Gott, Du sammelst, was zerstreut ist, und behütest das Gesammelte; Du hast die Scharen, die Jesus Palmzweige entgegentrugen, gesegnet: Segne auch diese Palm- und Ölzweige, die Deine Diener zur Ehre Deines Namens gläubig in Empfang nehmen. Wohin immer sie gebracht werden, da mögen die Bewohner Deinen Segen erfahren. Deine Rechte verjage alle feindliche Gewalt und schütze alle, die Dein Sohn Jesus Christus, unser Herr, erlöst hat, der mit Dir lebt.
Gott, in wunderbarer Ordnung Deiner Ratschlüsse wolltest Du auch durch leblose Dinge Dein Erlösungswerk veranschaulichen; wir bitten Dich, gib, dass die opfergesinnten Herzen Deiner Gläubigen zu ihrem Heile verstehen, was geheimnisvoll angedeutet wird dadurch, dass die Volksschar heute, durch himmlische Erleuchtung begeistert, dem Erlöser entgegenzog und mit Palmen und Ölzweigen Seinen Weg bestreute. Die Palmzweige deuten nämlich den Sieg an, der über den Fürsten des Todes errungen werden sollte; die Ölzweige aber verkünden gleichsam, dass die geistliche Salbung gekommen ist. Denn schon damals ahnte die beglückte Volksmenge

den vorbildlichen Sinn: Unser Erlöser werde aus Erbarmen mit dem Elend der Menschen für das Leben der ganzen Welt mit dem Fürsten des Todes kämpfen und sterbend über ihn triumphieren. Und darum brachten sie zur Huldigung jene Zweige herbei, die Seinen glorreichen Sieg wie auch die Fülle Seiner Barmherzigkeit zum Sinnbild dienen sollen. Wir nun, die den vollen Glauben besitzen, erkennen klar die Vorbedeutung und ihre Erfüllung und bitten Dich flehentlich, heiliger Herr, allmächtiger Vater, ewiger Gott, durch Ihn, unsern Herrn Jesus Christus, dass wir in Ihm und durch Ihn, zu dessen Gliedern Du uns gemacht hast, den Sieg über die Herrschaft des Todes erringen und würdig werden, an Seiner glorreichen Auferstehung teilzunehmen: der mit Dir lebt.

MISSALE ROMANUM

GEBET ZUR WEIHE DER ASCHE

Lasset uns beten!
Allmächtiger, ewiger Gott, schone der Büßenden, sei gnädig den demütig Flehenden: sende huldvoll vom Himmel herab Deinen heiligen Engel, dass er diese Asche segne und heilige: sie sei eine heilsame Arznei für alle, die demütig Deinen heiligen Namen anrufen und im Bewusstsein der Sünde sich anklagen, die im Angesicht Deiner göttlichen Milde ihre Übeltaten beweinen, die in Demut und beharrlichem Eifer Deine huldvolle Vatergüte anflehen.
Gib durch die Anrufung Deines heiligen Namens, dass alle, die sich mit dieser Asche bestreuen lassen, um von ihren Sünden befreit zu werden, Gesundheit des Leibes und Schutz für die Seele empfangen.
Durch Christus, unseren Herrn. Amen.

Lasset uns beten!
O Gott, Du willst nicht den Tod des Sünders, sondern seine Buße: sieh in Gnaden herab auf die Gebrechlichkeit der menschlichen Natur, und in Deiner Güte segne huldvoll diese Asche, die wir zum Zeichen unserer Armseligkeit und um uns Verzeihung zu erwirken auf unsere Häupter streuen lassen; nun, da wir erkennen, dass wir Staub sind und zur Strafe für unsere Bosheit zum Staub zurückkehren werden, lass uns durch Dein Erbarmen Nachlass aller Sünden erlangen und den Lohn, der den Büßenden verheißen ist.
Durch Christus, unseren Herrn. Amen.

Lasset uns beten!
O Gott, Du lässest Dich durch Übungen der Demut umstimmen und durch Sühne besänftigen; neige das Ohr Deines väterlichen Erbarmens zu unserem Flehen und gieße huldvoll die Gnade Deines Segens auf die Häupter Deiner Diener, die mit Asche bestreut werden. Erfülle sie mit dem Geiste der Zerknirschung und verleihe ihnen wirklich, um was sie in rechter Weise bitten; und was Du ihnen gewährt hast, mögest Du ihnen für immer gesichert und unversehrt erhalten.
Durch Christus, unseren Herrn. Amen.

Lasset uns beten!
Allmächtiger, ewiger Gott, Du hast den Niniviten, die in Sack und Asche Buße taten, Verzeihung und Rettung geschenkt; lass uns gnädig ihr Verhalten so nachahmen, dass wir wie sie Vergebung erlangen.
Durch unseren Herrn Jesus Christus. Amen.

Der Priester besprengt die Asche mit Weihwasser, beräuchert sie und streut sie den vor ihm knienden Anwesenden aufs Haupt mit den Worten:

Bedenk, o Mensch: Staub bist du und kehrst zurück zum Staube.

Antiphon:

Lasset uns trauern in Sack und Asche; fasten und weinen wollen wir vor dem Herrn; denn groß im Erbarmen und im Verzeihen unserer Sünden ist unser Gott.

Antiphon:

Zwischen Vorhof und Altar sollen weinen die Priester, die Diener des Herrn, und rufen:
Verschone, o Herr, verschone dein Volk und schließ nicht den Mund derer, die Dir Lob singen, o Herr.

Responsorium:

Lasset uns gutmachen, was wir gesündigt in Unwissenheit, damit wir nicht, plötzlich vom Tage des Todes überrascht, eine Frist zur Buße suchen, ohne sie finden zu können. Hab acht, o Herr, erbarme Dich; denn wir haben gegen Dich gesündigt.
Hilf uns, o Gott, Du unser Heil; Herr, um der Ehre Deines Namens willen mach uns frei.
Ehre sei dem Vater und dem Sohne und dem Heiligen Geist.
Hab acht auf uns, o Herr!

Lasset uns beten!
Lass uns, o Herr, den Wachtpostendienst des christlichen Kampflebens durch heiliges Fasten antreten, damit wir im Kampf mit den bösen Geistern in der Enthaltsamkeit Halt und Hilfe haben.
Durch Christus, unseren Herrn. Amen.

MISSALE ROMANUM

Karsamstagsgebet zur Weihe der Osterkerze

O wahrhaft selige Nacht, die die Ägypter beraubte, die Hebräer bereicherte! Nacht, die den Himmel mit der Erde, Gott mit den Menschen verband!
So bitten wir Dich denn, o Herr: Diese Kerze, zur Ehre Deines Namens geweiht, leuchte in ungeschwächtem Glanze fort, das Dunkel der Nacht zu vertreiben. Als lieblicher Wohlgeruch werde sie von Dir angenommen; ihr Schein mische sich in den der Lichter am Himmel. Der aufgehende Morgenstern schaue noch ihre Flamme, jener Morgenstern, der keinen Untergang kennt; jener, der, aus dem Totenreich wiedergekehrt, dem Menschengeschlecht aufleuchtet in mildem Glanze.
So flehen wir denn, Herr, zu Dir: Schenke uns ruhige Zeiten; in den frohen Tagen dieser Osterfeier lenke, behüte, schirme immerdar unter Deinem Gnadenschutz uns, Deine Kinder, den gesamten Klerus und das Dir in Treue ergebene Volk mit unserem Heiligen Vater, dem Papst, und unsrem Bischof.
Durch denselben Herrn Jesus Christus, Deinen Sohn, der mit Dir lebt und herrscht in der Einheit des Heiligen Geistes von Ewigkeit zu Ewigkeit. Amen.

Missale Romanum
neu herausgegeben von Pius V. 1570

Gebet bei der Weihe des Salböls

O Herr, Schöpfer aller Dinge, der du durch deinen Diener Moses das heilige Öl durch Mischung des Saftes der aromatischen Pflanzen hast bereiten lassen, wir rufen flehentlich deine Huld an, damit mit deiner geistigen Gnade die Fülle der Heiligung sich auf diesen Balsam ergießen möge, der aus dem Strauch träufelte. Durch uns, Herr, sei er von der Freude des Glaubens

durchtränkt; er sei das unzerstörbare Salböl der priesterlichen Weihe; er diene dazu, in der würdigsten Weise das göttliche Symbol einzuprägen, damit alle, die, durch das Taufwasser wieder geboren, mit diesem Balsam gesalbt sind, die Fülle der Segnung für Seele und Leib erhalten und immerfort im Gnadengeschenk, das sie durch den heiligen Glauben empfangen haben, wachsen mögen.
Durch unseren Herrn Jesus Christus, deinen Sohn, der mit dir lebt und herrscht in der Einheit des Heiligen Geistes, Gott, von Ewigkeit zu Ewigkeit. Amen.

Missale Romanum

Segnung des neuen Feuers

O Gott, der du durch deinen Sohn, im Eckstein sinnbildlich dargestellt, deinen Gläubigen das Feuer deiner Heiligkeit mitgeteilt hast, heilige dieses neue Feuer, das jetzt aus dem Kieselstein geschlagen wird, damit es uns zu jedem Gebrauche diene: Und gewähre uns, dass wir durch diese Osterfeier so vom himmlischen Verlangen entflammt werden, dass wir mit reinem Geist zum Fest des ewigen Lichts gelangen, durch denselben Christus, unseren Herrn. Amen.

Missale Romanum

Gebet um Regen

O Gott, in dem wir leben, weben und sind, gewähre uns reichen Regen, damit wir, durch deine Hilfe hinreichend gestützt, uns mit unserem ganzen Glauben den himmlischen Dingen zuwenden können.
Mach, so bitten wir dich, allmächtiger Gott, dass wir in der

Trübsal, im Vertrauen auf dein Erbarmen, uns gegen jedes Unbehagen mit deinem Schutz wappnen.
Schenke uns, Herr, Heil bringenden Regen und erfrische das trockene Land mit heilsamem Wasser.

RITUALE ROMANUM
herausgegeben durch Paul V. 1614

Neuzeit

Gebet um Glauben

Gib mir, Herr, nicht Gold und Silber, sondern einen starken, festen Glauben. Ich suche nicht Lust oder Freude der Welt, sondern Trost und Erquickung durch dein heiliges Wort. Nichts begehre ich, das die Welt groß achtet, denn ich bin dessen vor dir nicht um ein Haarbreit gebessert; sondern deinen Heiligen Geist gib mir, der mein Herz erleuchte, mich in meiner Angst und Not stärke und tröste, im rechten Glauben und Vertrauen auf deine Gnade erhalte mich bis an mein Ende. Amen.

Martin Luther (1483–1546)

Gebet um Beistand bei den Anfechtungen der gerechten Sache

Allmächtiger, ewiger Gott! Wie ist es nur ein Ding um die Welt! Wie sperrt sie den Leuten die Mäuler auf! Wie klein und gering ist das Vertrauen der Menschen auf Gott! Wie ist das Fleisch so zart und schwach, und der Teufel so gewaltig und geschäftig durch seine Apostel und Weltweisen! Wie zieht sie so bald die Hand ab und schnurrt dahin, lauft die gemeine Bahn und den weiten Weg zur Hölle zu, da die Gottlosen hingehören; und siehet nur allein bloß an, was prächtig und gewaltig, groß und mächtig ist und ein Ansehen hat. Wenn ich auch meine Augen dahin wenden soll, so ist's mit mir aus, die Glocke ist schon ge-

gossen und das Urteil gefällt. Ach Gott! ach Gott! o du mein Gott! Du, mein Gott, stehe du mir bei, wider alle Welt Vernunft und Weisheit.
Tue du es; du musst es tun, du allein. Ist es doch nicht mein, sondern deine Sache. Hab ich doch für meine Person allhie nichts zu schaffen und mit diesem großen Herrn der Welt zu tun. Wollt ich doch auch wohl gute geruhige Tage haben und unverworren sein. Aber dein ist die Sach, Herr, die gerecht und ewig ist. Stehe mir bei, du treuer, ewiger Gott! Ich verlasse mich auf keinen Menschen. Es ist umsonst und vergebens, es hinket alles, was fleischlich ist und nach Fleisch schmeckt. Gott, o Gott! Hörest du nicht, mein Gott? Bist du tot? Nein, du kannst nicht sterben, du verbirgst dich allein. Hast du mich dazu erwählet? Ich frage dich; wie ich es denn gewiss weiß; ei, so walt es Gott! Denn ich mein Lebenlang nie wider solche große Herrn gedacht zu sein, habe mir es auch nie vorgenommen. Ei, Gott, so stehe mir bei in dem Namen deines lieben Sohns Jesu Christi, der mein Schutz und Schirm sein soll, ja meine feste Burg, durch Kraft und Stärkung deines Heiligen Geistes. Herr, wo bleibst du? Du, mein Gott, wo bist du? Komm, komm, ich bin bereit, auch mein Leben darum zu lassen, geduldig, wie ein Lämmlein. Denn gerecht ist die Sache und dein; so will ich mich von dir nicht absondern ewiglich. Das sei beschlossen in deinem Namen. Die Welt muss mich über mein Gewissen wohl ungezwungen lassen, und wenn sie noch voller Teufel wäre, und sollte mein Leib, der doch zuvor deiner Hände Werk und Geschöpf ist, darüber zu Grund und Boden, ja zu Trümmern gehen; dafür mir aber dein Wort und Geist gut ist. Und ist auch nur um den Leib zu tun; die Seele ist dein und gehört dir zu, und bleibet auch bei dir ewig, Amen. Gott helf mir, Amen.

Martin Luther

Tägliches Gebet

Lieber himmlischer Vater, ich erkenne es allwege und Du siehest auch und weißt es, dass ich allenthalben, wo ich gehe und stehe, inwendig und auswendig, mit Leib und Seele in das höllische Feuer hinein gehöre. Das weisest Du auch, o Vater, dass meinethalben nichts Gutes in mir ist, nicht ein Haar auf meinem Haupte, es gehört doch Alles in den Abgrund der Hölle, zu dem leidigen Teufel. Was soll ich viele Worte davon machen? Aber lieber Vater, ich bitte wieder allewege, ich sei meinethalben was ich wolle, so bitte ich dennoch und will es von Dir auch gebeten haben alle Tage, dass Du Dein Aufsehen und Aufmerken nicht haben wollest auf mich und wollest Deine Augen nicht kehren und wenden auf mich, als auf einen solchen Sünder wie ich bin. O es ist sonst mit mir verloren und verdorben und wenn hunderttausend Welten auf meiner Seite wären; sondern das bitte ich Dich, Du wollest Dein Aufsehen und Aufmerken also auf mich haben, dass Du wollest Deine Augen kehren, wenden und richten auf das Angesicht Deines liebsten Sohnes Jesu Christi, Deines Gesalbten, meines Mittlers, Hohenpriesters und Fürsprechers, meines Heilandes, Erlösers und Seligmachers, und wollest mir um seinetwillen, ich bitte Dich, lieber Vater, gnädig und barmherzig sein und wollest mir um Deines lieben Sohnes, Jesu Christi willen verleihen ein seliges Ende und eine fröhliche Auferstehung, und mir hier und dort helfen am Leib und an der Seele. Und um seines rosenfarbenen Blutes willen, das er so mildiglich am Stamme des Kreuzes zur Verzeihung und Vergebung meiner Sünden vergossen hat, bitte ich, lieber himmlischer Vater, dass Du dasselbige Blut Jesu Christi, Deines lieben Sohnes, an mir armen Kreatur, meiner mannigfaltigen Sünden halber, die da nicht auszusprechen, noch auszurechnen sind, nach Deiner Gerechtigkeit nicht wollest lassen verloren seyn, sondern wollest es nach Deiner grundlosen Barmherzigkeit den Nutzen und die

Frucht lassen schaffen und ausrichten, dazu es von Dir in Ewigkeit verordnet und von Deinem lieben Sohn Jesu am Kreuze auch vergossen ist; als nämlich, dass Du nur es wollest gereichen und kommen lassen zur Vergebung meiner Sünden, auf dass welche Stunde und welchen Augenblick bei Nacht oder bei Tag Du kommest und anklopfest und meinen Geist, welchen Du mir zuerst hast eingeblasen, wiederum hinwegfordern wollest, so bitte ich Dich allewege, lieber Vater, dass Du Dir denselben meinen Geist und meine Seele wollest ja lassen befohlen sein in Deine Hände. Amen.

Martin Luther

Gebet der Sterbenden

O mein himmlischer Vater und Gott und Vater unseres Herrn Jesu Christi, Du Gott alles Trostes! Ich danke Dir, dass Du mir Deinen lieben Sohn Jesum Christum geoffenbaret hast, an den ich glaube, den ich bekenne, den ich geliebet und dem ich gelebet habe. Ich bitte Dich, mein Herr Jesu Christe! Lass Dir meine Seele befohlen seyn. O Himmlischer Vater! Obschon ich diesen Leib verlassen muss und aus diesem Leben hinweggerissen werde, so weiß ich doch, dass ich bei Dir ewig bleiben werde und dass mich Niemand aus Deinen Händen reißen kann. In Deine Hände befehle ich meinen Geist; Du hast mich erlöset, treuer Gott! Amen.

Martin Luther

Aus tiefer Not

Aus tiefer Not schrei ich zu dir,
Herr Gott, erhör mein Rufen;
Dein gnädig Ohren kehr zu mir
Und meiner Bitt sie offen'.
Denn so du willst das sehen an,
Was Sünd und Unrecht ist getan,
Wer kann, Herr, vor dir bleiben?

Bei dir gilt nichts denn Gnad und Gunst,
Die Sünden zu vergeben.
Es ist doch unser Tun umsonst,
Auch in dem besten Leben.
Vor dir niemand sich rühmen kann,
Des muss dich fürchten jedermann
Und deiner Gnaden leben.
Darum auf Gott will hoffen ich,
Auf mein Verdienst nicht bauen.
Auf ihn mein Herz soll lassen sich
Und seiner Güte trauen,
Die mir zusagt sein wertes Wort,
Das ist mein Trost und treuer Hort,
Des will ich allzeit harren.

Und ob es währt bis in die Nacht
Und wieder an den Morgen,
Doch soll mein Herz an Gottes Macht
Verzweifeln nicht noch sorgen.
So tu' Israel rechter Art,
Der aus dem Geist erzeuget ward,
Und seines Gotts erharre.

Ob bei uns ist der Sünden viel,

Bei Gott ist viel mehr Gnaden.
Sein Hand zu helfen hat kein Ziel,
Wie groß auch sei der Schaden.
Er ist allein der gute Hirt,
Der Israel erlosen wird
Aus seinen Sünden allen.

MARTIN LUTHER

LOBGESANG

Mitten wir im Leben sind
Mit dem Tod umfangen.
Wen suchen wir, der Hülfe tu,
Dass wir Gnad erlangen?
Das bist du, Herr, alleine;
Uns reuet unser Missetat,
Die dich, Herr, erzürnet hat.
Heiliger Herre Gott,
Heiliger starker Gott,
Heiliger barmherziger Heiland,
Du ewiger Gott,
Lass uns nicht versinken
In des bittern Todes Not.
Kyrieleison.

Mitten in dem Tod anficht
Uns der Höhen Rachen.
Wer will uns aus solcher Not
Frei und ledig machen?
Das tust du, Herr, alleine.
Es jammert dein Barmherzigkeit
Unser Klag und großes Leid.
Heiliger Herre Gott,

Heiliger starker Gott,
Heiliger barmherziger Heiland,
Du ewiger Gott,
Lass uns nicht verzagen
Für der tiefen Höhen Glut.
Kyrieleison.

Mitten in der Höhen Angst
Unser' Sünd' uns treiben.
Wo solln wir denn fliehen hin,
Da wir mögen bleiben?
Zu dir, Herr Christ, alleine.
Vergossen ist dein teures Blut,
Das gnug für die Sünden tut.
Heiliger Herre Gott,
Heiliger starker Gott,
Heiliger barmherziger Heiland,
Du ewiger Gott,
Lass uns nicht entfallen
Von des rechten Glaubens Trost.
Kyrieleison.

Martin Luther

Gebet um Geduld

Wir sehen heute die traurige Zerstreuung deiner Kirche, und es will uns scheinen, als drohe nichts als Untergang. Da lehre uns, allmächtiger Gott, auf deine alte Kirche zu schauen, die in gleicher Bedrängnis war. Lehre uns aber auch den Blick auf deine Verheißungen zu richten, die du uns auch heute schenkst. Gib, dass wir warten in Geduld, bis deine Kirche aus dem Dunkel des Todes aufersteht. Gib, dass wir an deiner Hilfe uns genügen lassen, auch dann, wenn unser Fleisch sie als zu schwach empfindet, – bis es endlich offenbar wird, dass unser Warten nicht vergeblich war: Wenn wir nach der Zeit des Glaubens und Wartens den Lohn empfangen in deinem himmlischen Reich, durch Christus, unsern Herrn.

Johannes Calvin (1509–1564)

Gebet zum Opfer des eigenen Ich

Nimm hin, o Herr, meine ganze Freiheit. Nimm mein Gedächtnis, meinen Verstand, meinen ganzen Willen. Was ich habe und besitze, hast Du mir geschenkt – ich stelle es Dir wieder ganz und gar zurück und übergebe alles Dir, dass Du es lenkst nach Deinem Willen. Nur Deine Liebe schenke mir mit Deiner Gnade und ich bin reich genug und suche nichts weiter. Höchster König und Herr aller Wesen, obwohl ein Unwürdiger, biete ich mich doch Dir ganz dar im Vertrauen auf Deine Gnade und Hilfe und unterstelle all das Meine Deinem Willen und versichere im Angesichte Deiner glorreichen Mutter und Deines ganzen himmlischen Hofes, dass Folgendes meine Absicht, mein Wunsch, mein festester Entschluss ist: Dass ich, so weit es zu Deiner größeren Ehre und zum Fortschritt meines Gehorsams dient, Dir in möglichster Nähe folgen will, in wahrer geistiger und äußerer Armut, Dir im Ertragen von Unrecht und jeglicher Widrigkeit nachleben will, wenn anders es Deiner heiligen Mutter gefällt, mich zu einem solchen Beruf auszuerwählen und aufzunehmen.

Ignatius von Loyola (1491–1556)

Gebet um Humor

Schenke mir eine gute Verdauung, Herr,
und auch etwas zum Verdauen!
Schenke mir Gesundheit des Leibes,
mit dem nötigen Sinn dafür,
ihn möglichst gut zu erhalten.
Schenke mir eine heilige Seele, Herr,
die das im Auge behält,
was gut ist und rein,
damit sie im Anblick der Sünder
nicht erschrecke, sondern
das Mittel finde,
die Dinge wieder in Ordnung zu bringen.
Schenke mir eine Seele,
der die Langweile fremd ist,
die kein Murren kennt
und kein Seufzen und Klagen,
und lasse nicht zu,
dass ich mir allzu viel Sorgen mache
um dieses sich breit machende Etwas,
das sich ›Ich‹ nennt.
Herr, schenke mir Sinn für Humor,
gib mir die Gnade,
einen Scherz zu verstehn,
damit ich ein wenig Glück kenne im Leben
und anderen davon mitteile. Amen.

Thomas Morus (1478–1535)

Anbetung der Liebe Gottes

Herr, mein Gott, du bist keinem ferne, der sich nicht entfernt von dir. Wie mag man sagen, du seiest abwesend? Herr, mein Gott, wer wird dich suchen mit reiner und einfältiger Liebe, dass er dich finde nach seinem Verlangen und Willen? Du zeigst dich zuerst und kommst denjenigen entgegen, die nach dir verlangen. Du wirst mir nicht nehmen, o mein Gott, was du einmal mir gegeben in deinem eingeborenen Sohne Jesus Christus, in dem du mir alles geschenkt hast, was ich verlange. Dessen will ich mich freuen, dass du nicht säumest, wenn ich auf dich hoffe. Wie magst du noch länger zuwarten, o meine Seele, da du jeden Augenblick deinen Gott lieben kannst von deinem ganzen Herzen? Mein ist der Himmel und die Erde ist mein. Mein sind die Völker; die Gerechten sind mein, und die Sünder sind mein. Mein sind die Engel, die Mutter Gottes ist mein, und alles ist mein; und Gott selber ist mein und ist für mich; denn Christus ist mein und ganz für mich. Was verlangst, was suchst du noch, meine Seele? Dies alles ist dein und alles für dich. Begnüge dich nicht mit dem Wenigen. Sättige dich nicht mit den Brosamen, die vom Tische deines Vaters fallen. Ziehe aus und verherrliche dich in deiner Herrlichkeit; verbirg dich in ihr und freue dich, und du wirst erlangen, was dein Herz begehrt.

O süßeste, so wenig erkannte Liebe Gottes! Wer deine Adern gefunden hat, der hat Ruhe. Alles wandelt sich in mir in Heil, o Herr, mein Gott, weil ich in dir Raum gefunden. Alles ist für dich und nichts für mich. Alles Liebliche und Angenehme will ich für dich und nichts für mich. Alles Harte und Mühselige will ich für mich und nichts für dich. O mein Gott, wie süß ist mir deine Gegenwart, du mein höchstes Gut! Schweigend will ich dir mich nähern und vor dir die Schuhe ausziehen; denn dir gefällt es, mich mit dir zu vereinigen, meine Seele als deine Braut zu erwählen. Ich werde mich nicht erfreuen, bis ich in deinen Armen ruhe. Jetzt bitte ich dich, o Herr, verlasse mich zu keiner Zeit; denn ich bin ein Verächter meiner Seele.

JOHANNES VOM KREUZ (San Juan de la Cruz, 1542–1591)

GEBET UM VERGEBUNG DER SÜNDEN

Allmächtiger Gott, Vater unseres Herrn Jesus Christus, du willst nicht den Tod des Sünders, sondern dass er sich bekehre und lebe, du, der du seinen Aposteln die Macht und das Gebot erteilt hast, seinem bußfertigen Volke die Vergebung und Nachlassung der Sünden zu gewähren und zu verkünden: Er verzeiht und vergibt allen denen, die aufrichtig bereuen und wahrhaft an sein heiliges Evangelium glauben.
Wir erflehen daher von ihm wahre Reue und bitten, dass unserem Heiligen Geiste diese Dinge wohlgefällig sind, die wir in diesem Augenblick vollbringen, und dass unser Leben fürderhin rein und heilig sei, so dass wir schließlich zur ewigen Freude gelangen durch Christus, unseren Herrn. Amen.

Aus dem anglikanischen Abendgottesdienst;
Common Prayer-Book

UNSTET IST UNSER WANDEL

Ach Gott, wie elend, voller Jammer, Kummer und Sorge ist unsere Zeit, voller Ängsten und Trübsal! Wenn wir meinen, wir stehen aufrecht, und wollen uns unserer Hände Werk erfreuen: So überschauest du uns mit deinem Grimme, und machest, dass wir uns ängstigen. Wir laufen und ängstigen uns, und ist niemand, der uns jage, als nur dein Zorn in unserer Verderbnis. Wir verzehren unsere Tage, wie ein Geschwätz. Wie eine Rede,

so vergessen wird, so vergehen unsere Tage, und sind immerdar in Unruhe. Unstet ist unser Wandel. Wir verlassen uns auf unsern Arm und hangen an unserer Hände Werke, und trauen dir nicht gänzlich. Darum lässest du uns hinfahren in unsern Ängsten und Qualen. Wir betrachten nimmer, dass du, o Gott, selber alles wirkest und tuest. Denn kein Atem mag sich ohne dich regen und kein Gräslein die Erde ohne dich krönen. Das alles sehen wir, und bauen doch auf unsere Nichtigkeit, auf unserer Hände Werk und trauen dir nicht recht. Wir sammeln und genießen des nicht. Ein Fremder quälet sich darinnen mit Eitelkeit, und ist des Jammers keine Zahl, das wir treiben.
O Gott, gedenke doch an unsere Mühseligkeit und Elend, und wende deinen Zorn und Fluch von uns, und lass uns wieder zu deinem Ziele laufen, auf dass wir wieder in unser Erbe kommen und uns in deinen Wundern erfreuen! Siehe doch an das Ängsten unsres Gemütes und das Dichten unsers Willens, und denke, dass wir im Staubwesen verschlossen liegen! Löse uns doch auf, Herr, und führe uns wieder heim; denn wir sind in einem fremden Lande bei einer fremden Mutter, welche uns in deinem Grimme sehr schläget und in eitel Hunger an deiner süßen Speise darben und laufen lässt. Wir müssen mit dem verlorenen Sohne die Trebern der Eitelkeit essen; unser Kleid ist veraltet und voll Schande, und stehen in großem Spotte vor deiner Heiligkeit. Der Treiber deines Zornes führt uns gefangen. Wenn wir meinen, wir haben dich ergriffen, so verbirgst du dein Antlitz vor uns und lässest uns quälen.

Jakob Böhme (1575–1624)

Gebet um Segnung in Beruf und Seele

Ich erhebe mein Herz zu dir, o Gott, du Brunnquell des ewigen Lebens, und danke dir durch Jesum Christum, deinen lieben Sohn, unsern Herrn und Heiland, dass du mich diesen Tag in meinem Beruf und Stande vor allem Unfall bewahret und mir beigestanden hast. Ich befehle dir anjetzt nun meinen Beruf und Stand und das Werk meiner Hände in deine Verwaltung und fliehe mit meiner Seele in dich. Wirke du in meiner Seele, dass nicht der böse Feind und auch keine andern Einflüsse und Begierden in meine Seele kommen und haften. Lass nur mein Gemüt in deinem Tempel in dir spielen, und lass deinen guten Engel bei mir bleiben, dass ich sicher in deiner Kraft ruhen möge! Amen.

Jakob Böhme

An den barmherzigen Gott

Herr, dein Geist ist so gut und lieblich in allen Dingen, du bist so barmherzig, dass nicht nur das Heil, sondern sogar das Unheil, das über deine Auserwählten kommt, eine Wirkung deiner Barmherzigkeit ist: Erweise mir die Gnade, dass ich nicht wie ein Heide handle in dem Zustand, in den deine Gerechtigkeit mich versetzt hat; dass ich wie ein wahrer Christ dich als meinen Vater und meinen Gott erkenne, in welcher Lage ich auch sein mag, denn die Veränderung meines Zustandes verändert den deinen nicht: Du bist immer der gleiche, ob auch ich ein Opfer der Veränderung bin; du bist nicht weniger Gott, wenn du heimsuchst und strafst, als wenn du tröstest und Nachsicht übst.

Blaise Pascal (1623–1662)

Gebet um Empfängnis des Wortes

O Herr, du suchst auch meine Gedanken durch, ob ich deinem Zug zu Jesu Christo und zu der Einigkeit der Liebe mit allen Heiligen nicht widerstehe. Ich schreie zu dir aus der Tiefe meiner Abgekehrtheit von dir, schenke uns neue Eindrücke, neue Entschließungen, neue Empfindungen deiner Majestät und Gewalt und Herrlichkeit, so werden wir willig und voll Liebe werden und das große Wort uns erst tief zu Herzen dringen lassen: Wer mein Wort wird halten, der wird den Tod nicht sehen ewiglich, weil er dich als die Auferstehung und das Leben besitzt. Amen.

Friedrich Christoph Oetinger (1702–1782)

Dankgebet für geistige Gaben

Herr, unser Gott, wir danken dir, dass wir deine Kräfte erfahren dürfen, dass wir nicht bloß mit irdischen Dingen zu tun haben und dein Geist uns immer wieder aufhilft. Behüte uns darin; lass viele Herzen es empfinden, welch eine Gnade uns geworden ist, hier unter dieser Vergänglichkeit und inmitten vieler Torheit mit unserem Geist im Himmel zu wandeln und voll Zuversicht sagen zu können: Es geht vorüber alles, was uns plagt, und alles, was uns Mühe macht; es geht vorüber; und wir gehen fröhlich und getrost deinem immer stärker werdenden Reich entgegen. Amen.

Johann Christoph Blumhardt (1805–1880)

Gebet an den unbekannten Gott

Noch einmal eh ich weiter ziehe
Und meine Blicke vorwärts sende,
Heb' ich vereinsamt meine Hände
Zu dir empor, zu dem ich fliehe,
Dem ich in tiefster Herzenstiefe
Altäre feierlich geweiht,
dass allezeit
Mich deine Stimme wieder riefe.

Darauf erglüht tief eingeschrieben
Das Wort: dem unbekannten Gotte.
Sein bin ich, ob ich in der Frevler Rotte
Auch bis zur Stunde bin geblieben:
Sein bin ich – und ich fühl' die Schlingen,
Die mich im Kampf darniederziehn
Und, mag ich fliehn,
Mich doch zu seinem Dienste zwingen.

Ich will dich kennen, Unbekannter,
Du tief in meine Seele Greifender,
Mein Leben wie ein Sturm Durchschweifender,
Du Unfassbarer, mir Verwandter!
Ich will dich kennen, selbst dir dienen.

Friedrich Nietzsche (1844–1900)

Gebet um Klarheit des Gewissens

Ich brauche dich, dass du mich lehrest Tag um Tag, nach jeden Tages Forderung und Nöten. Gib mir, o Herr, die Klarheit des Gewissens, die allein nur deinen Einhauch fühlen und begreifen kann. Meine Ohren sind taub, ich kann deine Stimme nicht vernehmen. Meine Augen sind trüb, ich kann nicht deine Zeichen sehn. Du allein kannst mein Ohr schärfen und meinen Blick klären, und reinigen und erneuern mein Herz. Lehre mich zu deinen Füßen sitzen und hören auf dein Wort. Amen.

John Henry Newman (1801–1890)

Glaubensbekenntnis

Ich glaube an Gott, den Vater, den Allmächtigen, den Schöpfer des Himmels und der Erde, und an Jesus Christus, seinen eingeborenen Sohn, unseren Herrn, empfangen durch den Heiligen Geist, geboren von der Jungfrau Maria, gelitten unter Pontius Pilatus, gekreuzigt, gestorben und begraben, hinabgestiegen in das Reich des Todes, am dritten Tage auferstanden von den Toten, aufgefahren in den Himmel. Er sitzt zur Rechten Gottes, des allmächtigen Vaters, von dort wird er kommen, zu richten die Lebenden und die Toten. Ich glaube an den Heiligen Geist, die heilige, allgemeine christliche Kirche, Gemeinschaft der Heiligen, Vergebung der Sünden, Auferstehung der Toten und das ewige Leben. Amen.

Gemeinsames Glaubensbekenntnis der westlichen christlichen Kirchen (seit 1971); es basiert auf einem Taufbekenntnis aus dem 3./4. Jahrhundert.

ISLAM

Der im Jahre 570 n. Chr. in Mekka auf der arabischen Halbinsel geborene Muhammad wuchs als Vollwaise unter der Obhut seines Onkels auf. Im Alter von 25 Jahren heiratete er eine Kaufmannswitwe und leitete deren Geschäfte. Die altarabische Volksreligion bestand zu jener Zeit aus der Verehrung einer Vielzahl männlicher und weiblicher Gottheiten, aber Muhammad hatte auch Kontakt zu Juden und Christen, die als Minderheiten in seiner Umgebung lebten.

Der Gegensatz zwischen dem angestammten Polytheismus und den monotheistischen Glaubenslehren ließ Muhammad nach einer für ihn befriedigenden Lösung suchen. Er zog sich immer häufiger in die Einsamkeit einer Höhle am Berg Hira zurück, wo er 610 sein Berufungserlebnis hatte. Eine übermenschliche Macht, die er später als den Erzengel Gabriel identifizierte, übermittelte ihm die Botschaft, dass es nur einen Gott gebe, der alles erschaffen habe. Zunächst sträubte sich Muhammad gegen seine Visionen, doch allmählich erkannte er deren Wahrheitsgehalt und nahm die ihm zugedachte Aufgabe als Prophet an. Im Laufe der Jahre folgten viele weitere Offenbarungen, die niedergeschrieben und später im Koran in 114 Suren zusammengefasst wurden.

Die Lehre von dem einen, einzigen Gott, der sich Juden und Christen nur teilweise, Muhammad nun aber vollständig offenbart habe, stieß bei den Mekkanern auf erheblichen Widerstand. Sie wollten an den überlieferten Glaubensformen festhalten und die mit der neuen Religion verbundenen ethischen Normen nicht akzeptieren. Dabei ging es auch um politische und wirt-

schaftliche Interessen, denn Muhammads Aufforderungen zur Bekehrung gefährdeten den Machtanspruch der verschiedenen Stammesführer. Dem wachsenden Druck entzog sich Muhammad im Jahre 622 durch seine Auswanderung nach Medina. Dieses als »Hidschra« bekannte Ereignis markiert den Beginn der islamischen Zeitrechnung. In Medina begegnete man Muhammad freundlicher, er gewann die ersten Anhänger und konnte eine Gemeinschaft organisieren. Nach langen kämpferischen Auseinandersetzungen wurden die Mekkaner 630 endgültig besiegt. Die in Mekka befindliche Kaaba (»Quader«), eine schon in vorislamischer Zeit wichtige Pilgerstätte, erklärte Muhammad zum »Haus Allahs«. Heute ist die Kaaba das bedeutendste Wallfahrtsziel und der Orientierungspunkt, nach dem die Muslime in aller Welt ihre Gebetshaltung ausrichten.
Nachdem Muhammad im Jahre 632 gestorben war, breitete sich der Islam dank günstiger Umstände schnell aus und wurde in relativ kurzer Zeit eine Weltreligion. »Islam« bedeutet »völlige Gottergebenheit« und vom gleichen arabischen Wort abgeleitet ist ein Muslim jemand, der sich Gott vollständig hingibt. Im Koran werden Allah 99 »schönste Namen« gegeben, wobei die Bezeichnungen »der Allmächtige« und »der Barmherzige« an erster Stelle stehen. Mit Hilfe einer dem katholischen Rosenkranz ähnlichen Kette aus 33 Perlen rezitieren fromme Muslime die verschiedenen Namen und vergegenwärtigen sich so die Unermesslichkeit Allahs.
Nach der Aussage Muhammads beruht der Islam auf fünf grundlegenden Pflichten: 1. das Glaubensbekenntnis (Shahada); 2. das Gebet (Salat); 3. die Armensteuer (Zakat); 4. das Fasten im Monat Ramadan (Saum); 5. die Wallfahrt nach Mekka (Hadsch). Das Glaubensbekenntnis »Ich bezeuge, es gibt keinen Gott außer Allah, und Muhammad ist sein Gesandter« sind die ersten Worte, die einem Neugeborenen ins Ohr geflüstert werden, und die letzten, die ein Sterbender vernimmt. Mit dem öffentlichen Aussprechen des Bekenntnisses erfolgt bei neu gewonne-

nen Anhängern der formale Übertritt zum Islam. Ferner ist es Bestandteil des täglich fünfmaligen Gebetsrufes vom Minarett einer Moschee.
Gebetet wird am frühen Morgen, zur Mittagszeit, nachmittags, abends und nachts. Der Beginn richtet sich nicht nach der Uhr, sondern es handelt sich um bestimmte Zeiträume, innerhalb derer das Gebet zu verrichten ist. So soll etwa das Morgengebet zwischen Dämmerung und Sonnenaufgang stattfinden oder das Nachtgebet zwischen Eintritt der Dunkelheit und dem Anbruch des neuen Tages. Die Gebetszeiten sind also flexibel und variieren im Laufe eines Jahres entsprechend dem Sonnenstand. Wo kein Muezzin zum Gebet ruft, bedienen sich Muslime besonderer Kalender, in denen die Zeiten aufgeführt sind. Vor jedem Gebet muss eine rituelle Reinigung erfolgen. Dies geschieht in der Regel mit einer Teilwaschung (Gesicht, Mund, Nase, Ohren, Hände, Arme und Füße), nach der Menstruation oder nach Geschlechtsverkehr soll jedoch der ganze Körper gewaschen werden. Auch der Betplatz selbst darf nicht verunreinigt sein. Daher benutzen Muslime meistens einen eigenen Gebetsteppich. Um wie vorgeschrieben nach Mekka gewandt zu beten, zeigt in einer Moschee eine Gebetsnische die Richtung an. Vor dieser Nische stellen sich dann die Gläubigen in Reihen hintereinander auf. Beim Einzelgebet außerhalb einer Moschee orientiert man sich an den Himmelsrichtungen oder verwendet einen speziellen Kompass.
Der Ablauf des Gebets selbst ist genau festgelegt. Nach der Bekundung, nun ein Gebet sprechen zu wollen, folgt die Eröffnungsformel. Dann werden Koransuren und wiederholte kurze Sprüche (etwa »Allah ist größer«) rezitiert, verbunden mit abwechselndem Verbeugen, Aufrichten und Niederwerfen. Am Ende wird hockend ein Schlussgebet gesprochen. Dies wiederholt sich mehrere Male. Eine solche Gebetseinheit kann zwar auch alleine durchgeführt werden, aber vorzugsweise beten Muslime gemeinsam in einer Moschee, angeleitet von einem

Vorbeter. Ab dem Eintritt in die Pubertät sind die täglichen Gebete Pflicht. Nur wer aus gesundheitlichen Gründen nicht dazu in der Lage ist oder sich auf einer Reise befindet, darf darauf verzichten. Bei ritueller Unreinheit, die nicht mehr rechtzeitig durch eine Waschung zu beseitigen ist, besteht ein Gebetsverbot. Die Phase, in der der Freitag als Feiertag gilt, beschränkt sich auf das gemeinsame Mittagsgebet, die übrigen Zeiten gelten als normaler Arbeitstag. Beim Freitagsgebet müssen alle Gemeindemitglieder anwesend sein, wobei Männer und Frauen getrennt voneinander beten, um sich im dichten Nebeneinander nicht zu berühren. Weitere Gemeinschaftsgebete gibt es anlässlich der Festtage (das Fastenbrechen am Ende des Ramadan oder das Opferfest), bei Bestattungen und natürlich bei der sehr wichtigen Wallfahrt nach Mekka, an der jeder Muslim mindestens einmal im Leben teilnehmen soll.

Ruf des Muezzin zum Gebet

Gott ist größer. Gott ist größer. Gott ist größer. Gott ist größer.
Ich bezeuge, es gibt keinen Gott außer Gott. Ich bezeuge, es gibt keinen Gott außer Gott.
Ich bezeuge, Muhammad ist der Gesandte Gottes. Ich bezeuge, Muhammad ist der Gesandte Gottes.
Auf zum Gebet! Auf zum Gebet!
Auf zum Heil! Auf zum Heil!
Beim Morgengebet wird hinzugefügt: Das Gebet ist besser als der Schlaf.
Allah ist größer. Allah ist größer.
Es gibt keinen Gott außer Allah.

Das tägliche Pflichtgebet

Gott ist größer.
Der Beter erhebt die Hände bis zu den Ohren.
Gepriesen seist du, mein Gott, gesegnet sei dein Name und erhaben deine Größe.
Es gibt keinen Gott außer dir. Ich suche Zuflucht bei Gott vor dem gesteinigten Satan.
Der Beter steht dabei aufrecht und legt die rechte Hand über die linke in Höhe des Nabels. Es folgt die Einleitungssure des Koran:
Im Namen Gottes, des Erbarmers, des Barmherzigen. Lob sei Gott, dem Herrn der Menschen, dem Erbarmer, dem Barmherzigen, der über den Tag des Gerichts verfügt. Dir dienen wir und dich bitten wir um Hilfe. Führe uns den rechten Weg, den Weg derer, denen du gnädig bist, die nicht dem Zorn verfallen und die nicht in die Irre gehen.
Es folgen weitere Suren unterschiedlicher Wahl, zum Beispiel:
Sprich: Gott ist der einzige Gott, er ist der ewige Gott. Er hat nicht gezeugt und wurde nicht gezeugt. Und keiner ist ihm gleich.
Der Beter verbeugt sich und legt die Hände auf die Knie:
Gott ist größer. Gepriesen sei mein Herr, der Großartige.
Dreimalige Wiederholung. Der Beter richtet sich auf:
Gott erhört den, der ihn lobpreist. Gott, unser Herr, dir allein gebührt Verehrung.
Der Beter kniet nieder und legt seine Stirn auf den Boden:
Gott ist größer. Gepriesen sei mein Herr, der Erhabene.
Dreimalige Wiederholung. Auf den Fersen sitzend spricht der Beter:
Gott ist größer. Mein Gott, vergib mir, erbarme dich meiner, leite mich recht, bewahre mich und beschenke mich mit deinen Gaben.
Der Beter wirft sich nieder und sagt wieder drei Mal:
Gott ist größer. Gepriesen sei mein Herr, der Erhabene.

Der Beter steht auf und wiederholt die Gebetseinheit, beginnend mit der Einleitungssure; am Ende der zweiten Einheit sagt er:
Gott gehören die Ehrbezeugungen, die Gebete und die guten Werke. Friede sei mit dir, o Prophet, und die Barmherzigkeit Gottes und seine Segnungen. Friede sei mit uns und den aufrechten Dienern Gottes. Ich bezeuge, es gibt keinen Gott außer Gott, und Muhammad ist sein Gesandter.
Damit endet das Gemeinschaftsgebet, es folgen Gebete eigener Wahl, in denen jeder Beter seine persönlichen Anliegen vorträgt.

Reuegebet

Und wenn diejenigen, die eine Untat begehen oder wider sich selbst sündigen, Gottes gedenken und um Vergebung bitten – wer könnte ihre Sünden vergeben außer Gott? – und nicht auf ihrem Unrecht beharren, dann besteht ihr Lohn in der Vergebung ihres Herrn und in Gärten, durch welche Bäche fließen und in denen sie ewig verweilen. Wie herrlich ist der Lohn der Tugendhaften!

Bitte um Vergebung

O Gott, vergib mir meine vergangenen und meine zukünftigen, meine geheimen und meine offenkundigen Sünden und alles, wobei ich kein Maß gehalten habe, und alles, was du besser kennst als ich. Du bist es, der alle Dinge zu ihrer Zeit veranlasst. Es gibt keinen Gott außer dir.

Lobgebet

Gelobt sei Allah, dem alles in den Himmeln und auf Erden gehört, und gelobt sei er im Jenseits. Er ist der Weise und Allwissende. Er weiß, was in die Erde eingeht und was aus ihr hervorkommt, was vom Himmel hernieder kommt und was zu ihm emporsteigt. Er ist der Barmherzige und Verzeihende.

Bitte um Hilfe

Gott, wir erbitten deine Hilfe und erflehen deine Vergebung. Wir glauben an dich und vertrauen auf dich. Dir verdanken wir alles Wohlergehen und wir verleugnen dich nicht. Wir wenden uns von deinen Feinden ab. Dir dienen wir und zu dir beten wir. Vor dir werfen wir uns nieder, wir kommen zu dir und streben nach deiner Zuwendung. Wir erhoffen deine Gnade und fürchten deine Strafe. Doch die Ungläubigen wird deine Strafe treffen.

An den Propheten

Die Gebete der Lippen sind für Gott, und auch die Gebete des Leibes und die Spenden von Almosen!
Friede ruhe auf dir, o Prophet, mit der Gnade Gottes und seinem Segen! Friede ruhe auf uns und auf Gottes gerechten Dienern.

Zum Opferfest

Im Namen Gottes, des Mitfühlenden, Erbarmungsreichen.
Gott ist groß.
Es gibt keinen andern Gott außer Gott.

Gott ist groß.
Gott ist groß und allen Lobes würdig.
Er ist heilig.
Tag und Nacht sollen wir ihn loben.
Gott ist groß!
Gott ist groß!
Es gibt keinen anderen Gott außer Gott!
Gott ist groß!
Gott ist groß, und alles Lob gilt ihm!
O ihr Gläubigen, so sprach der Prophet, auf dem die Gnade und der Friede Gottes ruhen mögen, opfert euer Opferlamm mit euren eigenen Händen. Dies war der Weg, der von Abraham gelehrt wurde, der Friede sei mit ihm!
Er ist ohne Mitregenten, ohne einen Gleichrangigen.
Jedes Lob gebührt ihm.
Heilig ist er, der die Reichen großmütig macht, der die Opfer für die Weisen beschafft.
Er ist groß und keiner kommt ihm gleich.
Hört! Ich bezeuge: Es gibt keinen anderen Gott außer ihm.
Er ist allein, ohne einen Mitregenten.
Dieses Zeugnis ist klar wie das erste Morgenrot,
glänzend wie der ruhmreiche Festtag.
Muhammad ist sein Diener, der uns seine Botschaft überliefert hat.
Auf Muhammad, seiner Familie und seinen Gefährten möge der Friede Gottes ruhen.
Auf Muhammad und seiner Familie und auf seinen Glaubensgenossen möge der Friede Gottes ruhen.
Auf euch, die ihr zugegen seid, Gemeinde Muhammads, möge die Gnade Gottes für immer ruhen.
O Diener Gottes, eure erste Pflicht ist es, Gott zu fürchten und liebenswürdig zu sein.
Gott hat gesagt: Ich will mit denen sein, die mich fürchten und liebenswert sind.

Wisset, ihr Diener Gottes, dass am Festtag sich zu freuen das Zeichen und Merkmal der Reinen und Guten ist. Sie werden im Paradies erhöht werden; insbesondere am Tage der Auferstehung wird ihnen Würde und Ehre zuteil.
Begeht keine unüberlegten Schritte an diesem Tag. Das ist nicht die Zeit für Vergnügungen und Unbedachtheiten.
Das ist der Tag, an dem es sich geziemt, Gottes Lob zu verkünden. Möge Gott uns einreihen unter die, die von ihm erwählt sind, die nach seinem Gesetz handeln, deren Verlangen am letzten Tage seine Erfüllung findet. Alle solchen Menschen werden keine Furcht vor dem Tag der Auferstehung haben; keine Sorge vor dem Tag des Jüngsten Gerichts.
Das beste aller Bücher ist der Koran!
O Gläubige! Möge Gott uns und euch durch die Gnade, die vom edlen Koran ausströmt, für immer seinen Segen erteilen. Mögen seine Verse unser Führer sein und seine weise Mahnung an Gott uns auf den rechten Weg leiten.
Ich bitte flehentlich darum, dass Gott allen Gläubigen, Männern wie Frauen, seine Verzeihung gewähre.
O Gläubige, bittet ihn um Verzeihung. Der wahrhafte Gott ist der, der verzeiht, der Erbarmungsvolle, der Ewige König, der Mitleid hat und milde ist.

Gebet um Einsicht und richtiges Handeln

Ich suche deine gute Hilfe in deiner großen Weisheit. Ich bitte um die Fähigkeit, durch deine Macht zu handeln. Dies erbitte ich von deiner Güte. Du weißt, aber ich weiß nicht. Du bist mächtig, aber ich bin es nicht.
Du kennst Geheimnisse. O Gott, wenn du weißt, dass das, was ich zu unternehmen im Begriff bin, gut ist für meine Religion, für mein Leben und meine Gnade, dann lass es geschehen und verhilf mir dabei zum Glück. Aber wenn es schlecht für meine

Religion ist, für mein Leben und meine Zukunft, dann halte es von mir ab und zeige mir das, was recht ist.

Gebet beim Gottesdienst für einen Verstorbenen

O Gott, verzeihe unsern Lebenden und unsern Toten wie auch denen von uns, die zugegen, und denen, die abwesend sind, und auch unseren Kindern wie unseren Erwachsenen, unseren Männern und unseren Frauen. O Gott, diejenigen, die du unter uns am Leben hältst, bewahre sie im Glauben des Islam, und lass die, die du sterben lässt, im Glauben sterben.

An den lebendigen Gott

Gott! Es gibt keinen anderen Gott außer ihm, dem Lebendigen, dem, der in Ewigkeit lebt. Weder Schlummer noch Schlaf ergreift ihn. Ihm gehört, was auch immer im Himmel und was auch immer auf der Erde ist. Wer ist der, der vor ihm Fürsprache einlegen kann außer mit seiner eigenen Erlaubnis? Er weiß, was vor ihnen gewesen ist und nach ihnen sein wird; und doch begreifen sie nichts von seiner Kenntnis, außer das, was er will. Sein Thron reicht über die Himmel und die Erde, und sie beide zu halten ist für ihn keine Belastung; und er weilt in der Höhe, der Gewaltige.

Verherrlichung Gottes gegenüber den Ungläubigen

Ist etwa der, der die Himmel und die Erde erschuf und auf euch vom Himmel Regen herabschickt, durch den wir herrliche Gärten wachsen lassen und die Bäume, die ihr nicht wachsen

lassen könntet, wohl irgendein Gott neben dem wahren Gott? Aber sie sind ein Volk, das andere Gottheiten unserem wahren Gott gleichsetzt.
Ist etwa der, der die Erde so fest und sicher gemacht hat, der Flüsse in sie gelegt hat, der unbewegliche Berge auf ihr errichtet hat und der zwischen zwei Meeren eine Schranke errichtet hat, wohl irgendein Gott neben dem wahren Gott? Aber die meisten von ihnen wissen es nicht.
Ist etwa der, der den Bedrängten erhört, wenn er ihn anruft, oder der von ihm das Leid nimmt, das diesen befallen hat, und der euch, die Nachkommen eurer Vorfahren auf dieser Erde, ins Leben gerufen hat, wohl irgendein Gott neben dem wahren Gott? Aber wie wenige denken darüber nach!
Ist etwa der, der euch in der Finsternis zu Wasser und zu Lande führt, der die Winde als Vorboten seines Erbarmens schickt, wohl irgendein Gott neben dem wahren Gott? Weit überlegen ist der wahre Gott dem, was sie mit ihm in ihren Vorstellungen in Verbindung bringen.

Gebet eines chinesischen Muslim

O verehrungswürdiger und großer Herr, wir bitten dich, hilf uns dir zu dienen, wir bitten dich, vergib uns unsere Sünden. Wir glauben an dich. Auf dich gründen wir all unsere Zuversicht. Wir preisen dich.
Wir sind von Dankbarkeit gegen dich erfüllt.
Wir rühmen deine Wohltaten.
O verehrungswürdiger und großer Herr, nur vor dir werfen wir uns nieder. Getreulich wollen wir auf deinen Pfaden wandeln. Mit Eifer wollen wir dir dienen. Auf deine Barmherzigkeit hoffen wir. Dein Gericht fürchten wir.

WEITERE RELIGIONEN ASIENS

China

Eine eigene chinesische Religion gibt es nicht, stattdessen lassen sich vier Hauptgruppen unterscheiden: 1. die Volksreligion, 2. der Konfuzianismus, 3. der Daoismus und 4. der Buddhismus. In der volkstümlichen Religiosität geht es um den rechten Umgang mit den Geistern und um die Bewältigung persönlicher Krisensituationen. Konfuzius (552–479 v. Chr.) sah das höchste Ziel des Menschen in seiner sittlichen Vervollkommnung. Die persönlichen Beziehungen sollten von Tugend, Moral und Ethik geprägt sein. Der Konfuzianismus wurde in China zur Staatsideologie, nicht zuletzt, weil die chinesischen Kaiser sich darin als vom Himmel eingesetzte Herrscher bestätigt sahen. Im Gegensatz zur konfuzianischen Betonung moralischer und gesellschaftlicher Werte legte Laotse (drittes oder viertes Jahrhundert v. Chr.) den Schwerpunkt auf die innere Verwandlung des Menschen. Das Dao (»Weg«) als das unerschaffene Prinzip alles Seienden drückt sich in der materiellen Erscheinungswelt durch Yin (weiblich, dunkel, passiv, weich) und Yang (männlich, hell, aktiv, hart) aus. Wenn Yin und Yang in einem ausgewogenen Verhältnis zueinander stehen, dann lebt der Mensch im Einklang mit dem Dao und erhält dadurch die Ordnung der Dinge aufrecht. Nach anfänglichen Widerständen konnte ab dem dritten Jahrhundert n. Chr. auch der Buddhismus in China Fuß fassen, heute ist er vor allem für den wichtigen Ahnenkult von Bedeutung. Im Allgemeinen bereitet es Chinesen keine Probleme, die verschiedenen Religionsformen nebeneinander zu praktizieren. So orientiert man sich etwa im öffentlichen Leben am Konfuzianismus, strebt mit Hilfe daoistischer Lehren nach Lebensverlängerung, sucht die Unterstützung buddhistischer Mönche bei der Ahnenverehrung oder zieht bei Alltagsproblemen die volkstümlichen Weisheiten zu Rate.

Gebete des Kaisers

An den Himmel und die Erde

O Himmel, edler und erhabener Schöpfer,
o Erde, reiche und fruchtbare Mutter,
Firmament und Sonne,
deren unaufhörliche Wirkung und Rückwirkung
die vier Jahreszeiten hervorbringt,
Sonne, Mond und Sterne
in ihrem festen und vorbestimmten Lauf,
Yin und Yang und ihr fünf Naturkräfte, die ihr immer wieder die kaum vollendete Umdrehung neu beginnt,
Stürme, Winde, Donner, Blitze, Regen und Tau, die ihr in Fülle den Menschen beschenkt … denn euer rechtes Aufeinanderfolgen ließ mich wiederum den höchsten Thron besteigen, ich habe die Pflicht, euch den Dank der ganzen Welt abzustatten, euch für eure Wohltaten zu danken.
Ich habe euch daher dieses Gastmahl bereiten lassen, ich biete euch die Opfergaben an in der Hoffnung, dass ihr sie huldvoll annehmt und von meinem Reich jede Geißel fernhaltet und alles wohl gedeihen lasst.
Dröhnt, ihr Trommeln, spielt auf, ihr Flöten;

Tänzer, bewegt eure Fächer.
Durch die hinreißende Kraft eurer Fahnen sollen die fremden
Völker ihren Blick auf uns richten!

An den Himmel

Der erhabene Herrscher dort oben
hat, als er wohlgefällig seine Kräfte sah,
unseren ruhmreichen Ahnen an den Himmel gesetzt
und hat unsere Dynastie im Zeichen des Ruhmes
und des Friedens eingerichtet.
Es ziemt sich also, dass wir, mit kindlicher Dankbarkeit seiner
Gunsterweisungen gedenkend,
ihm unsere Gaben und Anerkennung erweisen.
Wenn der Herrscher des Himmels uns sein Ohr leiht,
wird uns alles Glück zuteil werden.
Rein sind unsere Opfergaben,
reich sind die dargebotenen Fleischopfer,
die Messer der Zubereiter sind vorzüglich,
Blut und Fett werden dargebracht.
In Ehrfurcht bieten wir unsere Grüße und Seidenstoffe dar,
der Wohlgeruch unserer Gaben steigt empor.
Der Herrscher des Himmels lässt sich zu ihnen herab,
er nimmt unser Geschenk an
und freut sich über unsere Tugend.

Opfergebete

Opfergebet an die Ahnen und an den Himmel

Vor dem Opfer:

Das Blau breitet sich am gewaltigen Himmelszelt aus
und bedeckt die Erde hier unten.
Dieser runde Altar ist der Punkt des Reiches,
in dem sich alle Geister vereinigen.
Kleine Ameisen, die wir sind,
empfangen wir sie mit Verehrung!
Ihre Antlitze strahlen wie Gold und Jade.
Ihre Wagen, von Drachen gezogen,
rollen über die Nebelschleier.
Sie gelangen zu diesem Altar.
Euch, ihr Hochvornehmen, unsere Verehrung.

Während des Opfers:

Wie ein kleines Kind
erflehe ich, der Kaiser, die Gnade des Himmels meines Vaters.
Ich vertraue mich der Liebe des Himmels an.
Ich habe alles getan, was ich konnte.
Hier sind die wohl duftenden Trankopfer!
Hier sind erlesene Speisen!
Nach Vollzug dieses Opfers
möge euer Segen auf mir ruhen!

Während die Opfergaben vom Feuer verzehrt werden:

Auf dem Altar brennen die Opfer und die Seidenstoffe.
Wir hoffen, dass sie zum Palast des Obersten Herrn
emporsteigen.

Wir haben ihm das Opfer des Altares dargebracht:
Wir hoffen, dass er es in seinem Lichtpalast erfahren wird.

Abschied der Genien:

Die Banner werden entfaltet.
Die Wagen, von Drachen und Phönixen gezogen,
setzen sich in Bewegung.
Vorwärts, steigt an himmelwärts!
Verleiht uns mit eurem Segen dauerhaftes Glück!

An den Höchsten Geist

Am Anfang aller Dinge herrschte das große, dunkle und formlose Chaos. Die Offenbarung der fünf Elemente hatte noch nicht begonnen, die Sonne, der Mond schienen noch nicht. Mitten in diesem Chaos waren weder Form noch Laut wahrzunehmen. Da tatest du, o Höchster Geist, deine Macht kund und begannst, das Grobe und das Feine voneinander zu trennen. Du hast den Himmel erschaffen, du hast die Erde erschaffen, du hast den Menschen erschaffen. Alle Wesen haben von dir ihr Dasein und die Kraft sich fortzupflanzen erhalten.

An den Himmelsgeist als Höchsten Herrn

O Herr, nachdem du der passiven (yin) Kraft und der aktiven (yang) Kraft der Materie freien Lauf gegeben hast, hast du dein Werk fortgesetzt. Du hast, o Geist, den Himmel und den Mond und die fünf Planeten erschaffen; und ihr Glanz war rein und von großer Schönheit. Das Himmelsgewölbe breitete sich wie ein Zelt aus, und die Erde in der Gestalt eines Quadrates trug dies alles, und alle Geschöpfe waren glücklich. Ich, dein Diener, erlaube mir, dir meinen ehrfürchtigen Dank abzustatten und, während ich dich anbete, dir, o Herr, zu verkünden, dass wir dir den Namen des Höchsten Herrn verleihen.

»Ton in des Töpfers Hand«

Die Gesänge sind beendet, aber unser armes Gefühl der Dankbarkeit lässt sich nicht völlig ausdrücken. Deine Herrschergüte kennt keine Grenzen. Wie der Töpfer seine Töpfe macht, so hast du alle Lebewesen erschaffen. Große und Kleine werden von dir in der Gefahr behütet. Dein demütiger Diener bewahrt tief in seinem Herzen seinen Dank für all deine Güte, aber ich vermag nicht, meine Gefühle in rechter Weise ganz zu äußern. Du verzeihst uns sehr großmütig und verleihst uns trotz unserer Vergehen Leben und Gesundheit.
Wir haben die Opferhandlung während der Zeremonien, von Verehrung erfüllt, vollzogen, und du hast dich herabgelassen, o Höchster Geist, unsere Huldigungen anzunehmen. Alle mimischen Darbietungen sind nun erfolgt, und die Musikinstrumente erklangen neunmal. Die Instrumente aus Metall und die tönenden Steine ließen neunmal ihre Melodie erklingen, und die edlen Steine, die die Gürtel der Offiziere schmücken, erklangen. Die Menschen und die Geister freuen sich, den Herrn zu loben. Verträgt die Feier seines großen Namens vielleicht ein Maß, eine Grenze? Er hat endgültig dem Himmelsort oben einen festen Platz gegeben und die feste Erde errichtet. Ewig ist seine Macht. Ich, sein demütiger Diener, beuge mein Haupt im Staube und koste die göttliche Gnade und Seligkeit.

Gebet um gute Ernten im neuen Jahr

Ich, dein Untergebener, durch Erbfolge Sohn des Himmelsgottes, der ich von oben den freundlichen Auftrag erhalten habe, die Bewohner aller Gebiete zu ernähren und zu trösten, denke in Mitgefühl an all die Menschen und wünsche ihnen wirklich Glück.
Nun, da die Frühjahrsbestellungen bevorstehen, wende ich meinen Blick ehrfurchtsvoll nach oben, barmherzigen Schutz erhoffend.
Mit meinen Untergebenen und meinen Dienern richte ich zusammen mit reichen Speiseopfern einen ehrfürchtigen Gruß an Gott.
Ich bitte dich in Demut, deinen Blick in Gnaden auf uns hier unten zu richten und uns Regen zu gewähren, um alle Arten von Kornfrüchten hervorzubringen und Erfolg bei unseren Feldfrüchten.

Bei Entsendung einer Festgesandtschaft zum Berge T'an Shan

O göttliches Gebirge, Gipfel, der du das Land beherrschst und in dir die Lebenswurzeln birgst und wie eine himmlische Gottheit das Volk ernährst, deine Verdienste sind vielseitig und groß. Nun, da der zweite Monat des Herbstes gekommen ist, ziemt es sich, wie es die Riten vorschreiben, dir ein Dankopfer darzubringen. Daher habe ich einen meiner Boten beauftragt, Opfergaben, Gebete und Seidenstücke mit sich zu nehmen und zu deinem Tempel zu kommen, um die Gaben zu deiner Ehre zu opfern. Mit Ehrfurcht bitte ich dich, du mögest sie annehmen.

Dankgebet des Volkes an die Ahnen nach glücklicher Ernte

Reich ist das Jahr, mit viel Hirse und viel Reis;
und voll sind unsere Getreidespeicher
mit Zehntausenden und Hunderttausenden und Millionen
von Getreidebündeln in ihnen:
für die Geister, die lieben Geister,
damit sie es unseren Vorfahren, den männlichen und
weiblichen,
darbieten
und all unsere Opferfeiern unterstützen.
Der Segen, der auf uns herabkommt, ist mannigfaltigster Art.

Schrift über »Reinheit und Ruhe«

Laozi sagte:
Das große Dao ist formlos.
Es erzeugt und nährt Himmel und Erde.
Das große Dao ist frei von Emotionen.
Es regelt den Lauf von Sonne und Mond.
Das große Dao ist namenlos.
Es lässt die zehntausend Wesen und Dinge wachsen
und nährt sie.

Ich kenne seinen Namen nicht.
Es benennend sage ich »Dao«.

Das Dao kann rein sein oder trüb,
in Bewegung oder in Ruhe.
Der Himmel ist rein, die Erde trüb,
der Himmel ist in Bewegung, die Erde in Ruhe.

Das Männliche ist rein, das Weibliche trüb,
das Männliche ist in Bewegung, das Weibliche in Ruhe.
Zur Wurzel hinabsteigend, zum Ende hinströmend
gebiert es die zehntausend Wesen und Dinge.

Das Reine ist die Quelle des Trüben.
Die Bewegung ist das Fundament der Ruhe.
Können die Menschen auf ewig rein und ruhig sein,
dann kehrt das gesamte Universum
(zur Reinheit und Ruhe) zurück.

Der menschliche Geist liebt die Reinheit,
aber das Herz beeinträchtigt sie.
Das Herz liebt die Ruhe,
aber das Verlangen mischt sich ein.

Kannst du dich deines Verlangens für immer entledigen,
wird das Herz von selbst ruhig.
Läutere dein Herz,
und dein Geist wird von selbst rein.
Dann entstehen wie von selbst nicht mehr die sechs Arten des Verlangens,
und die drei Gifte werden zerstört.

Wenn du das nicht vermagst, dann ist dein Herz noch nicht geläutert,
und du hast dich deines Verlangens noch nicht entledigt.

Wenn du dich (deines Verlangens) entledigen konntest,
schaue nach innen auf dein Herz:
Da ist kein Herz.
Schaue nach außen auf deinen Körper:
Da ist kein Körper.
Schaue in die Ferne auf die Wesen und Dinge:
Da sind keine Wesen und Dinge.

Wenn du dieser drei innegeworden bist,
blickst du nur in die Leere.
Betrachte die Leere durch die Leere:
Da ist keine Leere.

Diese Leere entspricht dem Nicht-Seienden,
doch es besteht auch kein Nicht-Seiendes.
Wo selbst das Nicht-Seiende nicht mehr vorhanden ist,
waltet tiefe und ewige Gelassenheit.

Wenn selbst die Gelassenheit nicht mehr besteht,
wie könnte dann Verlangen entstehen?
Wenn das Verlangen nicht entsteht,
so bedeutet dies die wahre Reinheit und die wahre Ruhe.

In dieser wahren Ruhe
  gehe mit den Wesen und Dingen mit,
und in wahrer Dauer
  gelange zu deinem eigenen inneren Wesen.
Stets mitgehen und immer ruhig sein,
das sind die ewige Reinheit und Ruhe.

So rein und ruhig
gehe Schritt für Schritt in das wahre Dao ein.
In das wahre Dao einzugehen,
heißt »das Dao erlangen«.

Obwohl wir sagen »das Dao erlangen«,
gibt es in Wirklichkeit nichts zu erlangen.
Die Vielzahl der Lebewesen zu verwandeln,
bedeutet »das Dao erlangen«.
Wer dessen innewerden kann,
darf das heilige Dao überliefern.

Laotse sagte:
Ein hoher Herr kämpft nicht,
ein geringer Herr kämpft gerne.
Die hohe Tugend ist frei von Tugenden,
die geringe Tugend ist den Tugenden verhaftet.
Jegliches Verhaftetsein widerspricht dem Dao
und der Tugend.

Die Menschen erlangen deshalb das wahre Dao nicht,
weil sie ein aufgewühltes Herz haben.
Wenn ihr Herz aufgewühlt ist,
ist auch ihr Geist erregt.
Wenn ihr Geist erregt ist,
dann nehmen die zehntausend Wesen und Dinge Gestalt an.

Wenn die zehntausend Wesen und Dinge
Gestalt angenommen haben,
entstehen das Streben und die Suche.
Wenn es das Streben und die Suche gibt,
kommt es zu Irritationen und Sorgen.

Irritationen, Sorgen, Aufgewühltheit und Vorstellungen
bringen dem Körper und dem Herzen Kummer und Leid.
Man stößt auf Trübes und Schändliches
und treibt auf den Wellen von Leben und Tod dahin.
Man versinkt für immer ins Meer des Leidens
und verliert auf ewig das wahre Dao.

Das Dao der wahren Ewigkeit:
Wer seiner innewird, erlangt es von selbst.
Wer das Innewerden des Dao erlangt,
weilt ewig in Reinheit und Ruhe.

Japan

Die bis zum Ende des Zweiten Weltkriegs als gottgleich verehrten japanischen Kaiser (Tenno) sahen in Amaterasu, der Sonnengöttin, ihre Ahnherrin. Sie steht an der Spitze einer ganzen Anzahl verschiedener Geister (Kami) und ist die Hauptfigur des Shintoismus (»der Weg der Kami«). Dieser war die vorbuddhistische Religion Japans, er spielt aber neben dem Buddhismus bis heute eine bedeutende Rolle. Die Kami sind meist Naturgeister und werden von den Gläubigen gemeinsam mit den Ahnengeistern verehrt. Sie gelten als Quelle allen Lebens, ohne sie wäre der Mensch hilflos. Daher opfert man ihnen täglich vor dem Hausaltar oder in den öffentlichen Shinto-Schreinen und sucht sie durch Gebete und Riten zufrieden zu stellen.

Anrufung des Oberpriesters des Shinto-Kultes an die Kami, welche das Übel abwehren

Ich gebe diese Erklärung in Gegenwart der höchsten Götter ab, deren Wirken in den Gefilden des höchsten Himmels begann, als sie die Lobpreisungen des erhabenen Enkels feierlich entgegennahmen, während sie die großen Gabelungen der acht Wege bewachten wie eine Ansammlung von Felsen*.
Und während ich ihre Ehrennamen verkünde, also Yachimatahiko, Fürst der acht Straßenkreuzungen, Yachimata-hima, Fürstin der acht Straßenkreuzungen, und Kunado, ›Dieser Weg ist dir nicht erlaubt‹, mache ich mich bereit, euch zu huldigen.

* Diese Gottheiten wurden als die Gottheiten der acht Weggabelungen an den Kreuzwegen angerufen.

Wenn aus dem Land des Unbekannten, wenn aus der Tiefe Feinde und Wilde kommen sollten, dann gesellt euch nicht zu ihnen, dann verhandelt nicht mit ihnen, sondern steht unten Wache, wenn sie herabsteigen, und oben, wenn sie hinaufsteigen sollten. Beschützt uns vor Entweihung und Befleckung, beschützt uns am Tage und in der Nacht.
Die Opfergaben, die ich zu eurer Ehre bereite, bestehen aus glänzenden Stoffen, leuchtenden Stoffen, aus weichen und harten Stoffen. Ich öffne die Deckel der Bierkrüge. Ich opfere euch das Korn als Saft wie als Ähren. Von den Lebewesen, die auf den Bergen und im Heidekraut wohnen, opfere ich euch die mit weicher Haut und die mit struppigem Fell. Von den Lebewesen, die auf dem blauen Meeresgrunde leben, opfere ich euch die, die lange Gräten haben, und die mit kurzen Gräten, die Algen des Meeres und die Algen der Küste.
In der Gesinnung des Friedens vereinige ich mich mit diesen reichen Opfergaben, die ich in großer Zahl vor euch ausbreite, der Zickzacklinie einer Kette von Berghügeln gleichend. Bewacht die großen Straßen des Reichs wie ein zahlreiches Felsenheer in sicherer und fester Art vor jeder Entweihung und segnet seinen Herrscher, auf dass seine Herrschaft eine glückliche Herrschaft sei!
Geruht in gleicher Weise die kaiserlichen Prinzen, die anderen Prinzen, die Staatsminister und die Beamten vor jeder Versündigung und Befleckung zu bewahren und schließt in dieses Gebet das Volk aller Regionen unter dem Himmel ein. Ich, als verordneter Diener des Amtes für die Dinge der Religion, zelebriere in Demut euer Lob in der erhabenen und himmelsgleichen Formel dieses Gebets.

Zoroastrismus

Das frühere Persien war die Heimat des Propheten Zarathustra (um 1000 v. Chr.). Nach seiner Lehre stehen sich zwei Prinzipien diametral gegenüber: ein gutes in Form des Gottes Ahura Mazda (»weiser Herr«) und ein böses in Gestalt von Angra Mainyu (»übel wollender Geist«). Ahura Mazda erschuf eine perfekte Welt und stellte den Menschen Vieh, Getreide und Arzneipflanzen zur Verfügung, während Angra Mainyu für das Unkraut und wilde Tiere, für Dürre bzw. Überschwemmungen und alle sonstigen, dem Menschen schädliche Dinge die Verantwortung trägt. Der Einzelne ist aufgerufen, sich in freier Wahl auf die Seite Ahura Mazdas zu stellen und das Böse zu überwinden. Wenn ihm dies in ausreichender Weise gelingt, entsteht nach einer apokalyptischen Umwälzung eine neue, vollkommene Ordnung. Dann werden die Seelen der Frommen (Fravashi) von allem Bösen befreit in Glückseligkeit leben. Einige religiöse Elemente, die er in den altiranischen Religionen vorfand, übernahm Zarathustra unter veränderten Vorzeichen in seine Lehre, so die Verehrung der göttlichen Rauschpflanze (Haoma), des Feuers als Ausdruck absoluter Reinheit oder die Wertschätzung einzelner Gottheiten wie etwa Mithra. Dieser war vormals der Gott der Verträge und wurde nun zu einem Helfer Ahura Mazdas, damit betraut, die Menschen im Kampf gegen das Böse zu unterstützen. Der radikale Dualismus, den Zarathustra predigte, wirkte sich auch auf das frühe Judentum aus, insbesondere bezüglich der Dämonenlehre, des Jenseitsgerichts und der Läuterung der Welt am Ende der Zeiten. Die Lehre Zarathustras wurde in Spruchsammlungen (Gathas) festgehalten, aus denen später der Avesta entstand, die heilige Schrift des Zoroastrismus, der nach dem höchsten Gott auch Mazdaismus genannt wird. Eine weitere Bezeichnung ist Parsismus, die auf das Herkunftsland Persien hindeutet. Im Kult sind besonders das von den Priestern gehütete heilige Feuer und die »Türme des Schweigens« von Bedeutung. Das Feuer gilt als Symbol Ahura Mazdas und steht für Reinheit und Heiligkeit. Um die Elemente nicht – im rituellen Sinne – zu verunreinigen, werden die Toten weder bestattet noch verbrannt, sondern auf einer Plattform an der Spitze eines Turms ausgesetzt und den Geiern überlassen. Die heute noch lebenden Parsen sind außer im Iran überwiegend in Indien ansässig, doch viele wanderten auch in westliche Länder aus.

Hymne auf Haoma

Wir huldigen Haoma.
Haoma ist heilig, vollkommen geschaffen und richtig
  geschaffen,
es ist heilig, heilt alle Krankheiten,
es ist schön, tut wohl,
es ist das stärkste Mittel und es hat eine goldene Farbe.
Seine Zweige sind weich und biegsam,
  so dass man sie leicht essen kann.
Es ist ausgezeichnet,
  es ist der kostbarste Schatz für die Seele.
Du, der du goldfarbig bist,
dich bitte ich um Weisheit, Kraft, Sieg, Gesundheit,
Heilung, Gedeihen, gute Entwicklung,
Stärke am ganzen Körper, die rechte Proportion
  in allen Körperformen.
Möge ich diese Welten
  als vollkommener Meister durchlaufen,
Hassgefühle von mir weisend Schurkereien abwürgen,

möge ich über die feindliche Einstellung von denen,
die hassen und Böses tun, triumphieren.
Haoma,
gib den Kriegern, die ihre Pferde unter das Joch zwingen,
Kraft und Stärke.
Haoma,
gewähre den unfruchtbaren Frauen eine glänzende
Nachkommenschaft, eine reine Erblinie.
Er verleiht den Herren des Hauses, die die Naskas* lesen,
Glück und Weisheit.
Er gibt den Mädchen, die lange Zeit gewartet haben,
ohne (als Bräute) genommen zu werden,
einen rechten und hochherzigen Mann,
der schnell um ihre Hand anhält.
Heil dir, Haoma!
Dir, der du aus eigener Kraft unser höchster König bist.
Ruhm gebührt dir, der du die zahlreichen Worte,
der Wahrheit entsprechend geäußert, kennst.
Ehre sei dir, der du nicht durch Fragen die wahrheitsliebenden Worte hervorlockst,
sondern sie von dir selbst aus kennst.
Du bist der erste, dem Ahura-Mazda den heiligen
Gürtel,
mit Sternen geschmückt, im Himmel gestaltet,
das heilige Gesetz der Mazdei, geschenkt hat.
Du weilst auf dem Gipfel der Berge,
bekleidet mit diesem Gürtel,
um die Riten und die Gesänge des heiligen Gesetzes zu
verewigen.
Haoma,
Haupt der Häuser, Haupt der Weiler, der Volksstämme,
der Provinzen.

* Das sind die Teile des Avesta, die der Gläubige sprechen muss.

Meister der Wissenschaft kraft deiner Heiligkeit,
ich rufe dich an, mir eine Gunst zu erweisen,
um die Kraft, den Sieg und eine sehr heilsame Nahrung
zu erlangen.
Entziehe uns den Haßgefühlen unserer Feinde.
Bewahre unseren Geist vor denen, die Gift streuen.
Wenn es in diesem Hause, in diesem Weiler, in diesem
Stamme,
in diesem Lande einen Menschen gibt,
der Freude daran findet, uns zu schaden,
dann nimm seinen Füßen alle Kraft,
verdunkle seinen Verstand,
brich sein Herz,
dass er auf seinen Füßen nicht mehr weitergehen kann,
dass er seine Hände nicht mehr in der Gewalt hat!
Dass er die Erde nicht mehr mit seinen Augen sieht,
dass er die Kuh nicht mehr sieht,
der, der unserem Geist zu schaden sucht,
der, der unserem Leib zu schaden sucht.
Der grünen Schlange,
die Schrecken verbreitet und ihr Gift ausspritzt,
widersetze dich ihr offen
zugunsten des Gerechten, dessen Leib zugrunde geht.
Dem Bösen, der sich erhebt, der verwundet und quält,
widersetze dich offen
zugunsten des Gerechten, dessen Leib zugrunde geht.
Dem bösartigen und tyrannischen Menschen,
der Freude daran findet, andere zu quälen,
widersetze dich offen zugunsten des Gerechten,
dessen Leib zugrunde geht.

Hymne auf Ashi Vanuhi

Ashi, du bist schön,
Ashi, du strahlst, und Freude geht von deinen Strahlen aus.
Ashi, du verleihst den Menschen, denen du gut gesonnen bist,
rechten Glanz,
o du, die du einen milden Wohlgeruch verbreitest.
Sie erfüllt mit Wohlgeruch das Haus, das sie betritt,
Ashi Vanuhi, die mächtige Freundin der Eintracht,
um eine dauerhafte Freundschaft zu begründen.
Sie sind voller Macht,
sie haben einen reich gedeckten Tisch,
in reichem Maße verteilen sie Gaben,
sie treiben ihre Pferde, dass ihnen der Schaum
 vom Munde fliegt,
und die Räder ihrer Wagen klirren
und ihre Blitze schwingen,
und sie machen reiche Beute.
Sie besitzen einen reichen Schatz,
o Ashi,
du, die du Wohlgerüche verbreitest im Hause,
 in dem sie wohnen,
in ihm errichtest du einen Thron, mit Teppichen bedeckt,
und mit anderen kostbaren, für dich bestimmten Sachen.
Diese Sachen haben die Menschen,
 denen du gut gesonnen bist.
Glücklich die, denen du gut gesonnen bist!
Erweise auch mir deine Gunst,
o du, die du reich bist an Gütern zahlreicher Art,
reicher Art,
o du, die du stark bist!
Sicher sind sie gebaut,
in gerader Linie stehen sie da,
rein und sauber sind sie,

immer stehen unter deinem Schutz
die Häuser der Menschen, denen du gut gesonnen bist,
o heilige Ashi!
Glücklich der, dem du gut gesonnen bist!
Erweise auch mir deine Gunst,
o du, die du reich bist an Gütern zahlreicher Art,
o du, die du stark bist!
Ständig sind bedeckt mit Teppichen, schön geschmückt,
mit einem kunstvoll gemachten Kissen bedeckt
und einem Fußbänkchen mit Goldeinlegearbeit versehen
  die Throne der Menschen, denen du gut gesonnen bist,
o heilige Ashi.
Glücklich der, dem du gut gesonnen bist!
Erweise auch mir deine Gunst,
o du, die du reich bist an Gütern zahlreicher Art,
o du, die du stark bist!
Dort wohnen die Geliebten dieser Menschen,
sie sitzen auf einem Thron.
Sie liegen da auf einem Kissen ausgestreckt,
das ganz weich ist,
mit Bändern geschmückt,
und tragen lange Ohrringe mit vier Gesichtern
und ein Juwel, in Gold gefasst.
Wann wird die Hausherrin zu uns zurückkehren?
Wie sollen wir mit Freude das vorbereiten,
  was ihrem Leibe gefällt?
So sind die Geliebten dieser Menschen,
  denen du gut gesonnen bist,
o heilige Ashi.
Glücklich der, dem du gut gesonnen bist!
Erweise auch mir deine Gunst,
o du, die du reich bist an Gütern zahlreicher Art,
o du, die du stark bist!
Sie sitzen da, mit hoher Fußbekleidung geschmückt,

ausgestattet mit einem schlanken Körper, einem Körper,
berühmt durch seine Schönheit,
mit dünn zugespitzten Fingern,
so schön von Gestalt, dass sie Begierde erregen bei allen,
die sie sehen, die Töchter dieser Menschen,
denen du gut gesonnen bist,
o heilige Ashi.
Glücklich der, dem du gut gesonnen bist!
Erweise auch mir deine Gunst,
o du, die du reich bist an Gütern zahlreicher Art,
o du, die du stark bist!
Sie verbreiten Schrecken, schnell dahineilend,
ihren Schaum durch die Luft schleudernd,
sie ziehen ihren funkelnden Wagen,
vorstürmend klammern sie sich aneinander,
sie führen den tapferen Krieger,
der göttliche Lobeshymnen singt,
die Pferde derer, denen du gut gesonnen bist.
Sie führen den Krieger der schnellen Pferde,
auf sicherem Wagen,
mit spitzer Lanze und langem Schaft, mit dem Pfeil,
der schnell fliegt und weit trifft,
der Krieger, der sich auf die Verfolgung des Gegners
stürzt,
der Krieger, der den Feind vor sich schlägt,
o heilige Ashi.
Glücklich der, dem du gut gesonnen bist!
Erweise auch mir deine Gunst,
o du, die du reich bist an Gütern zahlreicher Art,
o du, die du stark bist!
Kräftig sind sie, mit gebogenen Rücken,
gelehrigen Charakters, leicht zu lenken
und ihre Lasten tragend, durcheilen sie schnell das Land,
die Kamele der Menschen, denen du gut gesonnen bist,

o heilige Ashi.
Glücklich der, dem du gut gesonnen bist!
Erweise auch mir deine Gunst,
o du, die du reich bist an Gütern zahlreicher Art,
o du, die du stark bist!
Ihr Gold und ihr Silber bringen großen Reichtum,
aus fernen Ländern kommend,
mit prachtvollen Kleidern und Gewändern
für die Menschen, denen du gut gesonnen bist,
o Ashi Vanuhi!
Lenke deinen Blick auf mich
und breite dein Erbarmen auf mich aus, o erhabene Ashi!
Du bist wohlgestaltet, von vornehmer Herkunft,
du hast Macht in deiner Hand, du bist der Glanz,
der für den Leib der Menschen geschaffen wurde.

Hymne auf die Fravashi*

Ich preise die Fravashi aller Gebiete,
ich preise die wohltätigen Fravashi
der ergebensten Landschaften,
die den Himmel erhalten,
die das Wasser und die Erde und das Vieh erhalten
und im Leibe der schwangeren Mütter
die wohl eingehüllte Kindesfrucht vor dem Tode behütet
bis zur normalen Geburt,
die Fravashi, die Hilfe gewähren beim schrecklichen Zug,
die, auf Wagen gestiegen, sich aus eigener Kraft
vorwärts bewegen

* Die »Fravashi« sind die innersten Seelenkerne der Menschen, noch höherstehend als die ›Seele‹, die mehr das ist, was heute als das ›Seelische‹ oder ›Psychische‹ im Unterschied zum Geist aufgefasst wird.

auf ihrem schnellen und losstürmenden Zug,
bereit zu den guten Handlungen, bereit zum Siege,
bereit zum Kampfe,
die Fravashi, die Sieg dem gewähren, der sie anruft,
die ihre Gunst dem erweisen, der sie liebt,
Gesundheit dem Kranken und gutes Aussehen dem,
der sie darum bittet,
ihnen ein Opfer darbringt und sie befriedet
und die Zaothra darbringt,
die Fravashi, die am häufigsten dort erscheinen,
wo die Gerechten am treuesten
dem Reinen ergeben sind,
wo ihnen Zeichen der Verehrung bekundet werden,
wo der gerechte Mensch befriedigt wird,
wo der gerechte Mensch nicht der Misshandlung
ausgesetzt ist.
Wir ehren die guten, mächtigen und reinen Fravashi
der Gerechten,
die tapfersten unter den Wagenlenkern,
die schnellsten unter den Kriegern auf den Kampfwagen,
die weniger Ungeduldigen unter ihnen,
die ihre Stimme vernehmen lassen,
die stärksten Balken, die das Gewicht unter allen Balken
tragen,
Waffen der sicheren Verteidigung,
sichere Schilde, deren Einsatz nie seinen Zweck verfehlt.
Wir ehren die aktiven, angriffsmutigen, siegreichen Fravashi,
Meister der Kämpfe,
die mit Kraft zuschlagen, die treffen, die hier und dort
umhereilen,
horchend, ganz Ohr, mit himmlischer, reiner Seele,
die Fravashi, die den Sieg dem gewähren, der sie anruft,
die ihre Gunst dem erweisen, der sie ehrt,
und Kraft dem Kranken,

die gutes Aussehen dem verleihen, der sie ehrt nach dem Kult,
der vom reinen Zarathustra stammt,
dem reinen Haupt der körperlichen Welt,
Kopf der zweifüßigen Welt, gekommen, um bei jedem Werk des Gesetzes mitzuwirken,
Schrecken erregend für jeden, der quält.
Wir ehren die Fravashi, die, in rechter Weise angerufen,
als vollendete Geister, in rechter Weise angerufen,
zu Hilfe eilen, ohne gesehen zu werden,
aus der Höhe der Himmel kommend,
eine recht beschaffene Kraft erlangen
und den Sieg, von Ahura geschaffen
und die siegreiche Überlegenheit
und die Nützlichkeit,
die Güter beschafft und Geschenke gewährt,
die reine,
und die Sättigung, würdig des Kultes und der Verehrung,
entsprechend der vollkommenen Reinheit.
Wir ehren die Fravashi der reinen Männer der arischen Länder,
aller reinen Frauen der arischen Länder, aller reinen Männer der turanischen Länder,
aller reinen Frauen der turanischen Länder, aller reinen Männer der sarmatischen Länder,
aller reinen Frauen der sarmatischen Länder,
aller reinen Männer der syrischen Länder,
aller reinen Frauen der syrischen Länder,
aller reinen Männer der kaukasischen Länder,
aller reinen Frauen der kaukasischen Länder,
der reinen Männer aller Länder,
der reinen Frauen aller Länder.
Wir ehren Zarathustra,
der der Vater und das Haupt
und der erste Gläubige der ganzen irdischen Welt ist,

der von allen Wesen den höchsten Glauben genießt,
der der mächtigste, der reichste und am meisten des Kultes
  und der Verehrung würdig ist, der Lobwürdigste,
der uns als erstrebenswert gepriesen wurde,
würdig des Kultes und der Verehrung durch jedes Geschöpf,
aufgrund seiner vollkommenen Heiligkeit.
Wir ehren dieses Land, diesen Himmel, diese Hilfsgüter,
würdig des Opfers, der Verehrung und des Lobes
  durch jeden reinen Menschen.
Wir ehren die Seelen der Ritter und des Fußvolkes,
der reinen Männer und Frauen,
  die je auf Erden dagewesen sind,
deren heilige Naturen über die Bösen triumphieren,
  triumphiert haben und triumphieren werden.
Wir ehren den Meister, das Gesetz, den Geist, die Seele,
den Fravashi der reinen Männer und Frauen,
die für die Reinheit
kämpfen, gekämpft haben und kämpfen werden.

Hymnus auf Gottes Schöpfung

Wir ehren alle Wasser,
die Quellwasser, die Flußwasser und die stehenden Wasser.
Wir ehren alle Pflanzen, die, welche auf der Höhe wachsen
und die sich auf der Erde ausbreiten.
Wir ehren das ganze Land, den ganzen Himmel
  und alle Sterne,
die Sonne und den Mond.
Wir ehren alle ewigen Lichter.
Wir ehren alle Herden, die Tiere im Wasser und in der Luft,
die unter dem Firmament wohnen.
Wir ehren alle reinen und heiligen Schöpfungen,
o Ahura-Mazda, wundervoller Künstler,

die Schöpfungen, mit denen du eine große Zahl
vollkommener Dinge geschaffen hast,
deine Geschöpfe, der Verehrung und des Lobes würdig,
aufgrund der vollkommenen Reinheit ihrer Natur.
Wir ehren alle Berge, die von reinem Glanz leuchten,
alle Binnenmeere, die von Mazda erschaffen wurden,
alle Feuer.
Wir ehren alle wahrhaften Worte,
alle die, die die Reinheit und Weisheit begleiten.
Sie mögen mir zum Schutz und zur Verteidigung dienen,
zum Unterhalt und zum Wächter.
Ich rufe sie für mich, für das Wohl meiner Seele an,
ich ehre sie, um Schutz und Verteidigung, Unterhalt
und Wache zu erlangen.
So ehre ich die heiligen und reinen gatha*,
die Häupter der Zeiten des Tages.

An das Feuer

Ich weihe dir das Opfer, die Lobsprüche, die Opfergabe,
die Opfergabe von Gebeten, die Opfergabe von Worten der
Verehrung,
o Feuer, Sohn des Ahura-Mazda.
Du bist der Verehrung und des Lobes würdig.
Sei geehrt, sei gelobt in den Behausungen der Sterblichen.
Glück widerfahre dem Menschen,
der dir beharrlich Opfergaben darbringt,
der in seiner Hand das Brennholz hält, die Tasse und den
Mörser.
Sei immer, wie es den Vorschriften entspricht, mit Brennholz
versorgt,

* »gatha« – die heiligen Schriften

und mit wohl duftenden Gerüchen der Trankopfer
und mit dem Feuerbock, wie es den Vorschriften entspricht.
Mögest du stets reichliche Nahrung haben, eine Nahrung,
den Riten entsprechend,
o Feuer, Sohn des Ahura-Mazda.
Ständig sei Licht in deiner Behausung,
möge es in diesem Hause ständig leuchten.
Errichte dein Licht in diesem Hause
während des langen Laufes der Zeit
bis zur glänzenden Wiederherstellung aller Dinge,
bis zum Augenblick der machtvollen Wiederherstellung
der Welt.
Gewähre mir, o Feuer, Sohn des Ahura-Mazda,
lebhaften Glanz, rechtzeitig Nahrung und Lebensmittel.
Gewähre mir solche Gaben in reichem Maße.
Gewähre mir Weisheit, Glück und die leichte Gabe
des Wortes.
Gewähre der Seele klaren Blick und Klugheit,
eine ständig wachsende Größe,
Unerschrockenheit und männlichen Mut,
Füße, stets zum Marsch gerüstet,
Freisein vom Schlafe für ein Drittel der Nächte,
flotten Schritt und Wachsamkeit,
eine Nachkommenschaft,
die sich gut entwickelt und bei den Eltern bleiben möge
und die Arbeit auf dem Feld lieben möge,
eine weise Nachkommenschaft,
die zahlreich heranwächst, in heiligen Werken,
eine Nachkommenschaft, die ihre Väter von den Mühen des
anderen Lebens befreie,
reich an hervorragenden Menschen,
die mein Haus gedeihen lassen möge
und meine Burg und den Stamm und die Provinz und das
Land.

Gewähre mir, o Feuer, Sohn des Ahura-Mazda,
die Tugenden, die mir die bessere Welt der Gerechten
zeigen mögen,
die leuchtende Welt allen Glanzes.
Und ich möchte ausgezeichnete Belohnung erhalten
und einen guten Ruf
zur Erlangung eines Zustandes vollkommenen Glücks
für meine Seele.

Hymne auf Mithra

Wir ehren Mithra, den wahrhaftigen und weisen,
mit den tausend Ohren, wohlgestaltet,
mit zehntausend Augen,
er, der nie schläft und immer wacht.
Wir ehren Mithra,
dem die Krieger im Wagen
auf dem Rücken ihrer Pferde opfern,
für ihr Gefolge Kraft erbitten, Heil für den Leib,
die danach verlangen, überall ihre Feinde zu beobachten,
um die Bösen niederzuschlagen,
die Kriegsgegner völlig zu vernichten, darauf brennend,
Schaden zuzufügen.
Wir ehren Mithra,
der, mit dem Glanz des Goldes geschmückt,
als Erster die goldenen Gipfel berührt,
von denen aus er den Geschöpfen seine Gunst bezeugt und
den ganzen arischen Boden umfasst,
den Boden, wo die starken Führer
zahllose Truppen lenken,
wo hohe Gebirge, reich an Weiden und Wassern, alles hervorbringen,
was zur Ernährung des Viehs nötig,

wo tiefe, ausgedehnte Seen liegen.
Wir ehren Mithra,
der die Säulen der hoch gebauten Behausungen erhält
und sie fest und unerschütterlich macht.
Er verschafft zahllosen Gruppen von Tieren und Menschen
Häuser, wo man ihm Verehrung zollt,
aber er zerstört solche, wo er beleidigt wird.
Du bist, o Mithra, das Böse und das Gute, das Beste für die
Länder und für die Menschen,
du bestimmst als Herr über die Ruhe
und Unruhe des Landes.
Du machst die nmana* gerühmt für ihre Frauen,
schön für ihre Teppiche, die dort ausgelegt sind,
groß für die Kissen, die dort niedergelegt.
Du gestaltest gerühmt, schön und hoch die Behausung derer,
die, treu dem Gesetz ergeben,
dir ihre Verehrung erweisen dadurch, dass sie
deinen Namen anrufen,
die rituellen Worte zur rechten Zeit aussprechen und dir
Opfergaben darbringen.
Auch ich will dich ehren,
indem ich deinen Namen anrufe, indem ich die passenden
Worte ausspreche und dir Opfergaben darbringe,
o mächtiger Mithra!
Ich will dir mit diesem Kult meine Verehrung erweisen,
o gütiger Mithra!
Ich will dich ehren,
o du, der du nicht betrogen werden kannst!
Wir ehren Mithra,
der seine Wohnung auf dieser ganzen Erdfläche errichtet hat,
in dieser körperhaften, großen, grenzenlosen, glänzenden,
weiten Welt auf einem gewaltigen Fundament.

* nmana (sanskr. »dama«, lat. »domus«) = das Haus

Seine ergebenen Diener sitzen zur Beobachtung
auf allen Höhen,
sind in allen Tälern, um die zu bemerken,
die die Verträge verletzen,
um sie mit ihren Blicken zu verfolgen, an die denkend,
die Mithra einmal betrogen haben,
die Wege vor denen bewachend, die die Verletzer der Verträge
suchen, um sie zu bestrafen,
derer, die die Bösewichter suchen,
die das Wesen der Heiligkeit zerstören.
Wir ehren Mithra,
für den Ahura-Mazda, der Schöpfer, eine riesengroße,
glänzende Wohnung auf dem Gipfel des Hara-berezaiti
bereitet hat,
dort, wo weder Tag noch Nacht herrscht,
weder eisiger Wind noch brennende Hitze,
weder Krankheit, die Ursache vieler Todesarten,
noch Unreinheit, die von den Devas stammt;
auf dem Gipfel des Haraiti, wo sich keine Wolke erhebt.
Die geraubte Kuh stößt laute Hilferufe aus, wobei sie
an ihren Stall denkt.
Möge Mithra, der über die weiten Felder gebietet,
uns also zum Stall zurückführen,
wie die Anführer der Herde, hinter uns herziehend!
Aber Mithra kommt dem zur Hilfe,
von dem er ein rechtes Opfer erhielt.
Gegen den dagegen, gegen den er aufgebracht ist,
erhebt er die nmana,
die Burg, den Stamm, das Gebiet, die Macht
über seine Gebiete.
Mithra opferte zuerst die Zweige des Haoma
im Mörser, der mit Sternen geschmückt war,
im erhabenen, himmlischen Werk
auf dem Gipfel des Haraiti.

Ahura-Mazda möge ihn ehren,
ihn, dem die Sonne auf schnellen Schlachtrossen
eine Ehrenbezeugung erweist.
Ehre dem Mithra,
der aus der Ferne auf seinen weiten Domänen,
von seinen Äckern gebildet, regiert,
dem Mithra mit den tausend Ohren
und den zehntausend Augen.
Du bist der Ehre und des Lobes würdig.
Du wirst in den Wohnungen der Sterblichen geehrt und gefeiert.
Heil dem Menschen, der dich ständig ehrt,
mit seiner Hand das Holz des Altares berührend.
Schütze uns also in den zwei Welten,
in der, die zum sichtbaren Sein gehört, wie in der Welt des himmlischen Seins,
schütze uns gegen den grausamen Tod,
gegen den boshaften Aeshma,
gegen die Heere der Bösen, die ihre blutige Fahne erhoben haben.
Schütze uns gegen die Angriffe des Aeshma, des bösen,
und des Vidhotus, von den Devas erschaffen.
Wir ehren Mithra mit dem silbernen Helm,
dem goldenen Panzer,
der einen Dolch in der Hand hält,
den tapferen, kriegerischen, das Haupt der himmlischen Heerscharen.
Glänzend sind die Wege des Mithra,
wenn er die Lande durcheilt
und die wüsten Schluchten in fruchtbare Felder verwandelt.
Dann wandelt er rundum und leitet nach seinem Gefallen
die Herden und Menschen, die ihm gehören.
Möge uns Mithra zu Hilfe eilen, –
und Ahura mit ihm kommen, –

hohe Meister,
wenn die Schwerter ihre laute Stimme erheben,
wenn die Mähnen der Pferde sich heben und wild werden,
wenn die Schwerteisen zusammenstoßen
und die Bogenspannen ihre spitzen Pfeile schleudern.
Dann mögen die Söhne der schuldigen Opferer,
tödlich getroffen,
mit wilden hängenden Haaren fallen!
Wir ehren Mithra, der zu den Ländern kommt,
wir ehren Mithra, der im Herzen der Länder weilt,
wir ehren Mithra, der die Länder berührt,
wir ehren Mithra, der über den Ländern lebt,
Mithra, der unter, vor und hinter den Gebieten lebt.
Wir ehren Mithra und Ahura,
die großen, unsterblichen, reinen.
Wir ehren die Sterne, den Mond und die Sonne, die Zweige
des baresman* haltend.
Wir ehren Mithra, das Haupt aller Lande.
Ich will durch diese Segnungen Ehre und Ruhm,
Macht und Kraft
dem Mithra in den weiten Landen verschaffen,
dem Mithra, der tausend Ohren und zehntausend Augen hat.
Die Reinheit ist das höchste Gut.

* »baresman«: ein beim Ritual verwendetes Bündel blühender Baumzweige, deren Anzahl je nach der angerufenen Gottheit wechselt.

STAMMESRELIGIONEN

Bis heute werden Stammesreligionen nur selten auf eine Stufe mit den Weltreligionen gestellt. Sie hätten keine heiligen Texte, pflegten ein magisches Denken, seien unzivilisiert und primitiv. Vor dem historischen Hintergrund ist dies insofern verständlich, als die europäischen Entdecker und Eroberer im 15./16. Jahrhundert in dem Bewusstsein lebten, ihre Kultur und Religion stellten den geistesgeschichtlichen Gipfelpunkt dar. Ausgerüstet mit einer überlegenen Technologie und beherrscht von wirtschaftlichen und missionarischen Interessen betrachteten sie die Unterwerfung fremder Völker als gottgewollt und legitim. Das ihnen Unverständliche wurde grotesk überzeichnet, sie berichteten von Kannibalen und Kopfjägern, von Menschenopfern und grausamen Riten. Während der Aufklärung verfiel man in das andere Extrem. Jean Jacques Rousseau meinte, die Stammeskulturen entsprächen dem Urzustand der Menschheit. Sie lebten frei, natürlich und glücklich, die Abendländer hingegen seien durch Wissenschaft und Fortschritt degeneriert. Nur eine »Rückkehr zur Natur« könne die einstige ideale Gesellschaftsordnung wiederherstellen.

Auch die im 19. Jahrhundert entstehende Völkerkunde war ein Kind ihrer Zeit und nahm analog der damals von Charles Darwin aufgestellten Evolutionstheorie eine Entwicklung vom Niederen zum Höheren an. Demnach sollten Stammeskulturen auf der Stufe der Steinzeitmenschen stehen geblieben sein, weshalb man an ihnen die prähistorischen Lebensverhältnisse studieren könne. Sie verehrten leblose Dinge (Fetischismus), glaubten an die Beseeltheit der Natur (Animismus) und an unpersönliche Kräfte (Dynamismus). Noch bis vor wenigen Jahrzehnten sah man in ihnen bestenfalls ein Studienobjekt für die Entwicklung von Geisterglaube und Magie über den Polytheismus zum Monotheismus.

Alle diese Modelle gehen jedoch an der Lebenswirklichkeit der Stammeskulturen vorbei. Sie verharren nicht in einem Frühstadium, sondern haben genauso ihre Geschichte wie andere Völker auch. Der Unterschied besteht nur darin, dass sie ihre Traditionen mündlich überliefern und nicht schriftlich fixieren. Schriftlosigkeit an sich hat nichts mit mangelnder Intelligenz zu tun, ein Analphabet kann auf seine Weise sehr gebildet sein, nur dass er eben andere Ausdrucksformen verwendet. Für die Sicherung der Existenzgrundlagen sind überall Wissen und Erfahrung notwendig, zum Auffinden von geeigneten Siedlungsplätzen und Nahrungsquellen ebenso wie für die Behandlung von Krankheiten oder zur Ausgestaltung angemessener Sozialverhältnisse. Wären Angehörige von Stammeskulturen tatsächlich »irrational« und »primitiv«, hätten sie sich nicht ständig an neue Gegebenheiten anpassen können und wären somit kaum überlebensfähig gewesen.

Der Begriff der Kultur kann nicht allein mit wissenschaftlichen oder technologischen Errungenschaften gleichgesetzt werden, vielmehr drückt sich darin die Gesamtheit geistiger und materieller Leistungen eines Volkes aus. Und hier haben Stammeskulturen Beachtliches vorzuweisen, was leicht an ihrem reichen Fundus an Erzählungen, Mythen, Liedern oder an ihrem künstlerischen Schaffen abzulesen ist. Auch ihre sozialen Bräuche und religiösen Vorstellungen sind nicht weniger differenziert als in den Weltreligionen. Sie leben zwar zwangsläufig in einer engen Beziehung zu ihrer natürlichen Umwelt, verhalten sich dieser gegenüber aber nicht passiv, sondern nutzen sie zur Ausbildung ihrer je eigenen kulturellen und religiösen Lebensform. Die einzigen gemeinsamen Merkmale von Stammesreligionen bilden ihre Schriftlosigkeit, ihr fehlender Missionierungsdrang

(in einen Stamm wird man hineingeboren) und die Suche nach religiösem Heil in der Gegenwart. Ansonsten unterscheiden sie sich in ihren Traditionen, Sitten und Bräuchen in höchst vielfältiger Weise.
Um mit den nichtmenschlichen Wesen, die über Glück oder Unglück eines Stammes entscheiden, in richtiger Weise umzugehen, bedarf es religiöser Spezialisten wie Schamanen, Regenmacher, Medizinmänner oder Zauberer. Ihre Aufgabe liegt in der Sicherstellung des Wohlergehens ihres Stammes, indem sie für Jagdglück sorgen, das Wetter beeinflussen, Kranke heilen und unheilvolle Mächte beschwichtigen. Die Übernahme eines solches Amtes erfolgt durch eine Berufung, nicht durch einen persönlichen Entschluss. Auffällige körperliche Kennzeichen, Träume und Visionen oder ungewöhnliche Erlebnisse können Hinweise auf die Auserwähltheit sein. Dies wird nicht immer als Privileg empfunden, denn die Lehrzeit kann hart sein und die vom Stamm gestellten Anforderungen sind hoch. Der religiöse Spezialist hat viele Verhaltensregeln zu beachten und steht permanent in der Gefahr, bei Fehlern oder Misserfolgen sowohl von der Gemeinschaft als auch von den übernatürlichen Mächten zur Rechenschaft gezogen zu werden.
Mitglieder von Stammesreligionen wissen sehr wohl zwischen profan und heilig zu unterscheiden, sie sehen nicht die gesamte Welt aus magischer Sicht. Ebenso wenig glauben sie an ein selbsttätiges Wirken unpersönlicher Kräfte (Mana), vielmehr bringen sie bestimmte Erscheinungen mit Geistwesen in Verbindung. Ein solches Wesen kann in einem Baum, einem Felsen oder Ähnlichem anwesend sein und dort verehrt werden, aber die Verehrung gilt dem Wesen und nicht seinem Aufenthaltsort. Die Symbolisierung des Heiligen Geistes als Taube bedeutet ja auch für Christen nicht, dass sie die Taube selbst als heilig betrachten. Wo in Stammesreligionen ein höchstes Wesen auftaucht, gilt es meist nur als Erschaffer aller Dinge. Danach habe es sich zurückgezogen und bleibe verborgen. Diese

Auffassung beruht auf dem Weltverständnis. Als die Welt entstand, war sie vollkommen, gerät sie in Unordnung, trägt der Mensch dafür die Verantwortung. Entweder hat er seine religiösen Pflichten nicht erfüllt, die Ahnenverehrung vernachlässigt oder sonstige Verfehlungen begangen. Für die Wiederherstellung der Ordnung ist nicht das höchste Wesen zuständig, sondern dies obliegt Geistern, Ahnen oder Funktionsgöttern (für Jagd, Ernte, Fruchtbarkeit usw.). Die Geschehnisse der Vergangenheit, festgehalten in den Mythen, haben die Gegenwart verursacht. Am besten wird die gegenwärtige Ordnung bewahrt, wenn man dem Weg der Vorfahren folgt und die vorgeschriebenen Riten richtig durchführt. Das Heilsame zu fördern und das Unheilsame abzuwehren sichert die Zukunft des Stammes, worin die Hauptaufgabe jedes einzelnen Mitglieds besteht.

Afrika

Über das prähistorische Afrika ist nur wenig bekannt, da aufgrund der Klimaverhältnisse und der verwendeten Materialien (Lehmbauten, Holzhütten) kaum substanzielle archäologische Reste erhalten geblieben sind. Die verschiedenen afrikanischen Stämme entstanden erst um etwa 10 000 v. Chr. im Gebiet der heutigen Sahara, wo damals noch Bäume und Pflanzen wuchsen. Nach der Austrocknung der Sahara verteilten sie sich über den ganzen Kontinent. Meist wird die afrikanische Bevölkerung anhand ihrer Sprachen unterteilt: 1. Khoisansprachen (Buschmänner) und Hottentotten, 2. Sudansprachen, 3. Bantusprachen

(südliches Afrika), 4. nilotische Sprachen (oberer Nil bis zur Massai-Steppe), 5. hamitische Sprachen (Nord- und Nordostafrika) und 6. semitische Sprachen (arabische Dialekte).
Mit den Europäern kamen die Afrikaner ab dem 14./15. Jahrhundert in Kontakt. Da nicht wie erwartet große Reichtümer zu erbeuten waren, verlegten sich die Europäer auf den Sklavenhandel, der bis zur Mitte des 18. Jahrhunderts florierte und unzähligen Afrikanern Elend und Not brachte. Erst nach dieser Phase erwachte allmählich das Interesse für die afrikanischen Kulturen und Religionen.
Viele Mythen berichten davon, dass es den Menschen von einem oder mehreren höchsten Wesen auferlegt worden sei, die Schöpfungsordnung zu erhalten und die Welt vor dem Chaos zu bewahren. Häufig spielen auch die Gegensätze zwischen Himmel und Erde, männlich und weiblich eine Rolle. Das soziale Leben wird am Vorbild des jeweiligen Mythos ausgerichtet, dessen Idealzustand man durch entsprechende Riten möglichst nahe kommen will. In der religiösen Praxis steht die Bewältigung des Alltagslebens im Vordergrund: Herbeirufen von Regen bzw. eine Abwendung schädlicher Regenfälle, Heilung von Kranken, Schutz vor bösen Geistern, fruchtbare Ernten oder ausreichender Jagderfolg, Opfer an den Herrn der Tiere, nachdem ein Wild erlegt wurde, Sieg über Feinde oder Abwehr übel wollender Ahnengeister.

Pygmäen

Trauerlied

Solo: Jedes Lebewesen wird geboren, macht seinen Weg und stirbt.
Und es herrscht große Kälte.

Chor: Es herrscht die große Kälte der Nacht, es herrscht das Dunkel.
Solo: Der Vogel macht seinen Weg, fliegt und stirbt.
Und es herrscht große Kälte.
Chor: Es herrscht die große Kälte der Nacht, es herrscht das Dunkel.
Solo: Der Fisch schnellt vorbei, macht seinen Weg und stirbt.
Und es herrscht große Kälte.
Chor: *Es* herrscht die große Kälte der Nacht, es herrscht das Dunkel.
Solo: Der Mensch wird geboren, isst und schläft.
Er macht seinen Weg.
Und es herrscht große Kälte.
Chor: Es herrscht die große Kälte der Nacht, es herrscht das Dunkel.
Solo: Der Himmel hat sich erleuchtet, die Augen sind erloschen.
Der Stern funkelt.
Chor: In der Tiefe die Kälte, in der Höhe das Licht.
Solo: Der Mensch ist dahin, der Gefangene ist frei.
Der Schatten geschwunden.
Chor: Der Schatten ist geschwunden.
Solo: Khmvoum, Khmvoum, nach dir ergeht unser Ruf.
Chor: Khmvoum, Khmvoum, nach dir ergeht unser Ruf.

Gesang an den Regenbogen

Khwa, yé! Khwa! Regenbogen, he, Regenbogen,
du, der du da oben so leuchtest, so hoch da oben
über dem Walde so groß,
mitten zwischen den dunklen Wolken,
aufreißend den finsteren Himmel,
unter dich, Sieger im Kampfe,

hast du den grollenden Donner gestürzt,
der so stark rollte, und so gereizt.
War er erzürnt gegen uns?
Mitten zwischen den dunklen Wolken,
aufreißend den finsteren Himmel,
gleich dem Messer, das eine überreife Frucht aufschneidet,
Regenbogen, o Regenbogen,
mächtiger Bogen des Jägers dort oben,
des Jägers, der die Herde der Wolken verfolgt,
wie die Herde erschreckter Elefanten,
Regenbogen, sag ihm unseren Dank.
Sag es ihm!* Habe nicht Ärger!
Sag es ihm! Sei nicht erzürnt!
Sag es ihm! Er soll uns nicht töten.
Denn wir haben große Furcht,
Regenbogen! Sag es ihm!

Zauberspruch gegen die bösen Geister des Waldes

Ogiri, du, der du auf Erden ein Menschenfresser warst,
Ogiri, nähere dich nicht unseren Hütten!
Wir haben deine Augen in der dunklen Nacht funkeln sehn,
o Ogiri!
Wir haben deine Zähne Kra-kra machen hören,
o Ogiri!
Du, der du auf Erden ein Menschenfresser warst,
o Ogiri, den wir gut gekannt haben,
versuche nicht, dich unseren Hütten zu nähern!

* d.h. dem höchsten Wesen

Gegen Schlangenbisse, an die himmlische Schlange

Wenn in der Nacht der Fuß
über ein Hindernis stolpert, das sich zusammenzieht,
aufrichtet und beißt,
dann füge, o Schlange, du, unser Vater,
der Vater des Stammes,
– und wir sind deine Söhne –,
füge, dass es ein Zweig, ein kleiner Zweig sei,
der sich aufrichtet und schlägt,
und nicht einer deiner Söhne mit dem spitzen Maul,
o Vater des Stammes, – denn wir sind deine Söhne.

Die himmlische Schlange ist das Totemtier des Stammes, der ihren Schutz gegen Schlangenbisse erfleht.

Bittgesang

Der Morgen ist erwacht,
Asobe, halte fern von uns jede Strafe,
jedes Übel,
jedes Unglück.
Asobe, lass uns glücklich heim gelangen.

Gegen das Gewitter

Epilipili, Epilipili,
möge der Regen nicht kommen,
möge der Regen nicht fallen,
uns mit Schmerzen bedrücken.
Die Söhne sind im Walde!
Möge der Regen langsam kommen,
möge er langsam kommen!

Fang (Äquatorialafrika)

Tanz und Beschwörung des Ngil-Zauberers

Die Anrufung des Hexenmeisters
O du, der du über die Kraft verfügst, du, der Herr der menschlichen Kraft, du vermagst alles, und ohne dich vermag ich nichts, nichts vermag ich, ich, der ich dir geweiht bin, der ich mich dir gelobt habe, o Geist.
Von dir habe ich meine Stärke, meine Kraft. Diese Gabe hast du mir verliehen. Geist der Kraft, dich selbst rufe ich an. Zeige dich meinem Gesang geneigt, komm, komm, komm! Dir gehöre ich, komm zu mir! Du musst gehorchen, ich habe dir gegeben, was du fordertest, o Geist, das Opfer wurde dargebracht, dargebracht das Opfer im Walde. O Geist, ich gehöre dir, und du gehörst mir. Komm!
Chorgesang
Ngil: Durch die geweihte Asche des dargebrachten Opfers, der umherschwirrenden Geister der Nacht, die durch den dunklen Wald ziehen, ohne Unterlass nie!
Chor: Yo, yo, nie!
Ngil: Geister der Toten, die nie die Totenopfer gesehen haben,
Chor: Yo, yo, nie!
Ngil: Tote, die noch nicht überquerten,
überquerten den Strom der Tränen!
Chor: Yo, yo, nie!
Ngil: Den Fluss der Tränen und der Seufzer.
Chor: Den Fluss der Tränen und der Seufzer.
Ngi!: Den Fluss der großen Ruhe.
Chor: Den Fluss der großen Ruhe.
Ngil: Geister der Nacht, o traurige Geister, unsere Beschützer.
Chor: Unsere Beschützer:
Die Antwort des Geistes

Ngil:	Du, mein Sohn, mögest behütet sein, du, mein Sohn, mögest immer behütet sein.
Chor:	Yo, yo, für immer.

Djagga (Kongo)

Beim Auszug in den Krieg: Gebet an den Stammesgott

Ruwa, mein Häuptling, mögest du mich an die Hand nehmen und sicher führen. Gewähre mir auch ein Rind, Häuptling, damit ich dir ein Opfer bringe.

Zulu

Beschwerdegebet an den Stammesgott

Wann haben wir es unterlassen, zu opfern und deine Ehrennamen zu wiederholen? Warum bist du denn so knauserig? Besserst du dich nicht, dann werden wir alle deine Ehrennamen in Vergessenheit geraten lassen. Was ist dann dein Los? Dann kannst du gehen und Grashüpfer essen! Bessere dich, sonst vergessen wir dich! Was nützt denn das, wenn wir schlachten und dich mit deinem Ehrennamen preisen? Du verschaffst uns ja weder Saat noch Viehreichtum! Du erweisest uns keinen Dank für all unsere Mühe. Ganz und gar wollen wir dich verstoßen und zu anderen Menschen sagen, dass wir überhaupt keine Ahnengeister haben. Das ist dann dein Schaden. Wir sind über dich ärgerlich.

Khoi Khoi

An Tsuigoa, den Ahnherrn

Du, o Tsuigoa,
du Vater der Väter,
du bist unser Vater.
Lass die Donnerwolke strömen,
lass unsere Herden leben,
lass uns leben!
Fürwahr, ich bin gar schwach
vor Durst, vor Hunger.
O dass ich doch die Früchte des Feldes essen möchte!
Bist du nicht unser Vater,
der Vater der Väter,
du Tsuigoa?
O dass wir dich preisen könnten!
O dass wir dir wieder zurückgeben könnten!
Du Vater der Väter,
du, o Herr,
du Tsuigoa.

Madagaskar

An Zanar und Niang

O Zanar, nicht an dich richten wir unsre Gebete.
Denn warum sollte man zu dem guten Gotte beten?
Dagegen müssen wir den Zorn des Niang besänftigen.
Niang, böser und mächtiger Gott, lass nicht den Donner über unsere Häupter rollen; befiehl nicht dem Meer, das Festland zu überfluten; verschone die heranreifenden Früchte; dörre nicht

die Reisfrucht aus; lass nicht zu, dass sich der Schoss unserer Frauen an den unheilvollen Tagen öffnet; und zwinge keine Mutter, die Hoffnung auf ihren Lebensabend im Meere zu begraben.
O Niang, zerstöre nicht alle Wohltaten des Zanar.
Du herrschst über die Bösen; ihre Zahl ist groß genug. Quäle nicht die Guten.

Zanar und Niang sind die Schöpfer der Welt.

An die Erde

Hab Erbarmen mit mir, o Erde! Du bist es, auf der ich wohne, du bist es, die mir Speise gibt, du, die mir Wasser gibt zum Trinken, du, die mir gibt, womit ich mich kleiden kann.
Sei barmherzig gegen mich, o Erde! Du nimmst von mir weg meine Gattin, ohne die ich mich nicht behelfen kann; du nimmst mir weg meine Kinder, die meine Freude sind; du nimmst meine Freunde, die mir teuer sind; auch meine Eltern nimmst du weg.

Ewe (Guinea)

Im Krieg

Wir waren zu Hause und hörten plötzlich, dass es Krieg gebe. Du bist unser aller Haupt. Deswegen sind wir zu dir gekommen, um dich zu bitten, du wollest uns in den Krieg voranziehen und ihn für uns führen. In unserer Heimat Anlo gibt es keinen Wald, worin wir uns verstecken könnten. Du, o Nyigbla unserer Vorfahren, du bist der Wald, in dem wir uns bergen.

Sammle du deswegen alle deine Krieger um dich, damit sie diesen Krieg für uns führen; denn wir haben keine Kraft.

Opfergebet

O Mawu Sodza, Mutter der Menschen, Mutter der Tiere! Gibst du den Menschen, so gibst du den Menschen; verweigerst du den Menschen, so verweigerst du den Menschen. In deiner Größe bin ich groß, mit dem, was du willst, stimme ich überein.

Lobe

An den Flussgott

Ganz Battie gehört dir, dem Fluss. O Kana, dank all den großen Dingen, die du vollbracht hast, ist hier so viel Volk beisammen. Mögen sie wohl behütet sein, mögen sie nichts Böses sehen, und möge sich keiner ihren Behausungen nähern, wenn nicht in guter Absicht. Wenn es so geschieht, erkenne ich, dass das Land des Battie die Menschen in rechter Weise beschützt, und mit den Muscheln, die mir angeboten wurden, werde ich einen Ochsen erwerben, um ihn dem Flusse zu opfern. Wenn es wahr ist, dass du hier bist, o Fluss, dann gewähre uns die Bitte, dass das Nilpferd hervorkomme, damit unsere Kinder es sehen können.

Battie ist ein Ortsname, und Kana ist der Name eines alten Priesters der Sekte Dyoro.

Lango

Gebet an den Gott Pu während einer Opfermahlzeremonie

O, du Gott Pu, steige zu uns herunter!
Wir empfangen dich.
Bleibe, bleibe in deiner Güte bei uns.
Gewähre Gesundheit unseren Mädchen,
Gesundheit den Müttern!
Und hilf uns, dass unser Speer den Leib jedes wilden Tieres,
das unseren Weg kreuzt, durchdringe.
Gewähre uns auch, jeden Menschen, der uns auflauert,
zu töten
und über ihn zu triumphieren.

Massai

Um die Heimkehr der Krieger

Solo: Engai, Engai, brich
Chor: die Macht des Feindes.
Solo: Brich, brich
Chor: die Macht des Feindes.
Solo: Mädchen, schweiget nicht,
Chor: während man zu Engai betet.
Solo: Brich, brich
Chor: die Macht des Feindes.
Solo: Morgenstern, der du erscheinst,
Chor: und Abendstern,
Solo: brich, brich
Chor: die Macht des Feindes.

Solo: Du, der du den Himmel rot färbst, brich
Chor: die Macht des Feindes.

Bantu

Gebet beim Begräbnis

Das Gebet wird von dem jüngeren Bruder des Verstorbenen gesprochen.

Ihr, meine Vorfahren, die ihr heute um mich vereint seid: Seht ihr nicht? Ihr habt ihn von mir genommen. Jetzt bin ich allein. Ich bin tot! Ich bitte euch, die ihr da unten seid, da er zu euch zurückgekehrt ist, lasst uns hier oben in Frieden. Er ist nicht von Hass erfüllt weggegangen. Erlaubt uns, ihn leise und friedlich zu beklagen. Erlaubt uns, uns gegenseitig zu helfen, ihn zu beklagen, und erlaubt es auch unseren Eltern.

Für einen Reisenden

Das Gebet wird von einem Medizinmann gesprochen.

Akhwari! Abousayi! Ich sage es: der Tod nähert sich nicht, der Tod kommt nur durch den, der auf seine eigene Kraft vertraut. Möge das Unheil von uns weichen, möge es zu Chibouri, zu Nkhabelane gehen. Möge dieser hier sicher seinen Weg gehen, möge er seine Feinde zerstampfen, mögen die Dornen ruhen, die Löwen schlafen, möge er Wasser trinken dort, wohin er geht, und möge dieses Wasser ihn glücklich machen durch die Kraft, die von diesem Blatt ausgeht.

Beschwörung an das Schwert

Wenn der, dem du gehörst, auf einen Feind trifft, dann geh auf ihn zu und töte deinen Gegner; aber wenn dein Träger dich gegen jemanden richtet, der nichts Böses im Sinne hat, dann verschone ihn und geh an ihm vorüber, ohne seinen Körper zu durchdringen.

Kikuyu

Gebet zur Eröffnung der Versammlung der Alten

Die Alten mögen weise sein und mögen sich in Eintracht finden.

Chor: Wir loben dich, Ngai. Friede herrsche bei uns. Sprich, dass das Land Ruhe habe und das Volk weiter wachse.

Chor: Wir loben dich, Ngai. Friede herrsche bei uns.
Sprich, dass das Volk und die Herden und die Rudel gedeihen und von Krankheit frei bleiben mögen.

Chor: Wir loben dich, Ngai. Friede herrsche bei uns.
Sprich, dass die Felder reiche Frucht tragen und das Land weiterhin fruchtbar bleiben möge.

Chor: Wir loben dich, Ngai. Friede herrsche bei uns.

Wapokomo (Tanasee)

Drei Anrufungen

Gebet für das ganze Dorf
O Gott, gib uns den Frieden, verleihe uns die Ruhe, möge das Glück kommen, sterben soll der, der unser Dorf verflucht und uns verwünscht. Wir bitten dich auch um Fisch.

Gebet um Regen
O Gott, gib uns den Regen, wir sind in Not und Elend, wir leiden mit unseren Söhnen, schicke uns Wolken mit Regen. Wir bitten dich, o Gott unser Vater, uns Regen zu schicken.

Gebet für eine kranke Frau
Der, die krank ist, o Gott, gib Frieden und Gesundheit, ihr, ihrem Dorfe, ihren Söhnen und ihrem Manne. Gib ihr die Kraft, sich zu erheben und ihre Arbeit wieder aufzunehmen, ihre Küche zu besorgen und ihren Frieden wiederzufinden.

Galla

Tägliches Gebet im Kriege

Wenn die Feinde kommen, lass deinen Wurm auf der Erde nicht zugrunde gehen, halte deine Hand über ihm!

Bambara (Sudan)

Zur Versöhnung des Totemtieres

Der Zauberer spricht:
Ein Gewisser hat mich aufgesucht.
Er sagt, dass er unseren n'tana getötet hat.
Jede Wunde, die ihm zugefügt wurde, kommt von n'tana her,
den er getötet hat.
Jede Krankheit, die ihn befallen hat,
kommt von n'tana her,
den er gegessen hat.
Möge jede Krankheit, an der er leidet, unmittelbar heilen!
Der, der das Tier getötet hat, spricht:
Mein Vater, verzeih mir.
Ich habe getötet (hier folgt der Name des Tieres n'tana).
Ich biete dir gestampfte Gerste an;
  zu deiner Ehre schütte ich gestampfte Gerste vor dir aus.
Gewähre mir Frieden. Verzeihe mir!
Verleihe mir eine glückliche Zukunft!
Befreie mich von jeder bösen Krankheit,
  befreie mich von allem Leid!

Bitte an einen Toten bei seinem Begräbnis

Verzeihe uns, mache dir keinen Kummer, wir zollen dir Achtung. Sei glücklich in deinem Leben im Reich der Unsichtbaren. Schicke uns Regen zur Winterszeit, schenke uns reiche Ernten, ein rüstiges Alter, Kinder und Frauen. Verleihe uns Wohlstand. Sieh dieses Wasser, mache dir keinen Kummer, verzeihe uns, schicke uns Regen zur Winterszeit und eine reiche Ernte. Der Wind möge von Westen oder von Osten, von Norden oder von Süden kommen, er möge uns immer ein günstiger Wind sein.

Gewähre uns ein langes Leben, reiche Nachkommenschaft, Frauen und Wohlstand.
Unser Vater ist tot, man hat es uns gesagt, er ist tot!
Ihr jungen Leute, schaufelt das Grab richtig mit Erde zu, und keinem bösen Medizinmann, keiner Hyäne, keinem wilden Tier soll es gelingen, den Leichnam auszuscharren!

Dinka (Oberes Niltal)

Gesang der Schöpfung

Zu der Zeit, da Gott alle Dinge schuf, erschuf er die Sonne,
und die Sonne wird erschaffen, geht unter und kehrt wieder.
Er erschuf den Mond.
Und der Mond wird erschaffen, geht unter und kehrt wieder.
Er erschuf die Sterne.
Und die Sterne werden erschaffen, gehen unter
und kehren wieder.
Er erschuf den Menschen.
Und der Mensch wird erschaffen,
stirbt und kehrt nicht mehr wieder.

Gebet eines Sterbenden

Wenn ich auch einen Menschen mich hassen sähe,
ich würde ihn lieben.
O Gott Vater, hilf mir, Vater!
O Gott Schöpfer, hilf mir, Vater!
Wenn ich auch einen Menschen mich hassen sähe,
ich würde ihn lieben.

Schilluk (Oberes Niltal)

Gebet an Gott und seinen Sohn Nyakang

Dich loben wir, dich, der du Gott bist. Beschütze uns, wir sind in deiner Hand. Beschütze uns, rette mich. Du und Nyakang, ihr seid die Einzigen, die erschaffen haben, die Menschen sind in eurer Hand, und du, o Nyakang, stehst, wie auch sonst, Gott bei, unser Heil zu erwirken, und du bist es, der den Regen schickt.
Dir gehört die Sonne, dir der Strom, o du, der du Nyakang bist. Du kommst aus den Gebieten unter der Sonne im Süden, du und dein Vater, ihr beide habt die Erde gerettet, und mit deinem Sohne Dok habt ihr alle Völker unterjocht. Hier ist der Ochse für euch, und sein Blut wird zu Gott und dir gehen.

Juok (hier: Gott) ist bei den Stämmen des oberen Niltales der Name des höchsten Wesens. Nyakang ist eine Gottheit, die zwischen den Menschen und Juok vermittelt. Dok ist der Sohn Nyakangs

Aufforderung an den Stammesgeist

O Schilluk, du Ursache des Zugrundegehens des Landes:
warum nicht kehrst du zurück zu Gott da oben?
Zu Gott dem Beschützer, der regiert das Land?
Gott der Geber regiert das Land!

Opfergebet nach der Genesung

Ich flehe dich an, du Gott,
ich bete zu dir während der Nacht.
Wie sind alle Menschen behütet von dir alle Tage!
Und du schreitest inmitten des (hohen) Grases,

und ich schreite mit dir:
Wann ich schlafe im Hause,
du schläfst mit mir.
Zu dir bete ich um Speise,
und du gibst sie den Menschen:
und um Wasser zu trinken,
und die Seele ist behütet durch dich.
Niemand ist über dir, du Gott!
Du wurdest der große Vater Nyakangs,
und du bist es, Nyakang, der mit Gott wandelt:
du wurdest der große Vater der Menschen
und deines Sohnes Dok.
Wenn eine Hungersnot kommt,
ist sie nicht von dir herbeigeführt?
So wie diese Kuh da steht, ist es nicht deshalb,
wenn sie stirbt, geht nicht ihr Blut zu dir?
Du Gott, zu wem sollen wir beten?
Ist es nicht zu dir?
Du Gott, und der du wurdest Nyakang,
und sein Sohn Dok,
aber die Seele des Menschen, ist sie nicht dein eigen?
Du bist es,
der aufhebt den Kranken.

Giur (Sudan)

Gebet für einen Kranken

Juok, mein Vater, hilf uns, dass der Sohn gesund wird, –
ich habe mir nie angeeignet, was einem anderen gehörte,
ich habe nichts gestohlen, um mich mit seiner Mutter verheiraten zu können.

Meine Seele ist von Sünden frei.
Jetzt kaufe ich bei dir meinen Sohn mit einem Hammel los.
Lass den Sohn gesund werden, mach, dass er gesund wird.

Asien

Im nördlichen Asien, insbesondere in Sibirien, ist der Schamanismus die am weitesten verbreitete Religionsform der Stammeskulturen. Nachdem er durch eine lange Krankheit, übernatürliche Erscheinungen, Träume oder Ähnlichem seine Berufung erkannt hat, durchläuft der angehende Schamane eine Ausbildung. Dabei wird er teils von bereits erfahrenen Schamanen, teils durch Eingebungen der Geistwesen selbst unterrichtet. Am Ende der Lehrzeit erfolgt eine Einweihung, in der meist visionär die Zerstückelung des eigenen Körpers erlebt wird. Die Geister reinigen die einzelnen Körperteile und setzen sie neu zusammen. Dies bedeutet den Tod der bisherigen Existenz und den Beginn der schamanischen Tätigkeit. Deren Hauptinhalt besteht in der Kontaktaufnahme mit den jenseitigen Bereichen. Wenn der Schamane mittels Tanzen, Singen und Trommeln in Trance gefallen ist, kann seine Seele in den Himmel oder auch in die Unterwelt reisen, um von den dortigen Wesen Auskünfte über die Ursachen von Krankheiten und Unglücksfällen zu erhalten. Ferner teilen ihm die Geister mit, welche Opfer sie zur Behebung der Störung erwarten. Weitere Aufgaben des Schamanen bestehen in dem Geleit von Totenseelen ins Jenseits, der Dämonenaustreibung sowie der Versöhnung der Seelen getöteter Tiere.

In Süd- und Südostasien existieren Stammeskulturen überwiegend nur noch in Rückzugsgebieten, in die sie von den missionierenden Religionen gedrängt wurden. Die indischen Ureinwohner (Adivasi) führen ein Schattendasein in der hinduistischen Mehrheitsgesellschaft, in Thailand, Laos, Kambodscha, Vietnam, Korea und Japan herrscht der Buddhismus vor, in Indonesien der Islam und auf den Philippinen der Katholizismus.

Tataren

Opfergebet

Für das Leben, dass es nicht aufhöre,
für das Haus, dass es nicht zerstört werde.
Nach der von den Alten begonnenen Sitte beten wir an
und verneigen uns mit Haupt und beiden Schultern:
Möge unser Gebet gehört werden
  jenseits des klaren Himmels!
Möge alles gelangen zum Weißen Schöpfer,
  zum Großen Gott!
    Der Vorbeter: O Himmel!
    Das Volk: O Himmel!
Nach dem von den Alten begonnenen Brauch
  (wende ich mich an dich),
du reiche Birke mit silberner Rinde und goldenen Blättern,
die du eine knotige Spitze hast mit neun Verästelungen.
Ohne ein Würzelchen abzubrechen,
haben wir dich aus der schwarzen Erde ausgegraben,
auf die Spitze des weißen Gipfels gebracht und eingegraben.
Und wir verneigen uns vor dir mit Haupt
  und beiden Schultern:

Möge davon gehört werden jenseits des klaren Himmels,
möge all das berichtet werden
den weißen Schöpfer-Göttern!
Der Vorbeter: O Himmel!
Das Volk: O Himmel!
Nachdem wir dem weißen, schwarzwangigen Lamm
ein Knie gebogen
und dreimal die reiche, goldblätterige Birke
umwandelt haben,
bringen wir dir das Opfer dar,
nachdem wir ihm die Eingeweide ausgerissen haben:
Möge unser Opfer zu den großen Göttern gelangen
und uns Hilfe und Schutz erlangen!
Der Vorbeter: O Himmel!
Das Volk: O Himmel!
Für die Wohnung meines Volkes,
für das Gras des weidenden Viehs!
Für das von den Russen gesäte Getreide,
dass es aufgehe!
Nach der von den Alten begonnenen Sitte beten wir an
und verneigen uns mit Haupt und beiden Schultern:
Möge alles gehört werden jenseits des klaren Himmels,
möge alles berichtet werden den weißen Schöpfer-Göttern!
Der Vorbeter: O Himmel!
Das Volk: O Himmel!
Stürme mögen nicht wehen über die Erde hin,
Elend möge uns nicht befallen!
Auf der schwarzen Erde möge das Gras wachsen,
vom Herrn Himmel möge der schwarze Regen
herabkommen!
Wir bitten:
Möge all das gehört werden in den neun Himmeln!
Möge all das gehört werden von den neun Schöpfern,
die über den neun Himmeln wohnen.

Der Vorbeter: O Himmel!
Das Volk: O Himmel!
Eine Kraft möge sein,
die nicht stirbt!
Eine Glücksfülle möge sein,
die nicht verwelkt!
Wir bitten nach der von den Alten begonnenen Sitte:
Möge all das gehört werden von den großen Göttern!
Der Vorbeter: O Himmel!
Das Volk: O Himmel!
Dass wir weiße Köpfe haben
und Pferdezähne!
Nach der von den Alten begonnenen Sitte
haben wir den weißen Göttern ein Opfer gebracht,
nachdem wir ihm die Eingeweide herausgerissen,
unter der reichen, goldbeblätterten Birke.
Unter dem blauenden Himmel,
auf der schwankenden schwarzen Erde,
vom Ende der schwarzen Erde
bis zum Beginn des Herrn Himmel
bringen wir das Opfer dar den großen Göttern,
auf dass die roten Würmer auf den Schwarzköpfen,
die von Gott geschaffen sind,
nicht aufhören zu leben!
Möge unser Opfer zu den Göttern gelangen!
Der Vorbeter: O Himmel!
Das Volk: O Himmel!

Teleuten (Sibirien)

Gebet an Ulgan

Der du in der Höhe wohnest,
Tängärä Kan, Kan Abyyas,
der auf Erden Gras hervorrief
und die Blätter auf den Bäumen!
Der am Schenkel Fleisch geschaffen
und die Haare auf dem Haupte!
Du der Schöpfer des Geschaff'nen,
du der Himmel des Bereit'ten.
Himmel, der die Stern' hervorbracht!
O ihr sechzig mächt'gen Fürsten,
die erhoben mir den Vater!
Du der hohe Ulgön Bai,
der erhoben mir die Mutter!
Du der Schöpfer des Geschaff'nen,
du der Himmel des Bereit'ten,
Himmel, der die Stern' hervorrief!
Herr Gott, du verleihe Vieh!
Herr Gott, du verleihe Brot!
Gib dem Hause du ein Haupt!
Du der Schöpfer des Geschaff'nen,
du der Himmel des Bereit'ten,
Himmel, der die Stern' hervorrief!
Durch den Vater flehe an dich:
Gib den Segen mir, o Vater!
Vater, stehe du doch bei
meinem Haupte hier im Hause,
auf dem Felde meinem Vieh!
Gott mög' seinen Segen geben!
O du Schöpfer des Geschaff'nen,
O du Himmel des Bereit'ten,
Himmel, der die Stern' hervorrief!

Zwei Gebete zu den Erdgeistern

A. Mein stählerner Berg, den die Sonne nicht umkreisen
kann,
mein goldener Berg, den der Mond nicht umkreisen kann,
der du meiner Herde in den Ställen deine Gunst bezeugst,
wird nicht auf unserem Nabel eine Unreinheit
zurückbleiben?
Wird nicht an unserer Wimper eine Träne haften?

B. O mein Berg Sumar Ulan,
mein Meer Sut, mein Berg Sumar!
Kann er Entscheidungen fällen, die Gold wert sind,
kann er meinem Haupte, das grau wird, Frieden geben?
Und Berge, Flüsse und Meere antworten:
Vergesst uns nicht, verlasst uns nicht!
Dein weißes Volk möge auf der Erde wohnen!

Gebet zu Mai-änä, der Kinderbeschützerin

Dreißigköpfige Feuermutter,
vierzigköpfige Jungfraumutter,
du, die du alles Rohe kochst,
du, die du alles Gefrorene auftaust!
Lass dich hernieder, umhege,
und sei hier als Vater!
Lass dich hernieder, bedecke,
und sei hier als Mutter!
Du, die du den Schmutz im Seewasser abgewaschen hast,
du, die du die Nabelschnur mit dem weißen Span
abgeschnitten hast,
du, die du dein Getränk in dem Milchsee hast!
Du, die du den Spielplatz auf dem Berge Surum hast!

Mit kammartigen Haaren, Mai-änä!
Unter vierzig Jungfrauen, reine Mai-änä!
Unter dreißig Jungfrauen, reine Mai-änä!
Mit dem reinsten Munde, Mai-änä!
Du, die du dich heruntergelassen vom weißen Ülgen!
Du, die du dich heruntergelassen vom mondähnlichen Regenbogen!
Du, die du dich heruntergelassen am sonnenähnlichen Regenbogen!
Du, die du dich heruntergelassen, dich stützend auf den Gabelstock!
Du, die du dich heruntergelassen, dich haltend an den goldenen Bogen!
Du, die du den kammähnlichen Kopf hast, Mai-änä!
Schrecke nicht die Sprösslinge!
In die Achselhöhle lege sie,
in dem engen Schoß herze sie!
Unter den rechten Arm lege sie,
mit der rechten Brust nähre sie!
Dem bösen Auge zeige sie nicht,
vom bösen Wunsch bewahre sie!
Wenn von der Seite ein böser Geist kommt,
so spanne den goldenen Bogen!
Den heranstürmenden bösen Geist lass nicht heran!
Schädlichen Wind lass nicht heran!
Alles Schädliche lass nicht heran!
Zu allem Guten führe an der Hand!
Das Aufwachsen des Geistes behüte!
Die Wurzel des Heidekrautes befestige!

Beschwörung der himmlischen Vögel Märküt

Ihr himmlichen Vögel, o fünf Märküt,
mit den mächtigen ehernen Krallen,
ehern ist die Scheibe des Mondes,
stählern der Schnabel.
Weite Flügel mit mächtigen Schlägen,
ein langer Schwanz in der Gestalt eines Fächers,
wobei der linke Flügel den Mond,
der rechte die Sonne bedeckt.
Mutter der neun Adler,
die den Yaik überfliegt, ohne ihre Bahn zu verlieren,
die nicht ermattet beim Flug um den Edil herum,
komm an meine Seite und singe,
komm an mein rechtes Auge und scherze,
setze dich auf meine rechte Schulter.

Gebet zum Hausgeist

Du bist der helle Herr,
ich bin der stumme Diener.
Du bist der hohe Herr,
ich bin der Sklave,
der sich dir im Gebet nähert.
Welchem Herrn muss ich mich beugen?
Zu welchem der Herren muss ich beten?
Du, der Diener aller Fürsten,
der Führer aller Herren,
schicke mir einen neuen Boten,
der mir den Weg weisen möge.

Hier antwortet ein lässig gekleideter Mensch mit erhobener Stimme, gleichsam um stellvertretend für den Geist, der angerufen wurde, zu antworten:

Flehe Pyrkam Tengre an,
bitte den Vater Pyrkam.
Nimm die Anordnungen dieses Fürsten
in Demut in dir auf.
Wende dich Pyrkam Tengre zu.

Gebet an Ulgan

Donnerwerfer, Blitzeträger,
Feuerschläger, Feuersenger!
Er zerstört die dunklen Wälder,
er zerstückelt sie zu Löfflein.
Er lässt das Holz erknarren,
er zerbröckelt die festen Steine,
er macht den Feuerstahl dem Feuerstein gleich.
Wenn er Lärm macht,
wird die Welt erschüttert.
Wenn er stampft,
stürzen unsere dunklen Wälder zusammen.
Den fremden Leuten
erbeben ihre fremden Herzen.
Den eigenen Leuten erzittern ihre fleischernen Herzen.
Der achtkörnige Steinhagel schlägt den Altai-Kansi.
Sei nicht grausam gegen uns!
Wir bitten um deine Gnade,
mit deinem Steinhagel erschlage nicht das Volk.
Himmel mit Mond und Sonne,
die Wolken wälzend, Sonne und Mond bewegend!
Die Herzen der Fremden erschreckend,
unsere fleischernen Herzen zermalmend!

Monatsgebet des Fürsten an das Altai-Gebirge

Und ich spreche zum Altai:
»Mein Altai!« – und bete.
Er wird für immer das Volk festigen,
von Geschlecht zu Geschlecht es glücklich machen.
Möge er sie wegziehen lassen,
wenn die Krankheit kommt!
Wenn das Grässliche kommt,
möge er es abwenden!
Möge er sein ein undurchdringlicher Panzer gegen die Pfeile!
Möge er sein eine unüberwindliche Rüstung gegen den Feind!
Ich bete mit der Stimme singender Vögel:
Jetzt, zu Jahresbeginn, wird er uns gesund
  und glücklich machen?
Unter dem weißen Lichte des Himmels
  auf diesem meinem Altai.
Werde ich ruhig und gut leben?
Führe mich nicht in das Dunkel,
verwickle mich nicht in alles Schlechte!
Solange noch mein schwarzes Haupt besteht,
werde ich wohl unter den Zinspflichtigen leben?
Werde ich ruhig unter der Bevölkerung leben,
so dass mich niemand beleidige?
Wird er mir Kraft schaffen?
Führe mich nicht in das Schlechte hinein!
Sterbe ich erst, wenn ich alt geworden bin?
Unter diesem weißen Licht
  werde ich reinen Gewissens leben,
Mit diesen meinen Zinspflichtigen
  werde ich leben ohne alles Schlechte?
Möge dieser mein anerkannter Gott eine Gnade erweisen!
Dieses mein lobpreisendes Volk
möge sich nicht ins Unrecht setzen,

möge es immer fröhlich sein!
Dass mein Name auf Monatslänge hin nicht schlecht sei!
So segne ich meine Zinspflichtigen,
soll mein Segen sein:
Dieser mein verehrter Gott
wird, meinetwegen, mir eine Gnade erweisen.

Tungusen (Sibirien)

Gebete des Dunankan-Clans

Gebet gegen Krankheit

Eine Waise stammelt Torheit.
Aber neige dein Ohr zu allem, was sie sagt.
Anduris Gesandter, schützend Tor und wärmend Haus,
Süd-Vater vom Süd-Land,
   schützend vor Unglück und abwehrend das Böse,
Anduri. Vater, höre!
Heute fesselt Krankheit die Familie:
Vorübergehend, verteidige vor Krankheit dein Volk
   von der unteren Welt!
Jemand, der vor dir sich niederwirft,
jemand, der vor dir betet,
hat reines Rauchwerk angezündet.
Reinige mit heißem Quellenwasser,
beschütze gegen Missgeschick!
Heile die Familienglieder desjenigen,
der sich vor dir neigt.
Vater, sende weg Kinderkrankheiten
von dem, der jetzt betet!
Mutter, beschütze vor dem Bösen

denjenigen, der jetzt betet!
Wasche ihn mit kaltem Quellwasser,
hebe seinen Kopf empor vom Kissen,
lass es ihm besser gehen von Tag zu Tag,
lass ihn frisch atmend vom Bette sich erheben!
Heile alle Krankheiten schnell,
reinige die Eingeweide!
Stelle wieder her acht Generationen!
So zu Mitternacht habe ich in gutem Herzen
und mit guten Worten um jegliches Ding gebetet.

An die Polarsonne

O Sonne!
Gib uns, dass wir wohlbehalten die Tage verleben!
Erhalte den Atem!
Gib uns das Glück des Wohlergehens!
Verlass uns nicht für die Zukunft!
Bis zu dieser Zeit!

Gebet an die Toten

Schattenvolk!
Kletternd an den Graten der Bergrücken,
trottend entlang den rauen, steinigen Weg,
lautlos sprechend entlang dem Schattenweg alter Großväter,
vorwärts spähend nach dem dämmerigen Weg,
lungernd in den neun Gräbern,
darin wird keine Lüge sein.
Setzet euch nieder mit untergeschlagenen Beinen auf die
Seitenplätze der Hütte,
horchet, ihr Alten von der Totenwelt!

Sorgfältig horchet auf euren Mann von der niedern Welt,
der da spricht und der die dicken Strohtiere gemacht hat.
Versteht ihr den, der spricht?
Was immer auch nehmet an von eurem dummen Kind,
von dem mit Wurmholz bedeckten Platz,
der sich selbst beschmutzt in der Asche,
schwachsinnig, dumm wie Holz, der nichts versteht.
Nehmet folgsam die Eingeweide, die ausgestellt sind,
nehmet ohne Feindschaft, nehmet an die dicken Strohtiere!
Iss das Blut, iss die Suppe, nimm auf die Leber!
Ich hebe auf das Fleisch auf der Opferplatte,
auf die ich es gelegt habe wie einen Berg,
und aufgehäuft habe wie ein Bündel.
Gebt Jagdglück!
Wenn irgend etwas ihr annehmt,
glaubet mir, eure dummen Kinder werden dankbar sein.
Schauet nach dem schwarzen Hund,
trottet entlang den rauen, steinigen Weg!
Bedeckt mit der Netztasche,
gehet voran!
Die dummen Leute werden sich fragen:
So viel erwartet ihr von ihrem Nachbar.
Du wirst übel treffen dumme Menschen,
du wirst schlagen dumme Menschen.

Ainu

Gebet zum heiligen Bären

O göttliches Wesen, du bist in die Welt gesandt worden, damit wir Jagd auf dich machen. O kostbares kleines göttliches Wesen, wir beten dich an; höre unser Gebet. Wir haben dich mit viel Mühe genährt und aufgezogen, weil wir dich sehr lieben. Nun, da du groß geworden bist, schicken wir dich zu deinen Eltern zurück. Wenn du bei ihnen bist, sprich Gutes über uns und erzähle ihnen, dass wir gut zu dir gewesen sind. Wir bitten dich, zu uns zurückzukommen, und wir werden dich opfern.

Ein anderes Gebet zum heiligen Bären bei seiner Opferung

Nun werden wir zu deiner Ehre ein großes Fest veranstalten. Fürchte dich nicht, wir werden dir nichts Übles antun: Wir werden dich nur töten, um dich zum Gott des Waldes, der dich liebt, zu schicken. Wir werden dir ein gutes Fressen bereiten, das beste, das du je bei uns gehabt hast, und wir werden dich alle gemeinsam beklagen. Aino, der dich töten wird, ist unser bester Jäger, sieh ihn nur an da, wie er weint und dich um Verzeihung bittet; du wirst durchaus keine Schmerzen spüren, es wird alles in einem Augenblick vorüber sein. Du begreifst, dass wir dich nicht für immer halten können, wir haben genug für dich getan, nun bist du an der Reihe, dich für uns zu opfern. Bitte den Gott, uns, solange der Winter herrscht, Fischotter und Zobel in reichem Maße zu schicken und für die Sommerzeit Robben und Fische in Menge. Vergiss nicht unsere Botschaften, wir lieben dich sehr, und unsere Söhne werden dich nie vergessen.

Hochzeitsgebet

Wir haben hier und jetzt festgesetzt, unseren Sohn und unsere Tochter zu verheiraten, darum, o Göttin des Feuers, höre du und sei du dabei Zeugin. Bewahre dieses Paar vor Krankheit und wache über sie, dass sie alt werden!

Burjäten (Baikalsee)

Hymne an Buxa Noyon

Se – ex!
Mit Gnaden beschenkend,
Esege Malan Tengere!
Der Burjäten Geburt vorausbestimmend,
Buxa Noyon, Vater!
Butan Xatun, Mutter!
Von der Höhe des großen Himmels
die Himmelsröte beleuchtend,
mit deinem breiten Rücken
auf weiter Erde niedersitzend!
Mit baumelndem Kropfe
des Sees Steinufer betretend,
das milchweiße Meer
auf unbekannter Furt durchschwimmend!
Mit den mächtigen Hörnern
den Hümer Berg anstoßend,
herrlichen Sitz dir schaffend,
auf weiter Erde niedersitzend!
Mit schwarz-breiten Hufen
unendlichen Weg dir bahnend,
in dem großen, breiten Lande
auf weiter Erde niedersitzend!

Buxa Noyon ist einer der drei Himmelsfürsten, die auf die Erde geschickt sind. Sein Name bedeutet »Herr des Stiers«, und man glaubt, dass er Geburt und Geschick aller Burjäten vorherbestimmt. – »Se-ex« ist ein Anruf ohne bestimmte Bedeutung, der bei den Gebeten der Burjäten häufig wiederholt wird.

Gebet, um die Seele eines Verstorbenen zurückzurufen

Dein Vater ist Abosi,
deine Mutter war Ersin,
dein Name ist Irdeni …
Wo befindest du dich,
wohin hast du dich begeben?
Deine aus ferner Gegend gekommene Gattin,
die sich fürs Leben mit dir vereinigt hatte,
ist in trauriger Einsamkeit allein geblieben
und sitzt klagend in der Jurte.
Sie starrt mit tränenden Augen auf die Wände
und erinnert sich an ihr glücklich-freudiges Leben
  mit dir,
jetzt weint und jammert sie,
von Kummer bedrückt.
Deine ihrem Leib entsprossenen lieben Kinder
rufen nach dir mit Weinen und Schluchzen:
»Vaterlein, wo bist du? Komm zu uns!«
Höre ihren Ruf und komm rasch hierher!
    A-xurui!
Deine älteren und jüngeren Brüder,
deine betagten Eltern, die Dorfältesten,
deine Freunde und Altersgenossen,
alle haben sie sich hier versammelt.
Unter Tränen bitten und beschwören sie dich,
du möchtest zu ihnen zurückkehren!
Wenn du ihr einstimmiges Rufen und Flehen hörst,
kehre eilends zurück zu deinen Verwandten!
    A-xurui!
Dein Lieblingspferd steht gesattelt
und wartet auf dich:
Kehre zurück zu deinem Pferd!

Wenn du es im Stich lässest,
so wird irgendein Gesindel auf ihm reiten.
Hab' Erbarmen mit deinen Pferden
und kehre rasch zu ihnen zurück!
A-xurui!
Alle deine schönen und reichen Kleider
ohne Fehl und Mangel,
ohne Schmutz und Staub,
liegen da.
Kehre zurück
und nimm sie in Besitz!
Du wirst dich ihrer erfreuen
noch viele Jahre hindurch.
A-xurui!
Komm, dein ganzer Haushalt
ist in voller Ordnung
und glänzender Pracht.
Kehre zurück
und nimm ihn in Besitz!
Du wirst dich seiner erfreuen
noch viele Jahre hindurch.
A-xurui!
Dein geliebtes Weib
und deine lieben Kinder,
so plötzlich zu Waisen geworden,
schreien mit hoffnungslosem Weinen und Schluchzen
und rufen dich mit gramvollem Herzen:
»Väterlein, wo bist du?«
Höre sie, habe Erbarmen
und kehre zu ihnen zurück!
A-xurui!
Deine zahlreiche Pferdeherde verlangt dich laut wiehernd
und ruft in Betrübnis:
»Wo bist du, unser Herr?

Kehre zurück zu uns!«
        A-xurui!
Deine zahlreiche Hornviehherde, mit Gebrüll
ruft sie dich, ihren Herrn.
Höre ihren sehnsüchtigen Ruf
und kehre doch zu ihnen zurück!
        A-xurui!
Die ganze Herde deiner Schafe,
mit gramvollem Blöken
ruft sie dich, ihren Herrn:
Kehre du zu ihnen zurück!
        A-xurui!
Dein Hund, den du aufgezogen,
ruft dich auf dem Hofe,
bellend und winselnd:
Kehre zurück zu ihm!
        A-xurui!
Das Feuer, das du auf dem Herde entzündet,
wird unauslöschlich brennen zehntausend Jahre!
Dein wohlgeborener Leib
wird neunzig Jahre frisch und gesund bleiben!
        A-xurui!
Deinen ungeheuren Reichtum
und deine herrliche Wohnung,
lass sie nicht im Stich!
Kehre schnell zurück,
nimm sie in Besitz
und lass es dir wohl ergehen!
        A-xurui!
Siehe, die vollen Tische sind gerichtet mit deinen Leckerbissen: mit süßsaurem Tarak, nahrhaftem Amxan (Milchgriessuppe), mit gekochtem Salamat, mit goldgelber Butter in Hülle und Fülle, und Rahm mit Tarak. Sieh, gekochtes Fleisch, fettes Fleisch ist eine Schüssel voll für dich hingestellt. Dazu noch Tee

mit Zucker und Zuckergebäck. Komm zurück und mach dich an die nahrhafte Mahlzeit, genieße diese Leckerbissen! Und höre, wie dich die liebe Familiengemeinde, die ehrwürdigen Dorfgreise, die Nachbarn und alle nahen und fernen Verwandten, die im Kreise sitzen, rufen und bitten. Durch Tränen und traurige Gesänge drücken sie ihre Niedergeschlagenheit über deinen Verlust aus. Alle halten sie, nachdem sie den obersten Teil ihrer Kleidung geöffnet, jeder in der Hand die besten Bissen der geweihten Speisen und verschiedene wohlschmeckende Getränke und beten gemeinsam und singen im Chore ihre Bitte an dich, zurückzukehren.

A-xurui!
Wisse wohl,
dass das Jenseits dunkel, kalt und öde ist,
diese unsere Welt hell, warm und angenehm ist.
Deshalb kehre zurück!
Auf deinem Gehöft
wirst du dein eigener geehrter Herr sein!
In deinem Lande
wirst du der Oberbeamte sein!
A-xurui, a-xurui, a-xurui!

Gebet beim Opfermahl

Zu meinem Munde füget einen Mund hinzu,
zu meiner Zunge füget eine Zunge hinzu!
Zu meinem Leibe füget einen Leib hinzu!
Zu meinen Händen füget Hände hinzu,
zu meinen Füßen füget Füße hinzu!
Seht ihr, Besitzer, um was ich euch bitte,
und warum ich euch anrufe!

Malaien

Gesang zur Vertreibung der Dämonen

Eins, zwei, drei, vier, fünf, sechs, sieben!
Nimm ab, Fieber, und lass nach
im Fleisch und den Knochen und den Gelenken und den Sehnen,
reiße heraus und vertreibe alle bösen Feinde und Teufel.
Öffnet und befreit euch, ihr bösen Feinde und Dämonen,
entflieht, ich bitte euch, all ihr bösen Feinde und Dämonen.
Busu, bring den aufsaugenden Mehlkloß herbei,
Busu, bring den Mehlbrei zum Entgiften herbei,
um diese Schmerzen im Fleische und den Sehnen zu lindern.
Und du, Fieber, nimm ab,
und all die bösen Geister und Dämonen
seien aus deinem Herzen und deinem Geiste vertrieben.
Busu, bring die Blume des Tenglang
und singe in der Laubhütte, der Laubkammer.
Bringe, Busu, all diese bösen Feinde zusammen
und jage sie vor der Klinge deines Messers
bis zu dem Felsen, der Perimbum genannt wird;
und dort, bei Perimbum, sollen sie bleiben,
und unsauber sei Perimbum durch sie für immer.

Gebet zur Seele des Reises

Zauberformel, um die Seele des Reises anzurufen

Männliches und weibliches Reisboot*!
Kluck, Kluck, Kluck, eure Seelen rufe ich an,
die Mädchen und die Jungen mögen kommen,
wir sehnen uns danach,
euch nach Hause zu tragen,
Seelen der Reispflanzen, S'lotan, Borak,
Jambi, Pulut**, Mais, Bananen.
So bringen wir euch nach Hause,
schlummert nicht länger im Erdboden,
schlaft nun hinter unseren Vorhängen***.

* Das Reisboot ist eine Schachtel in Form eines Bootes, in der die Malaien den zu kultischen Zwecken bestimmten Reis aufheben. Die Einteilung der Seelen des Reises in männliche und weibliche hängt mit den sehr komplizierten Fruchtbarkeitszeremonien zusammen.
** Namen der verschiedenen Reisqualitäten.
*** Unter den »Vorhängen« sind die Moskitonetze zu verstehen.

Gebet beim Bau eines Hauses

Ho, Raja Guru, Maharaja Guru,
ich kenne den Ursprung, von dem ihr stammt,
vom Aufleuchten der Spuren des Lichts;
ich kenne den Ursprung, von dem ihr stammt,
vom Morgenrot des Tages.
Ho, Gespenst der Erde, Hirn der Erde,
Dämon der Erde,
zieht euch zurück von hier
in die Tiefe des Ozeans,

in den Frieden des Urwaldes.
Zwischen euch und mir
wurde von Adam schon eine Trennung geschaffen.

Die »Guru« sind Dämonen der Zerstörung, gegen die das neu gegründete Haus geschützt werden soll.

Batak (Sumatra)

Opfergebet

Eines Sinnes mit unserem Großvater,
dem großen Gott,
der den Leib bildet,
der die Brust breit macht,
der die Waden feist macht,
der die Finger schlank macht,
der den Kopf rund macht,
hell das Auge, hörend das Ohr,
Hörend sei dein Ohr, hell dein Auge,
uns zu bewachen, dass wir gesund und wohlauf.
Gib uns Söhne, die kriegerisch,
Männer des Rats und Vorkämpfer.
Gib uns Töchter, die da kochen können
einen großen Topf,
die geschickt sind zu weben,
willig zu schenken.
Zahlreich sind die Sterne.
Es ballen sich die Wolken.
So seien die Söhne zahlreich
und mögen sich mehren die Töchter.

Babar-Archipel

Gebet um Fruchtbarkeit

Das Gebet wird vom Vater einer großen Familie gesprochen, während er über das Haupt der Frau, die um Fruchtbarkeit bittet, einen Vogel hält. Die Frau hält eine Puppe aus roter Baumwolle im Arm, wie wenn sie ihr Milch gebe.

O Opulero, nimm diesen Vogel an. Lass dein Kind fallen und hinuntersteigen. Ich bitte dich, ich flehe dich an: Lass ein Kind durch meine Hände und unter meine Knie fallen und herabsteigen.

Hymne auf die Schöpfung

Er allein war. Taaroa war sein Name. Sein Reich war der weite Weltraum. Es gab weder Erde noch Himmel noch Menschen. Taaroa ruft; aber nichts antwortet ihm; da er allein existierte, verwandelte er sich in das All. Taaroa ist die Wurzel; Taaroa sind die Felsen; Taaroa ist der Sand. Daher kommt sein Name zustande. Taaroa ist das Licht. Taaroa ist der Ursprung; er ist die Stütze. Er ist der Unbestechliche, der Tapfere, der das All erschuf, das große und heilige All, das nur eine Muschel Taaroas ist. Er setzt es in Bewegung und schafft Harmonie in ihm. Ihr Stützen, ihr Felsen, ihr Sandmassen! Wir sind ... Kommt, ihr, die ihr diese Erde gestalten müsst. – Er formt sie, formt sie noch immer; aber diese Stoffe wollen sich nicht zusammenfügen lassen. Dann lässt er mit seiner rechten Hand die sieben Himmel aufziehen, um daraus die erste Grundlage zu schaffen, und das Licht ist erschaffen, verschwunden ist das Dunkel. Im Lichte lässt sich alles schauen: Das Innere des Alls strahlt. Der Gott gerät angesichts der ungeheuren Größe und Weite in Verzückung. Er tritt aus sich heraus. Die Unbeweglichkeit ist verschwunden; nun herrscht die Bewegung. Die Boten haben ihren Dienst erfüllt; der Redner hat seine Aufgabe erfüllt; die Stützen sind gefestigt: die Felsen stehen an ihrer Stelle; die Sandmassen sind ausgestreut. Die Himmel drehen sich; die Himmel haben sich gehoben; das Meer erfüllt die Tiefen; das All ist geschaffen.

Lolo (Vietnam)

An die Toten

Ich habe euch einen angenehmen Ruheplatz bereitet,
ich bitte euch, hier einzutreten.
Ich werde euch zu einem Ort der Wonne führen.
Dort werdet ihr in Frieden leben,
ohne mit euren Besuchen den Söhnen Beschwer
zu verursachen.
Eure Nachkommen werden euch Achtung
und Ehre erweisen.
Vergeltet es ihnen, indem ihr ihnen euren Schutz gewähret!

Amerika

Ab etwa 30 000 v. Chr. wurde Amerika über die damals noch bestehende Landbrücke zwischen Nordostasien und Alaska besiedelt. Im Gefolge von Tierherden nahmen asiatische Jägervölker zuerst Nordamerika in Besitz, um 8000 v. Chr. hatten sie die Südspitze des Kontinents erreicht. Der Name »Indianer« geht auf Kolumbus zurück, der glaubte, auf seiner Expedition an der Küste Indiens gelandet zu sein. Ihre starke Naturverbundenheit drückt sich in der Ansicht der Indianer aus, die Erde sei ihre Mutter. Sie gebiert Menschen wie Tiere, alle Lebewesen haben eine gemeinsame Abstammung. Deshalb ist das Totemtier eines Indianers quasi sein zweites Ich und sein Schutzgeist. Eine allumfassende Kraft hält die Dinge in Gang, die Algonkin bezeichnen diese Kraft mit dem bekannten Namen Manitu, bei den Irokesen heißt sie Orenda, bei den Sioux Wakan Tanka. Es handelt sich jedoch nicht um einen persönlich gedachten Gott, wie die christlichen Missionare glaubten. Vielmehr stehen die verschiedenen Namen für das »Große Geheimnis« als Summe aller Kräfte und Erscheinungsformen. Um ihr Totemtier zu finden und den Willen der heiligen Mächte in Erfahrung zu bringen, begeben sich Indianer an abgeschiedene Orte, wo sie fasten und auf Visionen warten. Besonders begabte Visionssucher können zum Medizinmann ihres Stammes werden. Eine spezielle Form des Gebets ist das zeremonielle Rauchen der Friedenspfeife, was ebenfalls der Visionssuche und der Bitte um Schutz und Beistand durch die Götter dient.

Die südamerikanischen Stammeskulturen wurden genauso wie die nordamerikanischen Indianer im Zuge der europäischen Landnahme stark dezimiert. Dabei half den Eroberern, dass die einzelnen Stämme keine verbindenden Gemeinsamkeiten hatten. Neben den Stadtkulturen der Maya, Inka und Azteken gab es die Urwaldindianer des Amazonas oder die Feuerländer im äußersten Süden. Die Verfolgungen dauern bis in unsere Tage an, beispielsweise durch Goldsucher und Holzfäller, die den Regenwald zerstören und die Indianer vertreiben. Auch bei den südamerikanischen Stammesreligionen geht es darum, die Ordnung der Welt aufrechtzuerhalten, um das Heil der Menschen zu sichern. In der Regel kann der Einzelne selbst mit den Göttern und Geistern in Kontakt treten, nur in schwer wiegenden Fällen ist die Hilfe eines Spezialisten nötig. Heiler und Schamanen kurieren Krankheiten, wehren Dämonen ab und vermitteln zwischen Diesseits und Jenseits. Im Unterschied zu ihren sibirischen Kollegen verwenden südamerikanische Schamanen Rauschmittel, um den Trancezustand zu erreichen, und tun den Willen der Geister während einer Besessenheit kund, unternehmen aber keine Seelenreise.

Thompson-Indianer

Gebet vor dem Verzehren einer Sonnenblumenwurzel

Ich berichte dir, dass ich die Absicht habe, dich zu essen.
Mögest du mir immer helfen zu wachsen,
damit ich bis an die Spitzen
der Berge heranreichen kann, und möge ich nicht
ungeschickt sein!
Um dieses bitte ich dich, Sonnenblumenwurzel,
die du in geheimer Weise die Wurzel von allem bist.

Brasilianische Indianer

Gebet der Frauen an einen Jaguar, der in die Fallgrube geraten ist

Wir bitten dich, nicht an unseren Söhnen dafür Rache zu nehmen, dass du infolge deiner Unwissenheit gefangen genommen und getötet wurdest. Denn nicht wir haben dich getäuscht, sondern du selber. Unsere Gatten legen Fallen nur, um Tiere zu fangen, die gut zu essen sind. Sie wollten dich nicht fangen. Deine Seele möge daher nicht deinen Brüdern den Rat geben, deinen Tod an unseren Kindern zu rächen.

Sioux (Nordamerika)

Abendgebet der Kekchi-Indianer auf der Wanderung

Du, o Gott, du Herr der Berge und Täler! Ein klein wenig deines Essens, deines Trinkens habe ich dir gegeben. Jetzt gehe ich vorüber unter deinen Füßen, unter deinen Händen, ich, ein Reisender.
Es schmerzt dich nicht, es macht dir keine Mühe, mir zu geben allerlei große Tiere, kleine Tiere, du mein Vater! Du hast eine Menge Tiere, den wilden Pfau, den wilden Fasan, das Wildschwein; zeige mir also, öffne mir die Augen, nimm sie und setze sie auf meinen Weg!
Ich sehe, ich schaue sie dann; ich bin unter deinen Füßen, unter deinen Händen; ich bin im Glücke, du Herr der Berge und Täler.
In deiner Macht, in deinem Sinn ist alles Mögliche im Überfluss; von allem möchte ich haben!

Heute muss ich vielleicht meinen Maiskuchen trocken essen und ich bin doch in einem reichen Jagdgelände; es möge Gott sehen, dass es hier nichts Lebendes gibt, vielleicht nur einen wilden Pfau bringe ich, schleppe ich her. Jetzt sehe, schaue ich auch, du mein Gott, du meine Mutter, du mein Vater!
Nur das ist es, was ich sage, was ich denke: Es ist ja nicht Vieles und Gutes deines Essens, deines Trinkens, was ich hergeschleppt habe.
Und mag es nun so oder so sein, was ich sage, was ich denke, ist: Gott, du bist meine Mutter, du bist mein Vater.
Jetzt werde ich also schlafen unter deinen Füßen, unter deinen Händen, du Herr der Berge und Täler, du Herr der Bäume, du Herr der Schlinggewächse.
Morgen ist wieder der Tag, morgen ist wieder das Sonnenlicht. Ich weiß nicht mehr, wo ich dann sein werde. Wer ist meine Mutter, wer ist mein Vater? Nur du, o Gott, du siehst mich, du beschützest mich auf jedem Wege, in jeder Dunkelheit, vor jedem Hindernis, das du verstecken, das du beseitigen mögest, du o Gott, du mein Herr, du Herr der Berge und Täler!
Nur das ist es, was ich sage, was ich denke, sei es nun, dass es mehr, sei es, dass es nicht mehr sein sollte, was ich gesagt habe: Du erträgst, du vergissest meine Verfehlungen.

Prärie-Indianer (Nordamerika)

Stammeshymne von Vergangenheit und Zukunft

Zum Sonnenaufgang
versammelten sich Menschen aller Art
und große Tiere aller Art.
  Sie scharten sich wahrhaftig alle umeinander,
  wirklich wie ein Volk.

Auch Insekten aller Art,
sie scharten sich wahrhaftig dort umeinander,
durch welche Mittel und auf welche Art, wissen wir nicht.
Wahrhaftig, einer von all diesen war am größten
und begeisterte alle Versammelten,
der große, weiße Fels.
Er stand da und reichte bis in den Himmel,
  von Wolken umhüllt,
wahrhaftig, hoch aufragend bis zum Himmel.
So werden meine Kinder von mir sprechen müssen,
so werden sie von mir sprechen.
Dies waren seine Worte, so wurde gesagt.
Dann, als nächster dem Range nach,
standest du, männlicher Kranich, mit deinem langen Schnabel
und deinem Nacken, keiner kam ihm an Länge gleich,
da wühltest du mit deinem Schnabel die Erde auf.
Das wird die Geschichte des Volkes von damals sein,
  des roten Volkes,
so werden meine Kinder von mir sprechen.
Als nächster dem Range nach stand da der,
dessen Brüllen, obwohl er es ohne Kraftanstrengung ausstieß,
die Erde erzittern ließ,
sogar das Festland erzittern ließ.
Das wird die Geschichte des Volkes sein.
Als nächster dem Range nach stand da Hega,
der Bussard, mit seinem roten Nacken.
Ruhig stand er da, seine großen Flügel ausgebreitet,
und ließ die heiße Sonne seine Flügel durchdringen.
Langsam schlug er mit seinen Flügeln, dann flog er fort,
gleichsam schwerelos,
so zeigte er seine Kraft, von der die alten Menschen
  in ihren Berichten oft erzählten.

Gebet zu den Gestirnen und zum Grossen Geist

O große Macht der Sonne! Ich bete für mein Volk, dass es glücklich sei im Sommer und dass es in der Kälte des Winters sein Leben bewahre. Viele sind krank und in Not. Habe Mitleid mit ihnen und lasse sie überleben. Gewähre ihnen, dass sie lange leben und alles in reichem Maße haben. Mögen wir diese Zeremonie in rechter Weise begehen, wie es unsere Ahnen in vergangenen Tagen lehrten. Wenn wir Fehler begehen, so verzeih uns. Hilf uns, Mutter Erde! Denn wir rechnen auf deine Güte. Lass es regnen, damit unsere Prärien das nötige Wasser erhalten, dass das Gras hoch wachse und wir eine reiche Beerenernte bekommen.
O Morgenstern! Wenn du auf uns herabschaust, gib uns Frieden und einen erquickenden Schlaf.
Großer Geist! Segne unsere Kinder, Freunde und Besucher, indem du ihnen ein glückliches Leben schenkst.
Unsere Wege mögen gerade und eben vor uns liegen. Schenke uns ein langes Leben. Wir sind alle deine Kinder, und wir erbitten dies reinen Herzens.

Manitos-Indianer (Nordamerika)

Gebet zum grossen Alten

O du, Großer Alter, ich flehe dich an!
Zu der Zeit, da wir hier zu sieben Personen versammelt waren, setztest du dich auf den siebten Platz, wie uns überliefert, und von den Sieben wusstest du allein über alle Dinge Bescheid.
O Großer Alter, ich flehe dich an.
Wenn die Menschen in ihrer Sehnsucht nach Schutz und Geleit ihr Herz erforschten, um einen Weg zu finden, dann erblickten

sie dich, wie du an einem festen Platz, sicher und beharrlich, weiltest, wo alle Wege hinführen.
Dort, der Gewalt der vier Winde ausgesetzt, saßest du, mit der Macht ausgestattet, unsere Bitten entgegenzunehmen. O Großer Alter, ich flehe dich an!

Die »sieben Personen« sind die Geister der vier Himmelsrichtungen, der Höhe und Tiefe und des Standortes.

Pueblo-Indianer (Arizona)

Aufruf zum Beginn des Regenfestes

Das ganze Volk erwache. Öffnet eure Augen, erhebt euch.
Kinder des Lichts, seid stark, tätig und mutig!
Wolken, eilet aus allen vier Himmelsrichtungen herbei,
der Schnee komme in Mengen,
   damit reiche Wasservorräte vorhanden sind,
   wenn der Sommer kommt.
Das Eis komme und bedecke die Felder,
dass Pflanzen in reichem Maße hervorsprießen.
Alle Herzen sollen sich freuen.
Alle, die es hören, sollen in vier Tagen zusammentreffen.
Sie sollen das Dorf umgeben und tanzen
   und ihre Lieder singen.
   Regen möge in Fülle kommen.

ERLOSCHENE RELIGIONEN

Azteken und Inka

Als im Jahre 1532 der spanische Eroberer Pizarro im heutigen Peru auf das Volk der Inka stieß, traf er auf eine seit gut zwei Jahrhunderten bestehende Kultur. Diese verfügte über eine eigene Sprache, ein ausgebautes Straßennetz – vorrangig zur Übermittlung von Nachrichten durch Läufer –, ausgeklügelte Bewässerungssysteme und eine theokratische Staatsordnung. Mit dem Wort »Inka« wurde sowohl der Adel als auch der Herrscher selbst bezeichnet. Der Inka galt als Repräsentant des Sonnengottes Inti, dem zu Ehren das wichtigste Fest gefeiert wurde. Im Vater des Sonnengottes, Viracocha, sah man den Erschaffer der Welt. Von den übrigen Gottheiten waren insbesondere diejenigen von Bedeutung, die mit den Naturkräften in Verbindung standen. Im religiösen Kult wurden überwiegend Trank- und Speiseopfer dargebracht, bei manchen Anlässen auch Lamas. Dagegen kannten die Azteken das Menschenopfer, wobei die Priester dem zu Opfernden auf der Spitze einer Pyramide das Herz herausrissen. Bei den Opfern handelte es sich meist um Angehörige anderer Stämme. Dazu veranstaltete man Wettkämpfe nach vorher abgesprochenen Regeln, die Unterlegenen gerieten in die Gefangenschaft der Sieger. Ein Jahr lang lebten die Gefangenen im Überfluss, sie erhielten die beste Nahrung und Kleidung. Denn sie wurden in einem sakralen Akt zur Gottheit selbst erklärt und ihre spätere rituelle

Opferung sollte für die Fruchtbarkeit der Felder sorgen. Dahinter stand der in Ackerbaukulturen verbreitete Gedanke, dass eine an sich unsterbliche Gottheit tierische oder menschliche Gestalt annehmen kann und sich von den Menschen töten lässt, damit aus ihren Überresten neues Leben entsteht.

Gebete beim ersten Bade eines Neugeborenen

Vor dem Bade. Die Hebamme zur Göttin der Wasser Chachiuhtlicue:
O Adler, o Tiger, o Tapferer, o mein Enkel!
Du bist in diese 'Welt eingetreten, wohin dich dein Vater und deine Mutter, der Große Herr und die Große Herrin gesendet haben. Du wurdest erschaffen und gezeugt in deinem Hause, in dem die höchsten Götter, der Große Herr und die Große Herrin, die über den neun Himmeln stehen, weilen. Verbinde dich nun mit deiner Mutter, der Göttin der Wasser, die sich Chalchiuhtlicue und Chalchiuhtlatonac nennt.
Während die Hebamme das Neugeborene das Wasser kosten lässt, indem sie mit den Fingern seine Lippen benetzt:
Nun spürst du, womit du auf Erden leben musst, wodurch du wachsen und stark werden wirst. Dies ist das Wasser, das wir zum Leben brauchen, das Wasser, durch das wir die Dinge erhalten, die uns das Leben auf dieser Erde ermöglichen.
Dann gießt die Hebamme Wasser auf das Haupt des Neugeborenen:
O mein Enkel, o mein Sohn, empfange und nimm das Wasser des Herrn der Welt, das Wasser, das unser Leben bedeutet, das den Leib wachsen und kräftig werden lässt und zum Waschen und zur Reinigung dient. Ich bete darum, dass es in deinen Leib dringe und dass in ihm dieses himmlische, blaue, klare Wasser lebe! Ich bete darum, dass es von dir alles Üble und alle die Widerwärtigkeiten entfernt, die dir von Anfang der Welt an-

hafteten, da wir Menschen ihren Händen anvertraut sind, weil sie unsere Mutter Chalchiuhtlicue ist.
Während sie das kleine Kind mit beiden Armen zum Himmel gerichtet erhebt, nachdem sie es die Erde berühren ließ, betet sie:
Herr, sieh hier dein Geschöpf, das du an diesen Ort des Schmerzes, des Kummers und der Strafe, den die Erde darstellt, geschickt hast. Gewähre ihm, o Herr, deine Gaben und deine Erleuchtung, denn du bist ja der große Gott. Und mit dir verleihe ihm dies alles die große Göttin.
Sie erhebt das Neugeborene ein zweites Mal gen Himmel:
O Frau, die du die Mutter der Himmel bist und dich Citlatonac oder auch Citlalicue nennst, an dich wenden sich meine Worte und meine Bittgebete: Ich bete darum, du mögest diesem deinem Geschöpf deine Stärke, welche sie auch sei, verleihen und einhauchen.
Sie erhebt das Neugeborene ein drittes Mal gen Himmel:
O ihr himmlischen Götter und Göttinnen, Herren und Herrinnen, die ihr dort oben thront, hier ist euer Geschöpf: Lasst euch herab, ihm eure Stärke und euren Atem einzugießen und einzuhauchen, damit es Leben auf dieser Erde habe.
Sie erhebt es ein viertes Mal:
O Herr der Sonne und Tlalteculti, die ihr unsere Mutter und unser Vater seid, seht dieses Geschöpf, das einem Vogel mit reichem Gefieder gleicht, wie der Zacuan oder der Quecoti. Es gehört euch, und ich habe beschlossen, es euch anzubieten, o Sonnenherr, der du dich auch Tonameti und Xipilli und Quauhtli und Oceloti nennst, braun und schwarzfarben wie ein Tiger, tapfer im Kriege. Haltet im Sinn, dass dies ein Geschöpf von euch ist, das zu eurem Hause und zu eurem Vermögen gehört, ein Geschöpf, das erschaffen wurde, um euch zu dienen und euch Speisen und Getränke darzubieten. Es gehört zu der Familie der Soldaten und Kämpfer, die sich auf dem Schlachtfeld schlagen.

Hymne auf Tlaloc

In Mexiko erscheint der Gott. Dein Banner ist nach allen Himmelsrichtungen entfaltet. Niemand klagt.
Ich, der Gott, bin zurückgekehrt, bin zurückgekehrt an den Ort, da mir Blutopfer in Fülle dargebracht wurden. Dort, wo der Tag alt wird, werde ich als ein Gott geehrt.
Dein Werk ist das eines edlen Zauberers. Du hast dich wahrhaftig zu unserem Fleisch gemacht, du hast dich selbst zu einem Menschen gemacht. Wer wagt es, dir entgegenzutreten?
Wahrhaftig, wer mich beleidigt, fühlt sich nicht wohl dabei. Die Meinigen haben sich Jaguare und Schlangen als Haupt erwählt. In Tialocan, der grünen Behausung, treiben sie Ballspiele und schießen ihre Pfeile ab.
Geh, geh dorthin, wo die Wolken sich weit ausdehnen, dort, wo der dichte Nebel den wolkenreichen Sitz des Tlaloc baut.
Dort erhebe ich mich mit starker Stimme und rufe:
Kommt und sucht mich, sucht die Worte, die ich gesprochen habe, wenn ich Furchtbarer mich erhebe und rufe.
Nach vier Jahren werden sie sich erheben, nicht, um bekannt zu werden, nicht, um gezählt zu werden, sie werden zur schönen und großen Priesterin strömen, um sich zu vereinigen und die große Lehre kennen zu lernen.
Geht, geht dorthin, wo die Wolken sich weit ausdehnen, dort, wo der dichte Nebel den wolkenreichen Sitz des Tlaloc baut.

Tlaloc, der Herr des Paradieses, erscheint hier als Gott der Wasser, in einer Wechselrede mit dem Priester.

Hymne auf Ixcozauhqui

Möge ich im Tempel, im Palast des Feuers meinen Ahnen keine Schande machen! Hinuntersteigend dort möge ich meinen Ahnen keine Schande machen!
Ich befestige ein Tau am heiligen Baum, ich schlinge es in acht Schlingen, damit ich, der Zauberer, darauf in das Haus meines Zaubers niedersteigen kann.
Beginnt euren Gesang im Hause des Feuers, stimmt den Gesang im Hause des Feuers an und ruft: »Warum erscheint der göttliche Zauberer nicht?«
»Warum erhebt sich der göttliche Zauberer nicht?«
Sein Volk soll ihm beistehen im Haus des Feuers. Er erscheint! Er erscheint! Sein Volk soll ihm beistehen.
Dass seine Diener im Hause des Feuers den Gesang nie verstummen lassen! Dass sie mit Macht jubeln! Dass sie köstlich tanzen!
Rufet die Herrin mit den üppigen Haaren an, durch deren Macht Nebel und Regen sind; rufet die Herrin an.

Ixcozauhqui war der Gott des Jahres und des Feuers.

Hymne auf Ciuacoatl

Möge Latzli, mit Adlerfedern befiedert, geschmückt mit dem Adlerkamm, bemalt mit dem Blut der Schlange, mit ihrer Hacke kommen und auf ihrer Colhuacan Trommel schlagen.
Sie allein, die unser Fleisch ist, Göttin der Felder und Wälder, ist im Stande, uns mit ihrer Hacke zu verteidigen, mit ihrer Hacke, mit ihren reichen Händen, mit ihrer Hacke, mit ihren starken Händen. Die Göttin der Felder besitzt die Kraft, uns zu verteidigen.
Mit einem Besen in den Händen verteidigt uns die Stärke der

Göttin. Unsere Mutter ist so stark wie zwölf Adler, eine Göttin, die die Trommel schlägt und die Felder mit Tzinac und Maguey füllt, wie unser Herr Mixcoatl.
Sie ist unsere Mutter, eine Kriegsgöttin, unsere Mutter, eine Kriegsgöttin, ein Vorbild und ein Gefährte im Hause unserer Ahnen.
Sie tritt vor, sie erscheint, wenn der Krieg ruft, sie beschützt uns im Kriege, dass wir nicht vernichtet werden. Vorbild und Gefährte im Hause unserer Ahnen ist sie. Sie wird verehrt auf die alte Weise durch den Adlerkamm, auf die alte Weise durch den Adlerkamm.

Ciuacoatl, die Schlange, ist die Mutter der Menschen.

An Xipe-Totec, den Geschundenen

Du, nächtlicher Trinker, warum zögerst du?
Bereite deine verwandelnde Verkleidung,
  deinen goldenen Schmuck,
mache ihn bereit!
Mein Herr, lass deine smaragdenen Wasser fließen!
Jetzt hat sich der alte Baum mit grünen Federn bedeckt,
die Feuerschlange hat sich in Quetzal verwandelt.
Vielleicht muss ich sterben, ich, die junge Maispflanze.
Wie ein Smaragd ist mein Herz; ich möchte es in Gold sehen.
Ich werde glücklich sein,
  wenn er zum erstenmal reifen wird,
er, der geboren wurde, um unser Führer im Kriege zu sein!
Mein Herr, wenn auf den Feldern Mais in Überfülle reift,
werde ich auf deine Berge blicken, dein aufrichtiger Anbeter,
ich werde glücklich sein, wenn er zum erstenmal reifen wird,
geboren, ein Kriegshaupt zu sein!

Xipe-Totec, ›unser Herr, der geschundene‹, ist der wichtigste und schrecklichste der mexikanischen Vegetationsgötter. Während des Festes, das zu seinen Ehren im Frühling begangen wurde, wurden Gefangene getötet und ihre Haut abgezogen, die von den den Gott Darstellenden übergezogen wurde.

Die Grosse Hymne auf Viracocha

O Viracocha, Herr des Universums,
magst du männlich sein,
magst du weiblich sein,
Herr der Wiedererzeugung,
was immer du sein magst,
Herr der Voraussage,
wo bist du?
Du kannst oben sein,
du kannst unten sein,
oder vielleicht um deinen glänzenden Thron
  oder dein Zepter schwebend!
O höre mich!
Von deinem Himmel da droben,
in dem du vielleicht weilst,
Schöpfer der Welt;
der du alle Menschen erschaffen hast;
Herr aller Herren,
meine Augen verlassen mich
in meiner Sehnsucht, dich zu sehen;
und schon durch mein Verlangen, dich zu erkennen.
Könnte ich dich betrachten,
könnte ich dich erkennen!
O sende deinen Blick auf mich herab,
denn du kennst mich.
Die Sonne, der Mond,
der Tag, die Nacht,
der Frühling, der Winter

sind nicht umsonst geordnet
von dir, o Viracocha!
Sie kreisen alle
auf vorgeschriebener Bahn;
sie langen alle
an ihrem bestimmten Ziele an:
wo immer es dir gefällt.
Dein königliches Zepter
hältst du.
Höre,
erwähle mich!
Lass nicht zu,
dass ich müde werde,
dass ich sterbe.

Viracocha war der höchste Gott der Inka

An den Schöpfer als Vater der Sonne

O Schöpfer, der du die Nacht werden lässt,
die Morgenröte, den Tag und den Sonnenuntergang,
gewähre deinem Sohne, dem Sonnengott,
dass er beim Aufgehen alles in Frieden erblickt.
Behüte ihn, dass er den Menschen,
    die du erschaffen hast, Licht spenden kann.
O Schöpfer, o Gott der Sonne,
    der du in Heil und Frieden weilst,
    erleuchte dieses Volk
    und erhalte es immer gesund und glücklich.

Morgengesang an den Schöpfer des Menschen

Die irdische Morgenröte
legt ihr Lichtgewand an,
um Ehre zu erweisen
dem Schöpfer des Menschen.
Der hohe Himmel
verjagt seine Wolken,
und demütigt sich
vor dem Schöpfer des Menschen.
Der Herr der Sterne,
unser Vater, die Sonne,
breitet das Haar aus
zu seinen Füßen.
Der Wind auf seinem Wege
schüttelt die Wipfel der Bäume,
fährt durch die Zweige
und schlägt sie zu Boden.
Mitten in den Bäumen
singen die Vögel
und erweisen ihre Ehre
dem Herrn des Landes.
Alle Blumen
bieten prachtvoll und schön
ihre Farben
und ihren Duft dar.
Der Grund des Sees,
ein Spiegel aus Wasser,
ist die glückliche Heimat
der munteren Fische.
Der tosende Sturzbach
mit seinem rauen Lied
singt das Lob
Viracochas.

Der Fels auch
bekleidet sich mit Grün
und in der Schlucht zeigt
der Wald seine frischen Blumen.
Und die Bewohner des Gebirges,
das Volk der Schlangen
kriecht zu seinen Füßen
schnell daher.
Das Lama auf den Bergeshöhen
und die Feldmaus der Felsen
bauen ihre Höhlen
rings um ihn.
So lobpreist auch mein Herz
bei jeder Morgenröte dich,
meinen Vater, meinen Schöpfer.

Ägyptische Religion

Die um 3000 v. Chr. beginnende ägyptische Religionsgeschichte wird in das Alte Reich (ca. 2800–2300), das Mittlere Reich (ca. 2000–1800) und das Neue Reich (ca. 1500–1100) unterteilt. Dazwischen lagen Übergangs- und Umbruchphasen, auf das Ende des Neuen Reiches folgte die so genannte Spätzeit. Im Alten Reich entstand die Idee des sakralen Königtums, das heißt, der Pharao als Verkörperung des Falkengottes Horus galt als Erhalter der kosmischen Ordnung (Maat) und als Gott auf Erden. Zeugnis vom Glauben an die Unsterblichkeit des Pharao geben vor allem die monumentalen Pyramiden von Gizeh. Mit dem

Aufstieg von Re (Sonnengott) änderten sich die Vorstellungen, der Pharao wurde nun als Sohn des Sonnengottes angesehen. Im Gefolge politischer Wirren kam es auch in der Religion zu weiteren Wandlungen. Nach dem Zerfall des Alten Reiches wich die Hoffnung auf ein ewiges Leben einer eher skeptischen Haltung, was sich in einem stärkeren Hervortreten des Totengottes Osiris zeigte. Die Ägypter kannten viele Natur- und Funktionsgötter, etwa Hapi als Herr des Nils oder Thot als Gott der Weisheit. Im Mittleren Reich rückte Amun als höchster Gott an die Stelle von Re. Das Neue Reich war geprägt von dem Versuch, endgültig einen einzigen Gott über alle anderen zu setzen. Amenophis IV. (ca. 1370–1352), der Gatte von Nofretete, erklärte Aton (Sonnenscheibe) zum alleinigen Gott und nannte sich selbst Echnaton (»es gefällt dem Aton«). Seine Reform scheiterte jedoch und nach seinem Tod kehrte man zur Verehrung der alten Götter zurück. Die Niederlage gegen Alexander den Großen im Jahre 332 v. Chr. bedeutete das Ende des ägyptischen Reiches.

Hymne auf den Nil

I. Heil dir, Hapi*, der du in diesem Lande entspringst und es durchquerst, um Ägypten Leben zu schenken; du, der du dein Kommen in der Dunkelheit verbirgst, selbst an dem Tage, da man dein Kommen besingt, Flut, die sich über die Obstgärten ergießt, die Re geschaffen hat, um all denen, die Durst haben, Leben zu geben, und die sich weigert, die Wüste zu tränken, von den Wasserfluten des Himmels, da steigst du herab.

* Hapi ist die Personifikation des Nils, die sich, entsprechend dem großen geographisch-politischen Problem Ägyptens, in einer »roten« und einer »blauen« Gestaltung zeigt, als Herr Ober- und Unterägyptens.

II. Herr der Fische, sobald der Wasserfall vorüberrauscht, setzen sich die Vögel nicht mehr auf die Felder nieder. Erzeuger des Getreides, Erschaffer der Gerste, er verlängert dir das Alter der Tempel. Ruhen seine Hände, duldet er es? Dann ergeht es all den Millionen von Lebewesen schlecht; nimmt seine Kraft ab im Himmel? Dann gehen selbst die Menschen und die Götter zugrunde.

III. Die Tiere und die ganze Erde verfallen dem Wahn, Große und Kleine erleiden Kummer! Wenn hingegen die Menschen erhört werden, wenn er herabsteigt und zum Retter wird, sobald er sich erhebt, jubelt die Erde vor Freude auf, dann freut sich jeder Bauch, jeder Rücken schüttelt sich vor Lachen, jeder Zahn reibt sich am andern.

IV. Er bringt die Lebensmittel herbei, er besitzt reiche Vorräte, der Schöpfer aller guten Dinge, voller Sanftmut seinen Auserwählten gegenüber, wenn man sich ihm zum Freunde macht, er erzeugt das Futter für die Tiere, und er sorgt für die Opfer, die allen Göttern dargebracht werden, und der Weihrauch, der von ihm kommt, ist der feinste; er nimmt die beiden Länder unter seinen Schutz und die Kornspeicher füllen sich, die Vorratskammern füllen sich, und der Besitz der Unglücklichen vermehrt sich stark.

V. Jedem Wunsch leiht er huldvoll sein Ohr und erhört das Flehen, ohne etwas abzuschlagen. Seine Stärke besteht darin, die Menschen dazu zu treiben, Boote zu bauen. Man macht kein Standbild aus Steinen für ihn noch Standbilder mit doppelter Krone; man sieht ihn überhaupt nicht; man zollt ihm keinen Tribut und bringt keine Opfergaben für ihn herbei, man besingt ihn nicht mit geheimnisvollen Worten, man kennt nicht den Ort, wo er lebt, man findet seinen Schrein nicht mit Hilfe magischer Schriften.

VI. Du besitzt kein Haus, das groß genug ist für dich, niemand erforscht dein Herz ganz! Dennoch werden die Generationen deiner Kinder Freude an dir finden, denn du herrschst wie ein König, dessen Erlasse für die ganze Erde Geltung haben, der sich im Kreise der Völker des Südens wie des Nordens zeigt, der die Tränen aller Augen trinkt und der verschwenderisch in seiner Güte ist.

VII. Wo Schmerz war, dort herrscht große Freude und jedes Herz ist zufrieden, Sovkou das Krokodil, das Kind der Nit, hüpft vor Freude; denn die Neunzahl der Götter, die dich begleiten, hat alles in rechter Weise geordnet, das Wasser, das über die Ufer tritt, ergießt sich auf die Felder und macht alle Menschen stark; jeder labt sich an der Arbeit des anderen, ohne dass man ihm Schwierigkeiten bereitet …

IX. Wenn du gerade während der Gesänge hinzutrittst, um, eben wenn die Freude ihr Zepter schwingt, hervorzukommen, wenn man fröhlich tanzt, wenn du als Unbekannter hervortrittst, dann bedeutet deine Schwere Vernichtung und Verderbnis. So, wenn man dich anfleht, um das Wasser des Jahres zu erhalten, dann sieht man Seite an Seite die Menschen von Theben und die vom Norden, man sieht jeden mit den Instrumenten seines Berufes, niemand steht hinter seinem Nachbarn zurück; die Kinder des Thot, der Gott des Reichtums, schmücken sich nicht mehr mit Edelsteinen noch die Neunzahl der Götter, aber es ist Nacht! Seitdem du durch das Anwachsen der Wasser geantwortet hast, ist jeder voller Wohlgerüche.

X. Gewähr für die Beständigkeit der wahren Güter, Sehnsucht der Menschen, hier hast du schmeichelnde Worte, damit du antwortest; wenn du mit den Wellen des himmlischen Ozeans der Menschheit antwortest, dann macht Napri, der Gott des Getreides, seine Opfergabe bereit, die Götter beten dich alle an, die Vögel lassen sich nicht mehr auf dem Gebirge nieder; wenn das, was deine Hand knetet, Gold wäre oder die Form eines Silberbarrens hätte, einen Lapislazuli isst der Mensch nicht, aber die Getreidefrucht wiegt mehr als Edelsteine.

XI. Man hat begonnen, dich mit Harfenspiel zu besingen, man feiert dich mit dem rhythmischen Klatschen der Hände, und die Geschlechter deiner Kinder freuen sich für dich, man hat dich mit Zeugnissen des Lobes überhäuft; denn du bist der Gott des Reichtums, der die Erde schmückt, der die Barken in Gegenwart der Menschen erstehen lässt, der das Herz der schwangeren Frauen belebt und der das Wachstum der Herden liebt.

XII. Wenn du dich in der Stadt des Fürsten erhebst, dann ist der Reiche gesättigt, der Arme verachtet den Lotus*, alles ist fest, straff und von guter Qualität, alle Weideplätze gehören seinen Kindern, vergisst du, Nahrung zu gewähren? dann verlässt das Glück die Behausungen, die Erde bekommt die Auszehrung.

Hymne an Amun-Atum

Du bist der Einzige, der das Seiende schuf,
der Einzige, der allein war, als er alles Wesen schuf,
aus dessen Augen die Menschen herauskamen,
aus dessen Mund die Götter entstanden,
der das Kraut für die Herden schuf

* Wenn durch das Ausbleiben oder eine Unregelmäßigkeit im Steigen des Nilwassers Dürre eintritt und das Brotkorn mangelt, muss der Arme sich mit allerlei Ersatznahrung behelfen, auf die er sonst, in guten Jahren, herabsehen kann.

und den Lebensbaum für die Menschen;
der hervorbringt, wovon die Fische im Strom leben
und die Vögel, die am Himmel dahinfliegen;
der dem Küken im Ei Luft gibt,
und der das Junge der Schlange ernährt;
der schafft, wovon die Mücken leben,
und ebenso die Würmer und Flöhe;
der schafft, wessen die Mäuse in ihren Löchern bedürfen,
und der die Vögel in jedem Baum ernährt.
Heil Dir, der dies alles schuf, einzig und allein,
Vielarmiger,
der die Nacht durchwacht, während alle Welt schläft,
indem er das Vortrefflichste für sein Getier sucht.
Amun, dauernd in allen Dingen, Atum, Harachti!

Bitte an das eigene Herz

Inschrift eines Herzskarabäus

O Herz, das ich von meiner Mutter habe! O Herz, das zu meinem Wesen gehört! Tritt nicht gegen mich als Zeuge auf, bereite mir keinen Widerstand vor den Richtern, widersetze dich mir nicht vor dem Wagemeister. Du bist mein Geist, der in meinem Leibe ist, … lass unsern Namen nicht stinken … sage keine Lügen gegen mich bei dem Gotte.

Dieses Gebet stammt aus einer recht magischen Welt, in der man hoffte, durch eine Beschwichtigung des eigenen Herzens vor dem Totenrichter davonzukommen. Solche »Herzskarabäen« wurden bei der Entfernung der inneren Körperteile zum Zwecke der Mumifizierung an die Stelle des Herzens gelegt.

Wie sehr unterscheidet sich davon das folgende Gebet, in dem das Magische nur in der Schlusszeile aufscheint, wo die Erfüllung der Bitte um Vergebung und Heilung als bereits vollzogen schon in den Augenblick des Bittens hineingenommen wird.

Gebet eines mit Blindheit gestraften Meineidigen

Ich bin ein Mensch, der bei dem Namen von Ptah, dem Herrn der Gerechtigkeit, einen falschen Eid leistete.
Er hat bewirkt, dass ich am hellen Tag
in das Dunkel hineinstarre.
Ich muss seine Macht verkünden dem, der sie kennt, und dem, der sie nicht kennt, dem Kleinen wie dem Großen.
Hütet euch vor Ptah, dem Herrn der Gerechtigkeit!
Gebt acht, keines Menschen Übeltaten entgehen ihm.
Unterlasst es, den Namen des Ptah im bösen Sinne auszusprechen.
Seht: der, der seinen Namen im bösen Sinne ausspricht,
den stürzt er ins Verderben.
Er hat mich wie zu einem Straßenhund gemacht.
Ich bin seiner Hand ausgeliefert.
Er hat aus mir ein Spottbild für die Menschen
und die Götter gemacht,
denn ich bin ein Mensch gewesen, der in verabscheuungswürdiger Art gegen seinen Herrn gehandelt hat.
Ptah, der Herr der Gerechtigkeit, ist gerecht gegen mich.
Er hat mich heimgesucht und bestraft.
Erweise mir deine Barmherzigkeit!
Ich habe deine Barmherzigkeit erfahren.

Sonnenhymne des Amenophis IV. – Echnaton

Anbetung dem Horkout*,
wenn er am Horizont mit seinem Namen Schou** aufsteigt,
Anbetung ihm, der in der Sonnenscheibe lebt,
ewig lebend, für immer!
Wenn du in voller Schönheit am Horizont des Himmels aufsteigst,
o lebendige Scheibe,
dann beginnt das Leben.
Dann erstrahlt dein Licht am Horizont im Osten,
mit deiner Schönheit erfüllst du die ganze Erde.
Wenn du Anmut und Kraft erwirbst
und wie ein Bach dein Licht verbreitest, ganz oben, über der Erde,
dann umfassen deine Strahlen jedes Gebiet
und erfüllen alles, was du zu erfüllen verstehst.
Sonne des Mittags, nun richtest du deine Strahlen auf die Menschen,
du umfasst sie in deiner Liebe.
Wenn du aber deine Strahlen von der Erde fortnimmst
und auf deiner Bahn Halt machst
und zur Ruhe dich am westlichen Horizont ausbreitest,
dann ist die Erde von Dunkelheit durchdrungen,
wie die Toten, die in ihren Gräbern schlafen,
wie die Toten, die ihr Haupt verschleiert haben,
die das Tun derer beobachten, die ihnen die Opfergaben,
die sich bei ihnen befinden, stehlen,
wie die Toten, die nichts mehr essen.
Dann schleichen alle Katzen aus ihren Schlupfwinkeln hervor,

* Horkout: Horus beider Horizonte, die Sonne im Auf- und Untergang.

** Schou, solarer Gott, dessen ursprüngliche Aufgabe es war, den Himmel oberhalb der Erde aufrechtzuerhalten.

die Schlangen liegen rührungslos vom Schlaf umfangen da,
die Strahlen werden dunkel,
die Erde ist ruhig,
weil der, der alles erschaffen hat, am Horizont ruht.
Am Morgen wieder erhellst du die Erde,
strahlend am Horizont,
du machst dich zur Sonnenscheibe
am Tage, der die Finsternis vertreibt,
denn wenn dein Licht erstrahlt, feiern dich die beiden Erden,
gehen die Geschöpfe im Licht ihre Wege,
durch dich neu belebt,
ihre Glieder werden gereinigt.
Die Menschen ziehen ihre Festgewänder an,
sie breiten ihre Hände zur Anbetung
deiner Erscheinung über die Erde aus
und jeder geht zu seiner Arbeit.
Die Herden legen sich auf ihren Weiden nieder,
die Bäume und die Kräuter grünen,
die Vögel fliegen aus ihren Nestern, breiten ihre Flügel aus
zum Zeichen der Anbetung deiner sichtbaren Erscheinung,
jedes Tier erhebt sich auf seinen Beinen,
jeder Vogel nimmt seinen Flug auf.
Sie sind voll Leben, weil du ihnen ihr Licht spendest.
Wie du
ziehen alle Kähne den Nil herauf und hinunter;
dir entgegen
schwimmen die Fische des Stromes,
denn deine Strahlen
haben das Wasser des Stromes durchdrungen.
Du verleihst dem Wasser Leben bei den Frauen,
du schaffst bei den Männern den Samen,
du gibst dem Kinde Leben im Mutterleib,
gibst ihm zu essen, damit es nicht weint.
Solange es an der Mutterbrust genährt wird,

Du verleihst ihm den nötigen Atem,
um all seinem Tun Leben zu geben:
dort, im Mutterleib, bleibt es bis zum Tage seiner Geburt,
und du öffnest ihm den Mund, um ihm die Sprache zu geben,
was es nötig hat, du machst es.
Wenn das Küklein noch in seiner Schale piepst,
gibst du ihm Luft, um es am Leben zu erhalten,
du förderst sein weiteres Wachstum,
dass es aus der Schale brechen
und austreten kann, um nach der Mutter zu rufen,
um flügge zu werden.
Es kriecht auf seinen Pfötchen und tritt heraus.
Wie zahlreich sind die Dinge, die du zuwege bringst!
Da die Getreidepflanzen dem Einzigen Gott
gegenwärtig sind,
opfern wir dir die Früchte davon,
denn für dein Herz hast du die Erde erschaffen.
Für die Menschen bist du der einzige Gott,
für die Insekten bist du der Einzige, für die kleinen Tiere,
für alle die, die auf der Erde sich auf ihren Füßen
fortbewegen,
für alle die, die von ihren Flügeln getragen
in den hohen Lüften fliegen,
für die Berglande Syriens,
für Ägypten.
Du stellst jeden an seinen Platz,
du machst alles, was für jeden von ihnen notwendig ist
und all die, die mit ihnen zusammen wohnen.
Du lehrst sie den Rhythmus ihres Lebens,
du gibst ihrer Zunge das richtige Wort,
du formst sie nach der Farbe ihrer Haut,
da du die Menschen und die Länder
durch ein Unterscheidungsmerkmal voneinander getrennt hast.
Du hast den Nil im Unterland geschaffen,

du lenkst ihn nach deinem Willen, um den Menschen das
Leben zu ermöglichen, denn du hast sie für dich erschaffen,
für dich, den Schutzherrn von ihnen allen.
Unbeweglich bleiben die Menschen,
o Herr der Erde,
solange die Sonnenscheibe nicht leuchtet,
um Wärme zu bringen den Ländern und allen Bewohnern,
die nach deiner Bestimmung leben.
Du hast uns den Nil gegeben,
er steigt herunter zu den Menschen
mit Wasserstrudeln, aus hohen Bergen kommend,
der großen Sebile gleichend,
um ihren Feldern, ihren Dörfern Erfrischung zu bringen.
So sind deine Pläne Wirklichkeit geworden,
o Herr der Ewigkeit,
Himmlischer Nil.
Du bist der König der Länder,
der Menschen,
der Bergebene, wo die wilden Tiere sind,
wo sie auf ihren Tatzen ihres Weges dahinziehen,
o Nil, der du aus dem Unterland kommst,
dem Lande der Kanäle.
Allen Feldern
geben deine Strahlen Nahrung,
du glänzt, und sie leben für dich,
denn du hast die Jahreszeiten geschaffen,
um allem, das da existiert, Leben zu verleihen.
Deine Nahrung verleiht Stärke, kaum berührt sie die Hitze.
Du hast den Himmel erschaffen
und läufst am Firmament in deinem Glanze deine Bahn,
du bewirkst, dass man alles sieht, was du erschaffen hast,
denn du bist der Einzige,
glänzend in allen Formen wie eine lebendige Sonnenscheibe.
Du gehst auf, erreichst deinen Gipfel, kommst und gehst.

Du schaffst in dir Millionen Formen,
denn du bist Einer in der Stadt, in den Dörfern,
auf den Feldern, auf den Wegen und Flüssen.
Du erschaffst alles nach deinem Recht,
denn du gehst deine Bahn wie die Tagessonne auf der Erde.
Du rückst vor auf die Lebewesen, die du geschaffen hast,
und du machst ihr Gesicht dergestalt,
  dass sie dich nicht sehen können.
Du bist mein Herz.
Niemand kennt dich außer deinem Sohne, dem König.
Mach, dass er gefürchtet wird,
wie es in deiner doppelten Macht,
  entsprechend deinen Plänen, liegt.
Durch das Werk deiner Hand ist seine Erde
  geschaffen worden.
Denn du bist ihr Schöpfer,
die Menschen leben, wenn du leuchtest,
sie sterben, wenn du deine Zeit zum Ruhen ausdehnst.
Jede Zeit in dir ist alt,
und die Taten werden vor deiner Schönheit erfüllt,
bis zu dem Augenblick, da du dich zur Ruhe begibst.
Jede Arbeit ist beendet,
wenn du dich am Horizont des Westens zur Ruhe hinstreckst.
Nachdem du die Erde erschaffen hast,
hast du sie wie ein Kind, das dein eigenes Blut trägt, erzogen.
Der König Oberägyptens und Unterägyptens,
er, der in Wahrheit und Gerechtigkeit lebt,
der Herrscher der Zwei Länder,
der Sohn der Sonne, in Wahrheit und Gerechtigkeit lebend,
Herr der Erscheinungen,
der König, groß in seiner Dauer,
wie die große Königin, die er liebt,
die Herrscherin der Zwei Länder, Nofrouoten Nofrit,
sie, die ewig leben und blühen für immer!

Stilles Gebet

Rette den, der schweigt, o Thot,
speise eine reiche Quelle für den,
  der in der Wüste nach Wasser lechzt.
Sie ist für den Schwätzer geschlossen,
dem Schweigsamen steht sie offen.
Wenn der Schweigsame voranschreitet, findet er die Quelle.
Den, der vor Hitze glüht, erfrischst du wieder.

Sumerische und babylonische Religion

Im südlichen Mesopotamien schufen die Sumerer ab 3000 v. Chr. eine der ältesten Kulturen der Menschheit. Zu ihren bleibenden Errungenschaften zählt die Entwicklung einer Schrift (Keilschrift). Organisiert waren sie in Stadtstaaten, an deren Spitze ein Priesterkönig stand, der alle geistliche und weltliche Macht innehatte. Er amtierte nicht nur als der höchste religiöse Würdenträger, sondern entschied auch über die Bebauung des Landes sowie wirtschaftliche Fragen. Daher bildete der Tempel den wichtigsten Ort in der Stadt, er diente sowohl als Kultort wie auch als Regierungs- und Verwaltungssitz. Die sumerische Götterwelt war sehr vielgestaltig, als höchster Gott galt An, seine Gattin Ki repräsentierte die Erde. Jede Stadt hatte außerdem ihre eigenen Gottheiten. In Uruk genoss die Göttin Inanna die größte Verehrung, in Nippur der Windgott Enlil und in Eridu der Weisheits- und Wassergott Enki. Da diese Hauptgötter aber kaum Anteil am menschlichen Geschick nahmen, suchte man eher Rat und Schutz in Orakeln, Astrologie und bei Familiengöttern. Die Sumerer trachteten nach diesseitigem Heil; das Jenseits, wo der Totengott Nergal residierte, galt als ein dunkles Reich ohne Wiederkehr.

Um 2000 v. Chr. mussten die Sumerer Volksstämmen weichen, die in Babylon ihre Hauptstadt errichteten. Die Babylonier übernahmen zahlreiche kulturelle Elemente der Sumerer, einschließlich vieler religiöser Vorstellungen. Der höchste Gott der Sumerer erhielt nun den Namen Anu, der Windgott Enlil war Vorbild für Ellil, den Gott der Erde und der Berge. Aus Enki wurde Ea, ebenfalls Herr des Wassers und der Weisheit, und Wesenszüge Inannas finden sich in der Fruchtbarkeits- und Liebesgöttin Ischtar wieder. Ischtar war gleichzeitig die Göttin des Morgen- und Abendsterns. Gemeinsam mit dem Mondgott (Sin) und dem Sonnengott (Schamasch) zählte sie zu den drei großen astralen Gottheiten. Weltdeutung und Schicksalsbestimmung mit Hilfe der Sterne war bei den Babyloniern ebenso von Bedeutung wie bei den Sumerern. In der Dynastie Hammurabis (1728–1686), des bedeutendsten babylonischen Herrschers, wurde Marduk, der ehemalige Stadtgott von Babel, zum Universalherrn erklärt. Im Gilgamesch-Epos, das wiederum auf sumerischen Vorlagen beruht, kommt die pessimistische Haltung der Babylonier angesichts des Todes zum Ausdruck. Der Held Gilgamesch sucht nach dem Geheimnis ewigen Lebens, kann es jedoch nicht finden. Stattdessen wird er aufgefordert, ein freudenreiches Leben zu führen, denn nur im Diesseits gebe es für den Menschen Erfüllung, während Unsterblichkeit allein den Göttern vorbehalten sei.

Weihegesang an den Erdgott En-Me-Shar-Ra

O En-me-shar-ra*, Herr der Erde, Großer des Araliu**, Herr der Erde und des Landes, aus dem keiner zurückkehrt, Herrscher der Anunnaki,
du, der du die Gesetze der Erde bestimmst, der du das große Band zwischen dem Himmel und der Erde bist,
großer Herr, ohne den Nin-gir-su auf den Feldern und an den Ufern des Kanals das Wachstum der Pflanzen nicht gedeihen lässt und hervorbringt,
Herr der Schöpfung, der kraft seiner Macht die Erde beherrscht,
der den Raum befestigt, der bis an die äußersten Grenzen der Unterwelt reicht,
der Anu und Bei das Zepter und den Thron verleiht,
möge durch deine Ordnung die Grundlage dieses Tempels dank deiner Gegenwart unerschütterlich fest bleiben.
Gepriesen sei sein Turm
wie das Verweilen deiner Herrschaft auf der Erde.
In ihm mögen Anu, Bei und Ea
fest gegründet ihre Wohnung errichten,
und ich, (Name), der Erhabene, euer Diener,
möge vor eurer großen Gottheit
einen günstigen Namen in der Ewigkeit der Tage tragen.
Das Verweilen der großen Götter beherrsche mein Land.
Möge ich ein friedliches Haus bewohnen.

* En-Me-Shar-Ra ist der Gott der Fundamente, der Vegetation und des Überflusses, ein Unterweltsgott

** das Reich der Toten

An den Sonnengott Schamasch

Zu dem lautem Lugalbanda, Spross der Berge, will ich meine Stimme erheben!
zu ihm, dessen gnädiger Geist uns zu den Himmeln erhebt,
zu dem Gott, dessen gnädiger Geist nicht bringt in Zorn,
zu dem Gott, dessen Rat uns zur Seite geht,
zu Schamasch, gen Himmel will ich meine Augen erheben,
zu ihm wie zum Vater will ich laut rufen,
dessen gnädige Hand für mich sorgt, zu ihm will ich schauen und emporblicken!
Gott, Hirte des Landes, Vater der Schwarzköpfigen,
schlummerst du, schläft doch dein Auge nicht über dem Lande,
Held Schamasch, erhebst du das Auge, über die Lande blickst du dann;
Schamasch, wie du ist keiner!
Herr der Krone, wer ohne Führung ist, den leitest du!
Des Herrn vom glänzenden Aufgang Begleiter bist du!
Schamasch, dreimal vollkommener Held bist du!

An Schamasch

Beschwörung

Schamasch, Richter von Himmel und Erde,
Herr dessen, was oben, und dessen, was unten ist,
…
der du löst den Gebundenen, belebst den Toten,
der du beendest die Finsternis, das Licht verbreitest.
Ich (Name), Sohn des (Name), dein Diener, wandte mich an dich, suchte dich auf.
An diesem Tage erhebe dich zu meinem Gericht!
In meine Finsternis bringe Licht, meine Unruhe verscheuche!

Meine Wirrsale bringe in Ordnung, von dem Bösen an
Kräften Zeichen,
und Zauberwerk und jeglicher Machenschaft der Menschen,
so gegen mein Leben mit Gewalt verübt wurden,
errette mich!
Den Bann löse, das Leben verleihe! Wegen des Bösen an
Mächten
und schlimmen Zeichen, so in meinem Hause sind,
fürchte ich mich,
bin ich in Furcht und Bedrängnis, dem Bösen an Kräften
und Zeichen entrücke mich!
In nichts sei ich geschädigt, das Böse möge nicht auf mich
stürzen!

An Schamasch um Abwehr eines ungünstigen Vorzeichens

Schamasch, König von Himmel und Erde,
Herr des Rechts und der Gerechtigkeit,
Fürst der Anunnaki, Herr des Schutzgeistes,
dessen Huld kein Gott beugt,
dessen Befehl nicht geändert wird:
Schamasch, den Toten zu beleben,
den Gebundenen zu lösen, steht in deinen Händen!
Schamasch,
ich, dein Diener,
(Name) Sohn des (Name),
dessen Gott Marduk und dessen Göttin
nicht weniger sind als die anderen Götter und Göttinnen
und in ihrem Herzen besonders köstlich sind,
vor dir erfasse ich dein Obergewand:
bei dem Unheil der Schlange, die in meinem Hause
erschienen ist, und dem Glänzenden,

das sie getan und das ich sah,
bin ich voll Furcht und Angst,
bin ich in Bedrängnis,
diesem Übel entrücke mich!
Deine Größe will ich verherrlichen,
in Gehorsam dir huldigen!
Die, welche mich sehen,
sollen für ewig
dir huldigen!

Zauberspruch an Schamasch bei Sonnenuntergang

Schamasch, wenn in des Himmels Inneres du eintrittst,
möge der Riegel des glänzenden Himmels Gruß dir zurufen;
mögen die Türflügel des Himmels dir huldigen!
Möge die Gerechtigkeit, dein geliebter Bote, dich recht leiten;
über E-barra, deine Herrscherwohnstätte,
  lass deine Hoheit strahlen!
Möge Aja, deine geliebte Gemahlin, freudig dir
  entgegenkommen,
beruhigt möge sie dein Herz beruhigen!
Dein Göttermahl werde dir bereitet,
Gewaltiger, Held Schamasch, dich möge man preisen!
Herr von E-barra, ziehe dahin, dein Weg sei richtig;
mache recht deinen Weg,
  auf einer festen Bahn als deinem Grunde ziehe dahin!
  Schamasch, des Landes Richter,
Lenker seiner Entscheidung bist du!

Gebet für den König

Das Gesetz für die Menschen alle leite du!
Gerechter Gott in den Himmeln ewig bist du!
Gott der Gerechtigkeit und Weisheit der Länder bist
du!
Den Frommen kennst du, den Bösen kennst du!
Schamasch, die Gerechtigkeit erhebt zu dir ihr Haupt.
Schamasch, wie von einer Peitsche wird der Böse von dir
zerrissen.
Schamasch, der Beistand Anus und Bels bist du.
Schamasch, der erhabene Richter von Himmel und Erde bist
du.
Schamasch, das Rechte der Götter entscheide du!
Die erhabene Entscheidung der Götter fälle du!
Schamasch, der erhabene Richter, der große Herr der Länder
bist du;
Herr der Geschöpfe, Erbarmer der Länder bist du.
Schamasch, an diesem Tage den König, den Sohn seines
Gottes, reinige und läutere ihn!
Jeglicher böse Spuk, der in seinem Körper ist, möge
beseitigt werden! Wie ein Gefäß mit Alaun
werde er gewaschen!
Wie ein Gefäß mit Rahm werde er gereinigt!
Wie glänzendes Kupfer werde er hell!
Seinen Bann löse!
Solange er lebt, möge er deine Größe preisen!
Und ich, der Beschwörer, dein Diener,
will unterwürfig dir dienen!

An den Vater der Götter und Menschen

Herr, Herrscher unter den Göttern, der im Himmel und auf Erden allein erhaben ist,
Vater Nannar*, Herr, Ansar**, Herrscher der Götter,
Vater Nannar, Herr, Anu***, großer Herrscher der Götter,
Vater Nannar, Herr Sin, Herrscher der Götter,
Vater Nannar, Herr von Ur, Herrscher der Götter,
Vater Nannar, Herr von Egissirgal, Herrscher der Götter,
Vater Nannar, Herr der Tiara, strahlender Herrscher der Götter,
Vater Nannar, der an Königswürde ganz vollkommen ist, Herrscher der Götter,
Vater Nannar, der in fürstlichem Gewande einherschreitet, Herrscher der Götter,
kräftiger Jungstier mit dicken Hörnern, mit vollkommenen Gliedmaßen, mit blauem Barte, voll Üppigkeit und Fülle.
Frucht, die sich selbst erzeugt, von hohem Wuchse, herrlich anzuschauen, an deren Fülle man sich nicht sättigen kann,
Mutterleib, der alles gebiert, der bei den Lebewesen eine heilige Wohnung aufgeschlagen hat,
barmherziger, gnädiger Vater, der das Leben des ganzen Landes in seiner Hand hält,
Herr, deine Gottheit ist wie der ferne Himmel, ein weites Meer voll von Fruchtbarkeit,
der das Land erschafft, die Tempel gründet, ohne Namen nennt,
Vater, der Götter und Menschen erzeugt, der Wohnungen aufschlagen lässt, Opfer einsetzt,

* Nannar ist der sumerische Mondgott, der auch die Schutzgottheit des Ackerbaus und der Wissenschaft war.

** Ansar symbolisiert die himmlische Welt.

*** Anu ist der Herr der mesopotamischen Götter.

der das Königtum beruft, das Szepter verleiht, der das Schicksal bis in ferne Tage bestimmt,
gewaltiger Fürst, dessen weites Herz kein Gott durchschaut,
hurtiger ..., dessen Knie nicht ermüden, der den Weg der Götter, seiner Brüder, eröffnet,
der vom Grund des Himmels bis zur Höhe des Himmels glänzend einherwandelt,
der die Tür des Himmels öffnet, Licht schafft allen Menschen,
Vater, Erzeuger aller, der auf die Lebewesen blickt und hinschaut,
Herr, der die Entscheidung von Himmel und Erde fällt, dessen Befehl niemand verändert,
der Feuer und Wasser hält, der die Lebewesen lenkt, welcher Gott kam dir gleich?
Im Himmel – wer ist erhaben? Du allein bist erhaben.
Auf Erden – wer ist erhaben? Du allein bist erhaben!
Erschallt dein Wort im Himmel, so werfen die Götter der oberen Welt sich auf ihr Antlitz nieder,
erschallt dein Wort auf Erden, so küssen die Anunnaki den Boden,
zieht dein Wort droben wie ein Wind dahin, macht es Weide und Tränke üppig,
lässt dein Wort sich auf der Erde nieder, wird grünes Kraut erzeugt,
dein Wort macht Stall und Hürde fett, breitet die Lebewesen aus,
dein Wort lässt Wahrheit und Gerechtigkeit entstehen, so dass Menschen Wahrheit reden,
dein Wort ist der ferne Himmel, die verdeckte Erde, die niemand durchschaut,
dein Wort, wer begreift es, wer kommt ihm gleich?
Herr, im Himmel an Herrschaft, auf Erden an Herrschertum hast du unter den Göttern, deinen Brüdern, keinen Nebenbuhler,

hoher König der Könige, dessen Befehl niemand gleichkommt, dessen Gottheit kein Gott gleicht,
glänzender Herr, der Wahrheit und Gerechtigkeit am Himmel und auf Erden lenkt, der sie hervorgehen lässt,
dein Haus blicke an, deine Stadt blicke an!
Ur blicke an, Egissirgal blicke an!
Deine geliebte Gattin, die gnädige Mutter, möge zu dir sagen: »Herr, beruhige dich!«
Der Held (Schamasch …) möge zu dir sagen: »Herr, beruhige dich!«
Die Igigi mögen zu dir sagen: »Herr, beruhige dich!«
Die Anunnaki mögen zu dir sagen: »Herr, beruhige dich!«
Die Riegel von Ur, das Schloss von Ergissirgal mögen zu dir sagen: »Herr, beruhige dich!«
Die Götter Himmels und der Erde mögen zu dir sagen:
»Herr, beruhige dich!«

Klagegebet an Nergal

Starker, erhabener Herr, Erstgeborener Nunnamnirs,
Fürst der Anunnaki, Herr der Schlacht,
groß der Kutusar, der großen Königin,
Nergal, stärkster der Götter, Liebling der Ninmenna.
Strahlender bist du am lichten Himmel,
erhaben ist dein Standort,
groß bist du in der Unterwelt, hast keinen Nebenbuhler,
neben Ea in der Versammlung der Götter
ist dein Rat hervorragend.
Neben Sin am Himmel durchschauest du alles.
Es gab dir dein Vater Enlil die Schwarzköpfigen,
alles, was Odem hat,
das Vieh des Feldes, das Getier hat er deiner Hand anvertraut.

Ich (Name), Sohn des (Name), dein Knecht:
Groll des Gottes und der Göttin ist mir zuteil geworden,
Not und Verderben sind in meinem Hause,
Rufen ohne Erhörung bedrückt mich.
Weil du schonungsvoll bist, mein Herr,
wende ich mich an deine Gottheit,
weil du barmherzig bist, suche ich dich auf,
weil du hinabblickst, schaue ich auf dein Antlitz,
weil du mitleidig bist, stehe ich vor dir.
Treulich blicke mich an, erhöre mein Rufen,
dein zorniges Herz beruhige sich!
Löse meine Schuld, meine Sünde tilge!
Der Grimm deines göttlichen Herzens werde gelöst,
Gott und Göttin, die zürnen und grollen,
mögen sich mit mir versöhnen!
Deine Größe will ich verkünden, will dir huldigen.

Nergal ist der Gott des Krieges und der Zerstörung

Klagelied an Ischtar

Ich flehe dich an, Herrin der Herrinnen, Göttin der Göttinnen,
Ischtar*, Königin aller Wohnstätten, Lenkerin der Menschheit!
Irnini**, du bist Herrscherin, die größte der Igigi***,
gewaltig bist du, eine Fürstin. Dein Name ist erhaben!
Du bist die Leuchte Himmels und der Erde,
starke Tochter des Sin,
du leitest die Waffen,

* Das Gebet in Form eines Klageliedes ist gerichtet an Ischtar, die babylonische und assyrische Göttin des Krieges und der Liebe. Sie ist die bedeutendste unter den weiblichen babylonischen Gottheiten.

** Irnini ist der Titel Ischtars.

*** Götter des Himmels und der oberen Welt.

setzest den Kampf ins Werk,
du verfügst über alle Kulte,
mit der Herrscherkrone geschmückt.
Herrin, herrlich ist deine Größe,
über alle Götter erhaben!
Du Stern des Kampfgeschreis,
die einträchtige Brüder in Streit bringt,
die einander ausliefern lässt Freund und Freundin,
Herrin der Schlacht,
die niederstößt meine Berge.
Gusea*, die mit Kampf bedeckt,
mit Entsetzen bekleidet ist.
Du vollziehst Strafgericht und Entscheidung, das Gesetz
Himmels und der Erde!
Heiligtümer, Tempel, Göttersitze und
Kapellen harren auf dich.
Wo ist nicht dein Name, wo nicht dein Kult?
Wo sind deine Bilder nicht gezeichnet, wo deine Kapellen
nicht aufgeschlagen?
Wo bist du nicht groß, wo du nicht erhaben?
Anu, Enlil und Ea haben dich erhoben, unter den Göttern
deine Herrschaft groß gemacht,
haben dich erhöht unter allen Igigi, haben deinen Platz
überragend gemacht!
Beim Gedenken deines Namens erbeben Himmel und Erde,
die Götter erbeben, es zittern die Anunnaki,
deinen furchtbaren Namen verehren die Menschen!
Du bist groß und erhaben.
Alle Schwarzköpfigen, die wimmelnden Menschen,
preisen deine Stärke!
Das Recht der Menschen richtest du in Recht und Gerechtigkeit.

* Gusea ist eine Gottheit, die mit Ischtar engstens verwandt ist und die man ihr gleichstellt.

Du siehst den Bedrückten und Geschlagenen an,
du leitest ihn recht Tag für Tag.
Wie lange noch zögerst du, Herrin Himmels und der Erde,
Hirtin der blöden Menschen?
Wie lange noch zögerst du, Herrin des heiligen Eanna,
des reinen Vorratshauses?
Wie lange noch zögerst du, Herrin, deren Füße nicht erlahmen,
deren Knie dahineilen?
Wie lange noch zögerst du,
Herrin der Schlacht und aller Kämpfe?
Du Herrlichste, Löwin der Igigi, die niederwirft die erzürnten
Götter, du Stärkste aller Herrscher, die die Könige am Zügel
hält,
die öffnet den Schleier aller Frauen,
du bist erhaben und fest gegründet, Heldin Ischtar,
groß ist deine Stärke!
Leuchtende Fackel Himmels und der Erde, Licht aller Lande,
Weitend in unwiderstehlichem Angriff, stark im Kampfe,
Feuerbrand, der gegen die Feinde aufleuchtet,
der die Vernichtung der Mächtigen bewirkt,
Bleich machende Ischtar, die die Schar versammelt!
Göttin der Männer, Ischtar der Frauen,
deren Ratschluss niemand erfährt,
wo du hinschaust, wird die Tote lebendig, steht der Kranke auf,
wird gerecht, der nicht gerecht, der dein Antlitz erblickt?
Ich rufe dich an, ich dein elender, jammervoller, kranker Knecht!
Siehe mich an, meine Herrin, nimm an mein Flehen,
schau mich in Gnaden an und höre mein Gebet!
Meine Begnadigung sprich aus,
und dein Gemüt besänftige sich!
Die Begnadigung meines elenden Leibes,
der voller Verwirrung und Unordnung ist,
die Begnadigung meines kranken Herzens,
das voller Tränen und Seufzer ist,

die Begnadigung meiner elenden Eingeweide,
die voller Verwirrung und Unordnung sind,
die Begnadigung meines betrübten Hauses,
das wehleidige Klagen anstößt,
die Begnadigung meines Gemütes,
das satt ist von Tränen und Seufzern.
Irnini, erhabne, grimmer Leu, dein Herz beruhige sich!
Zorniger Wildstier, dein Gemüt besänftige sich!
Deine gnädigen Augen mögen auf mir ruhen!
Mit deinem glänzenden Antlitz
blicke mich in Gnaden an!
Verscheuche die böse Verzauberung meines Leibes,
dein glänzendes Licht will ich sehen!
Wie lange noch, meine Herrin, sollen meine Widersacher nach mir blicken, in Falschheit und Unwahrheit Böses gegen mich ersinnen?
Wie lange noch soll mein Verfolger, mein Nachsteller,
gegen mich wüten?
Wie lange noch, meine Herrin, soll der schwache Tor über mich herfallen?
Gewandt hat sich gegen mich der geringste Schwächung,
ich aber würde …
Die Schwachen sind stark geworden,
ich aber bin schwach geworden. Ich woge wie eine Flut,
die der böse Sturm bedrängt,
mein Herz fliegt und flattert wie ein Vogel des Himmels.
Ich klage wie eine Taube Tag und Nacht,
ich bin niedergedrückt und weine jämmerlich,
von Weh und Ach ist mein Gemüt gepeinigt.
Was habe ich getan, mein Gott und meine Göttin, ich?
Wie wenn ich meinen Gott und meine Göttin nicht fürchtete, geht es mir.
Zuteil geworden sind mir Schmerz, Kopfkrankheit,
Verderben und Untergang,

zuteil geworden sind mir Drangsal,
Ungnade und Fülle des Zornes,
Grimm, Wut, Groll der Götter und Menschen.
Ich sehe, meine Herrin, Gericht, Verwirrung und Aufruhr,
es packt mich Tod und Not!
Verödet ist meine Kapelle, verödet mein Heiligtum,
über mein Haus, Tor und Fluren hat sich Trauerstille ergossen.
Meines Gottes Antlitz ist nach einem anderen Orte gewandt,
aufgelöst ist meine Sippe, meine Mauer ist zerbrochen,
ich harre auf meine Herrin, auf dich ist mein Sinn gerichtet.
Ich flehe dich, ja dich an, löse meinen Bann!
Löse meine Schuld, mein Vergehen, meine Missetat und meine Sünde, vergiss meine Missetat, nimm an mein Flehen!
Löse meine Fesseln und bewirke mir Befreiung,
lenke meinen Schritt, dass ich strahlend als Herr mit den Lebenden die Straße ziehe.
Befiehl, dass auf deinen Befehl
der erzürnte Gott wieder gut werde,
dass die Göttin, die sich zürnend abgewandt hat,
wieder zurückkehre,
mein finsteres, düsteres Kohlenbecken möge wieder leuchten,
meine erloschene Fackel flamme auf!
Meine aufgelöste Sippe sammele sich wieder,
mein Hof werde weit, geräumig meine Hürde!
Nimm an meine kniefällige Verehrung, höre an mein Gebet,
schau mich in Gnaden an.
Wie lange, meine Herrin, zürnest du,
ist dein Antlitz abgewandt,
wie lange, meine Herrin, grollst du,
ist voll Grimm dein Gemüt?
Wende zurück deinen Nacken, den du abgewendet hast,
zu einem Wort der Gnade richte dein Antlitz!
Wie von dem lösenden Wasser des Stromes
beruhige sich dein Gemüt!

Auf meine Feinde lass mich treten wie auf den Erdboden,
die mir zürnen, unterwirf mir, lass sie hocken zu meinen Füßen!
Mein Gebet und mein Flehen gelange zu dir;
deine große Barmherzigkeit ruhe auf mir!
Wer mich auf der Straße sieht, verherrliche deinen Namen,
und auch ich will vor den Schwarzköpfigen deine Gottheit und deine Stärke preisen!
»Ischtar ist erhaben! Ischtar ist Königin!
Die Herrin ist erhaben! Die Herrin ist Königin!
Irnini, die Tochter Sins, die Heldin, hat nicht ihresgleichen!«

Beichte und Bittgebet

I. Die Fragen des Priesters

Hat der Vater sich gegen den Sohn aufreizend verhalten?
Hat der Sohn sich gegen den Vater aufreizend verhalten?
Hat die Mutter sich gegen die Tochter aufreizend verhalten?
Hat die Tochter sich gegen die Mutter aufreizend verhalten?
Hat der Freund sich gegen den Freund aufreizend verhalten?
Hat er sich geweigert, den Gefangenen freizulassen,
dem Gefesselten die Fesseln abzunehmen?
Hat er irgendeine Sünde gegen seinen Gott, irgendeine Sünde gegen seine Göttin begangen? Hat er ja statt nein gesagt?
Hat er zum eigenen Vorteil eingestellte Waagen benutzt?
Hat er seinen echten Sohn verjagt,
um dem unehelichen Sohne Platz zu schaffen?

II. Bekenntnis und Gebet des Beichtenden

Worte der Auflehnung habe ich gesprochen, einen Bösewicht habe ich entkommen lassen,
unfriedliche Worte habe ich ausgesprochen. Du weißt jede böse Tat.

Von Gott, meinem Schöpfer, habe ich die Nahrung gegessen.
Ich habe einen Ort, dessen Betreten verboten ist, verwünscht,
eine böse Sache habe ich getan.
Auf deinen großen Besitz habe ich mein Auge gerichtet …
dein kostbares Silber habe ich begehrt.
Ich habe die Hand erhoben, Unberührbares habe ich berührt;
in unreinem Zustand habe ich das Haus betreten …
Mit Zorn im Herzen habe ich deiner Gottheit geflucht.
Wie lange willst du noch, mein Herr, dein Angesicht
von mir abwenden?
Wie lange willst du noch, meine Göttin Inninni, dein
Angesicht von mir abwenden?
Herr, demütige deinen Diener nicht.
Er ist in den Schlamm geworfen worden; seine Hand greift
nach dem rettenden Ufer.
Wende die Sünde, die ich begangen habe, zum Guten;
die Schuld, die ich auf mich geladen habe, der Wind möge sie
mit sich davontragen.
Nimm meine vielen Sünden von mir,
wie man ein Kleid auszieht.

III. Gelöbnis von Gaben
Reichtum im Überfluss wird der Sünder auf dein Heiligtum
herabregnen lassen.
Ständig wird er sich um dein Haus bemühen.
Mit Öl wird er deinen Riegel, wie mit Wasser, salben,
Öl in überreichem Maße wird er auf deine Schwelle
tropfen lassen.
Die Wohlgerüche der Zeder wird er vor dir aufsteigen lassen,
und auserlesene Granatäpfel, die besten Samenkörner
dir weihen.

Griechische Religion

Die Konturen der griechischen Religion bilden sich ab der ersten Jahrtausendwende v. Chr. heraus. Neben archäologischen Funden geben vor allem die Epen Homers (zweite Hälfte des achten Jahrhunderts) sowie spätere antike Autoren Auskunft darüber. Demnach wird der Götterhimmel als Spiegelbild der Menschenwelt betrachtet. An oberster Stelle des Pantheons steht der Göttervater Zeus. Er war der Sohn der Rhea und des Titanen Kronos, der seinerseits seine Eltern Gaia und Uranos entthront hatte. Die Zeichen des Zeus sind Donner und Blitz. Mit ihnen bestraft er Vergehen gegen die göttliche Ordnung. Seine Gattin Hera, die oft Anlass zur Eifersucht hat, wacht über die Ehe. Poseidon und Hades sind Brüder des Zeus, Demeter gilt als eine seiner Schwestern. Der Meeresgott Poseidon beschützt die Seefahrer, Hades herrscht über die Unterwelt und Demeter fördert die Fruchtbarkeit der Erde.

Zur Götterfamilie zählen ferner Töchter und Söhne. Der Zeus-Sohn Apollon ist der Inbegriff männlicher Schönheit und Herr über die Heilkunde. Auch das Orakel von Delphi untersteht ihm. Seine Zwillingsschwester Artemis kann Frauen sowohl Hilfe als auch Verderben bringen und ist als Herrin der Tiere eine Jagdgöttin. Hermes, ein weiterer Sohn, fungiert als Bote der Götter und geleitet die Seelen ins Totenreich. Der Vegetationsgott Dionysos steht besonders mit dem Wein in Verbindung, was in dem orgiastischen Kult zum Ausdruck kommt, der ihm zu Ehren ausgeübt wurde. Daneben existieren noch zahlreiche andere übernatürliche Wesen, die die Vielfalt von Orts- und Stammeskulten der damaligen Zeit reflektieren. Häufig werden sie in Beziehung zu den natürlichen Phänomenen gesetzt. Helios umrundet täglich in seinem Sonnenwagen das Himmelszelt, in den Bergen, Wäldern und Quellen hausen Nymphen und der bocksgestaltige Hirtengott Pan jagt demjenigen, der ihn stört, den sprichwörtlichen »panischen Schrecken« ein.

An die Allmutter Erde

Erde, du aller Mutter, du fest gegründete, singen
Will ich von dir, uralte Nährerin aller Geschöpfe,
Die du alles, was im Meer und auf heiligem Boden,
Was in den Lüften lebt, ernährst mit quellendem Segen;
Du nur lässt sie gedeihen so reich an Kindern und Früchten.
Heilige Göttin, es steht bei dir, den sterblichen Menschen
Leben zu geben, zu nehmen. O selig, wem du in Güte
Segnend gewogen, in üppiger Fülle wird alles ihm blühen,
Schwellende Saat bedeckt ihm alle Felder und reiche
Herden beweiden sein Land, sein Haus birgt Schätze in Menge.
Und so herrschen sie denn in der Stadt voll lieblicher Frauen
Mild nach rechtem Gesetz, begleitet von Segen und Reichtum.
Jünglinge schreiten stolz in junger, blühender Freude,
Jungfrauen spielen fröhlich in blütenumschlungenem Reigen
Tanzbeseligt dahin auf den weichen Blumen der Wiese:
Alle, die du gesegnet, du spendende, heilige Göttin.
Heil dir, Mutter der Götter, du Gattin des sternübersäten Himmels.
Für meinen Gesang gewähre mir glückliches Dasein.
Ich aber werde deiner und andrer Gesänge gedenken.

An Artemis. Gebet für eine Braut

Vor ihrer Hochzeit entbot Timarete hier diese Pauke,
diesen entzückenden Ball, auch von den Locken das
Netz und, wie es recht sich gebührt, die Puppen und
Puppengewänder,
Artemis, dir, du Kind Letos, o Göttin der See,
dir, der Jungfrau, die Jungfrau.
Halt über Timaretos' Tochter
gnädig die Hände und sei, Fromme,
der Frommen ein Schirm.

Ein zweites Gebet für eine Braut

Fülle von krausem Gelock hat Hippe gewidmet; das Mädchen
hat mit duftendem Öl feucht sich die Schläfe genetzt,
da ihr die Hochzeit nun nahte. Doch ihrer jungfräulichen
Reize fordern wir Binden des Haars, das sie sich abschnitt,
für uns.
Artemis, gib, dass der Tochter des Lykomedeides, die gerne
Würfel noch spielt, zugleich Hochzeit und Mutterschaft
kommt.

Antipatros von Sidon

Fischergelübde an Poseidon

Eine gebogene Angel, die lang sich reckende Rute,
eine Leine, den Korb, drin man die Fische bewahrt,
diese Reuse, gefertigt für schwimmende Tiere, erfunden
von einem Manne, der fern über die Meere hin fischt,
diesen Dreizack, den harten Gesell, die Waffe Poseidons,
und von den Rudern das Paar, das sich im Kahne befand,

gab Diophantos, der Fischer, dem Gotte seines Gewerbes,
wie sich gebührte: So will's Brauch eines alten Berufs.

LEONIDAS VON TARENT

GEBETE EINES JÄGERS AN DIE NYMPHEN, AN HERMES UND DIE ANDEREN GÖTTER DER LANDSCHAFT

Nymphengrotten, die ihr aus herrlichen Quellen so reichlich
euer Wasser am Fuß dieser Gebirgswand ergießt,
hauende Hausung, die Pan mit dem Pinienkranze im Haare
drunten am stotzigen Fels Bassas zu eigen gewann,
Stumpfe vom alten Wacholder, ihr Stämme, heilig dem Weidmann,
und ihr Male, die man Hermes aus Steinen anhäuft,
o seid gnädig und nehmt vom glücklichen Jäger Sosandros
dieses Fell hier, das ihm stürmische Hirschjagd erbracht.

KRINAGORAS

GEBET DREIER BRÜDER – JÄGER, VOGELSTELLER, FISCHER – AN PAN

Hier dieses mächtige Netz hat Damis, der Weidmann, gestiftet,
Pigres das feine Gespinst, Tiere zu fangen der Luft
Fäden, um Barben zu fischen, der nächtliche Ruderer Kleitor.
Werkzeuge sind es aus drei schweren Berufen für Pan.
Sei ihnen gnädig, den Brüdern, und segne die Frommen
mit reicher Beute an Vögeln und Wild wie auch an Fischen des Meers.

SATRIOS

Hirtenopfer an Pan

Teleson weihte dem Pan, dem Ziegen besteigenden Bocksfuß,
dieses Fell an dem Ast einer Platane im Feld,
auch diesen Stab, am Ende gekrümmt, aus härtestem Holze,
der bis heute des Wolfs blutigen Blicken gewehrt,
Satten für dicke Milch, ein Halsband, um Hunde zu führen,
und eine Koppel, mit der Bracken am Nacken er hielt.

Leonidas von Tarent

Dem Pan

Pan, den Starken rufe ich an,
Den Hirtengott, die Gesamtheit des Alls –
Himmel, Meer, Allkönigin Erde
Und das unsterbliche Feuer,
Denn alle sind Glieder des Pan.
Komm, Seliger, Springender, laufend im Kreise,
Der mit den Horen herrscht,
Ziegenfüßiger Gott;
Freund der gottbegeisterten Seelen,
Verzückter, wohnend in Höhlen –
Du spielst die Weltharmonie
Mit scherzendem Flötengesang.
Fördrer der Phantasie,
Schrecklich aber der Menschen Furcht;
Freundlich den Herden der Ziegen
Und dem Rinderhirten am Quell.
Helläugiger, Jäger, belustigt vom Echo,
Gespiele der Nymphen im Reigentanz,
Wachsend aus allem, Alleserzeuger,
Daimon, in tausend Namen geehrt;

Herrscher im Weltall, Fördrer des Wachstums,
Lichtträger, Frucht bringender Paian,
Freund der Grotten, grässlich im Grimm,
Wahrer Zeus, mit Hörnern geziert –
Denn auf dich ist der Erde
Unerforschlicher Plan gestützt,
Und der unermüdlichen See
Tief aufwühlendes Wasser gibt dir
Der Okeanos, dessen Flut
Rings die Erde umrollt –
Dir gibt des Wachstums Funken das Luftreich,
Die Erweckung lebenden Wesens,
Und das Auge des Weltengipfels,
Hoch droben des flüchtigen Feuers.
All dies vieldeutige Wesen
Strömt leicht auf deinen Befehl;
Mit weiser Voraussicht
Wandelst du aller Dinge Natur,
Weidend der Menschen Geschlecht
Über den unermesslichen Erdkreis.
Auf denn, Seliger, Verzückter,
Der Gottbegeisterung Freund,
Zu den Trankopfern heiliger Tugend!
Seliges Ende geselle dem Leben;
An die Marken der Erde
Banne deines schrecklichen Schreckens Gewalt!

An die Wolken

Opfer von Myrrhe

Wolken, ihr Segler der Lüfte,
Frucht nährende Wandrer des Himmels,
Regenerzeuger, von flüchtigen Winden

Hingetrieben durchs All;
Feuer sprühende, donnernde,
Laut dröhnend auf feuchter Bahn –
Ihr tragt in der Brust
Das graue Brüllen des Äthers,
Von den Winden geworfen, zerrissen,
Tosend im wilden Gewühl.
Flehend ruf ich euch, Spender des Taus,
Atem erquickenden Hauches:
Sendet Frucht nährenden Regen
Auf die Mutter Erde hinab!

Gebet an die Nacht

Ein Rauchopfer von Gewürzen

Nacht, dich feiert mein Lied,
Der Götter und Menschen Gebärerin.
Aller Wesen Ursprung ist Nacht,
Uns sei sie Kypris benannt.
Höre, selige Göttin,
Bläulich funkelnde, sternenflammende,
Du erfreust dich der Ruhe
Und Schlaf spendender Einsamkeit.
Besinnung, Erquickung, im Finsteren wachend;
Lösrin der Sorgen, Mutter der Labung,
Du bringst Erquickung gütig der Mühsal;
Freundin aller, durch Spendung des Schlafs.
Leuchte der Nacht in der Rosse Gespann
Halb vollendet, zur Erde gehörig,
Und doch wieder himmlischer Art –
Kreisend spielend in Lüften
Mit dem schweifenden Wirbeltanz,
Sendest du Licht in das Dunkel

Und fliehst selbst in den Hades hinab:
Grause Notwendigkeit zwinget uns all.
Auf denn, heilige, seligste Nacht,
Gnadenvolle, allen Ersehnte,
Milde, höre die flehenden Worte.
Komm und scheuche die Bilder der Angst,
Die da schimmern im Dunkel!

An den Äther

Ein Rauchopfer von Safran

Du hoch ragendes Haus des Zeus,
Unzerstörbar in ewiger Kraft,
Träger der Sterne, der Sonne, des Mondes,
Allbezwingender, feueratmend,
Alles Lebens entzündender Stoff!
Weithin leuchtender Äther,
Edelster Urstoff des Alls,
Prächtiger Urkeim, Träger des Lichts,
Flammend vom Feuer der Sterne –
Dir ertönt mein flehender Ruf:
O zeige dein heiteres Antlitz!

An Uranos, den Herrn des Himmels

Ein Rauchopfer von Weihrauch

Uranos, Allerzeuger, des Alls
Ewig unzerstörbarer Teil,
Erstgeborener, Anfang und Ende
Aller Dinge, Beherrscher der Welt,
Der in Kugelgestalt
Um die Erde sich rundet!

Haus der seligen Götter,
Wandernd in kreisender Drehung,
Allumschlingendes Band,
Wächter von Äther und Erde –
Du bewahrst in der Brust der Natur
Zwingende, grause Notwendigkeit.
Schimmernd in bläulich-dunkler Haut,
Unbezwingliche Luftgestalt,
Kronos allsehender Vater,
Höre uns, höchster, seliger Daimon!
Strömen lass die lebendige Weihe
Auf die Neugeweihten herab!

An Helios, den Gott der Sonne

Ein Rauchopfer von Libanonmanna

Hör mich, Glückseliger! Waltend
Des alldurchschauenden, ewigen Auges,
Fern hochwandelnder, himmlische Leuchte,
Gold blinkender Titan;
Unermüdlicher, Selbsterzeugter,
Holder Anblick der Lebenden!
Zur Rechten der Morgenröte
Erzeuger, zur Linken der Nacht,
Du mengst im Viertakt des Reigens
Der Horen wechselnde Schar;
Schnellfüßiger, Feuriger, Wirbelentfacher,
Heiterblickender, Lenker des Wagens,
Der in Wirbeln umfährt
Des unermesslichen Kreises Bahn.
Frommen ein Weiser zur Schönheit,
Doch den Bösen feindlich gesinnt.
Du lenkst mit goldener Leier

Des Alls harmonische Bahn,
Aufzeiger der Werke des Guten,
Held, der die Horen ernährt.
Herrscher des Alls, mit Flötengesang,
Feuriger Renner, im Kreise wirbelnd,
Schimmernder Bringer des Lichts,
Spender des Lebens, Frucht gebender Paian,
Ewigblühender, Fleckenloser,
Vater der Zeit, unsterblicher Zeus!
Heiterer, Allerleuchtender,
Kreisendes Auge des Alls,
Brennend und lodernd, schön glänzend in Strahlen,
Richter des Rechtes, der Flüsse Freund;
König des Weltalls, Wächter der Treue,
Immerdar Höchster, Helfer und Freund,
Lebenslicht, der Gerechtigkeit Auge,
Rosselenker, mit schwirrender Geißel
Den vierspännigen Wagen treibend –

An Selene, die Göttin des Mondes

Mene, die Schwingen geschmückte, gewährt zu singen, ihr
  Musen,
Lieblich redende Töchter des Zeus, ihr liederbeglückten.
  Fließt doch von ihr ein himmlischer Glanz herab auf die
  Erde
Von dem unsterblichen Haupte. Und Schmuck vielfältig
  erhebt sich
Unter dem blinkenden Schimmer; es leuchtet das Dunkel des
  Äthers
Hell von dem goldenen Kranz, die Strahlen erfüllen den
  Himmel,
Wenn vom Okeanos sie nach dem Bade des herrlichen Leibes,

Eingehüllt in lichte Gewänder, die hehre Selene,
Mit den erhobenen Häuptern der glanzübergossenen
Rosse
Vorwärts ihr Gespann mit den prächtigen Mähnen
dahintreibt
Abends im Vollmondlicht. Die Bahn, die finstere, füllt sich,
Und dann, während sie wächst, entstehen die leuchtendsten
Strahlen
Hoch am Himmel, den sterblichen Menschen zu Zeichen und
Deutung.
Ihr nun einte sich einst Kronion in Liebe und Lager,
Und, von ihm beglückt, gebar sie ein Mädchen, Pandeia,
Prangend in holder Schönheit im Kreise der ewigen Götter.
Heil dir, göttliche Herrin mit blendenden Armen, Selene,
Lockige, Milde. Bei dir beginn ich halbgöttlicher Helden
Ruhm zu künden, deren Taten mit lieblichem Munde
Preisend feiern im Liede die Sänger, die Jünger der Musen.

Ein anderes Gebet an Selene

Ein Rauchopfer von Gewürzen

Höre mich, göttliche Königin,
Licht spendende, hehre Selene,
Mene, mit Hornschmuck der Stiere geziert,
Nachtwandelnde, die in den Lüften schweift,
Fackelträgerin, nächtlicher Mond,
Sternenfreundliche Jungfrau,
Wachsend und schwindend, männlich und weiblich,
Mild leuchtende, Freundin der Rosse,
Fruchtspenderin, Mutter der Zeit;
Schimmernde, Herzbeschwerende,
Allüberstrahlende Späherin der Nacht,
Allsehende, Freundin fehlenden Schlafes,

Übersät von der Schönheit der Sterne,
Freundin erquickender Ruhe
Und des freundlichen Wohlgeschicks!
Heilschimmernde, Hörnerträgerin,
Hold blickende Wonne der Nacht,
Sternenfürstin, vom weiten Gewande umhüllt,
Läuferin des Kreises, allweise Jungfrau:
Komm, Selige, Freundliche, Sternenfreundin,
Rette, schimmernd im Lichte
Deiner neuen Schützlinge Schar!

An Hades. Gebet bei den Eleusinischen Mysterien

Schroffe Gottheit, die da wohnt
In dem unterirdischen Haus,
In der Tartarusgäste
Tiefschattiger, grauenblickender Au,
Szepterträger, des Erdreichs Zeus,
Nimm in Gnaden das Opfer auf!
Hades, der du des Erdenreichs
Schlüssel bewahrst, und das Menschengeschlecht
Reich beschenkst mit den Früchten der Jahre,
Du erlangtest vom dreifachen Los
Die Allkönigin Erde,
Der Unsterblichen Sitz
Und der Menschen mächtiges Bollwerk.
Du baust deinen Herrscherthron
Drunten im dunklen Land,
In dem weit gedehnten,
Balsam hauchenden, unermüdlichen,
Unermesslichen Hades
Und am finsteren Acheron,

Der die Wurzeln der Erde hat.
Walter der Gnaden des Todes den Menschen,
Viel aufnehmender Eubulos,
Der einst von der Wiese geraubt
Der keuschen Demeter Kind
Vierspännig herab durch des Meeres Schlund
Zur Hochzeit in Atthis Höhlen
Im eleusinischen Gau:
Dort sind die Pforten des Hades.
Ein Richter der offnen und heimlichen Werke
Wardst du erwählt, du Gotterfüllter,
Allherrscher, Heiligster, glänzend an Ehren.
Gnädig den reinen Feiern gesinnt
Und den gottesfürchtigen Frommen.
Hör mich, ich rufe dich an:
Güte und Gnade erzeige den Mysten!

Dem Dionysos

Ein Rauchopfer von Styrax

Dionysos, den laut Tosenden,
Den Herrn der Gestirne rufe ich an,
Den Zwiegestaltigen, Ersterzeugten,
Den dreimal geborenen bacchischen Herrscher,
Den Wilden, Geheimnisvollen,
Den Zwiegehörnten, zwiefach gestaltet,
Den Efeu sprossenden, Stiergestaltigen,
Den Heiligen, Jauchzenden, Kampfes frohen,
Den Wilden dreijähriger Wiederkehr.
Den Traubenbringer im Rankenkleid,
Den rätereichen Eubuleus,
Erzeugt im unsagbaren Lager des Zeus
Und Persephones, ewiger Gottheit.

Seliger, höre die Stimmen,
Säusele sanft und friedlich hinzu,
Gnädigen Herzes, mit den hurtigen Wärterinnen!

Gebet an Demeter
Ein Rauchopfer von Weihrauch

Göttliche Mutter des Alls,
Deo, viel gerufene Gottheit!
Keusche, Männer nährende,
Freundliche Geberin Demeter!
Reichtum schenkende Göttin,
Ährennährerin, Allesgeberin,
Erfreut von den Werken des Friedens
Und von emsiger Arbeit;
Samenspenderin, sammelnd die Fülle,
Göttin der Tennen, sprossend von Früchten,
Die du wohnst
In Eleusis heiligen Grotten;
Geliebte, sehnlich Begehrte,
Nährerin aller sterblichen Wesen,
Du fügtest zuerst
Der pflügenden Ochsen Gespann,
Sandtest den Menschen ersehntes
Segen spendendes Leben hernieder;
Blütenernährerin,
Herdgenossin des Lärmenden,
Fackelträgerin, leuchtend an Ruhm,
Von den Sicheln des Sommers erfreut;
Erdenherrin, die da erscheint,
Allen bist du huldvoll geneigt,
Kinderreiche, Freundin der Knaben,
Keusche, Männer nährende Jungfrau!

Du schirrtest den Wagen
Mit der Drachen Geschirr,
Die da in kreisenden Wirbeln
Jubeln um deinen Thron.
Eingeborene, reich an Kindern,
Hehre Göttin der Sterblichen,
Viele Gestalten hast du,
Heilig Prangende, Blühende!
Komm, du Selige, ewig Reine,
Mit des Sommers Früchten beladen;
Führe den Frieden, die liebliche Ordnung,
Reichtum, Fülle des Segens
Und Gesundheit, die Königin!

An Rhea, die Mutter der Götter und Menschen

Ein Rauchopfer von verschiedenerlei Gewürzen

Göttlich geehrte Mutter
Unsterblicher Götter, Nährerin aller,
Komm her zur Feier des Opfers,
Höchste, erhabene Göttin,
Wenn du den schnell laufenden Wagen
Anschirrst mit stiermordenden Löwen;
Fürstin des herrlichen Poles,
Viel verkündete, heilige,
Du hältst des Weltalls mittleren Thron,
Darum auch waltend der Erde
Und gütige Nahrung den Menschen gewährend –
Aus dir ward entbunden der Stamm
Unsterblicher Götter und sterblicher Menschen,
Dir dienen die Flüsse, das ganze Meer,
Hoch geehrte Göttin des Herdes!
Segenspenderin heißest du,

Weil du gerne den Menschen
Alle Arten von Gütern gibst.
Komm zur Feier, Erhabene,
Von dem Schall der Becken erfreut,
Allbezwingende, Phrygias Heil,
Des herrschenden Kronos Gemahlin,
Ehrwürdige Tochter des Himmels,
Lebenerhalterin,
Freundin rasender Leidenschaft –
Erscheine freudigen Sinnes,
Freundlich durch fromme Gefühle gestimmt!

Der Natur

Natur, du allerzeugende Göttin,
Mutter, reich an Erfindung,
Ehrwürdige, Himmlische, Göttin der Völker,
Herrin, Allmächtige, Unbezwungne,
Allen sichtbare Lenkerin!
Allbeherrschende, ewig Geehrte,
Aller Dämonen oberstes Haupt,
Unvergängliche, Ersterzeugte,
Uralt berühmte, Freundin der Männer,
Heimlich Wirkende, Weisheitsvolle,
Trägerin des Lichtes, schwierig zu bannen –
In Wirbelkreisen, auf leichten Sohlen
Ziehst du deine geräuschlose Spur.
Reine, du zierest die Götter,
Unendliches Ende, allen gemeinsam,
Allein aus aller Gemeinschaft entrückt.
Selbsterzeugerin, ohne Erzeuger,
Hell Strahlende, Freudenreiche, Erhabne,
Blumenreiche Verbinderin,

Vieles Wissende, Holde, Erfahrne,
Führerin, Lenkerin der Lose,
Allnährende, Leben spendende Jungfrau,
Gerechtigkeit, die sich selbst genügt,
Unter tausend Namen
Der Charitinnen Vertraute.
Denkend waltende Fürstin
Über Himmel, Erde und Meer –
Dem Widerstrebenden bitter,
Doch dem Gehorsamen süß;
Allweise, Allfürstin, allschenkende Spenderin.
Des Wachstums fruchtbare Nährerin,
Löserin alles Gereiften,
Aller Dinge Vater bist du,
Bist Mutter, Nahrung und Amme;
Selige, Schnellgebärende,
Vielsamige, Strudel des Lebens,
Alles vermögende Bildnerin,
Allbevölkernde, herrliche Gottheit.
Unsichtbare, Bewegung bringende,
Vielerfahrene, Sinnende,
Schnell drehend im Laufe die ewigen Wirbel;
Alldurchströmende, laufend im Kreise,
Auflebend immer in andern Formen;
Verehrte, Schönthronende, einzig bestimmt,
Auszuführen den Schicksalsspruch –
Hoch über allen Trägern des Zepters
Die dumpf donnernde Herrin bist du!
Allbezwingende, selbst unerschüttert,
Allen Schicksals gerechte Erfüllung,
Feuer Atmende, das bist du!
Unsichtbares Leben, der Zukunft
Unvergängliche Schicksalsschau –
Alles bist du! Du allein

Bist ja aller bewegender Ursprung.
Göttin, ich flehe zu dir
In den heiligen Stunden
Mit der Gesegneten Schar:
Allen gib Frieden, Gesundheit und Wachstum!

An Hera

O Heilige, die im Arm des Zeus du ruhst,
mit Flehen hebt sich unsre Hand zum Himmelszelt empor,
wo du im Glanze der Gestirne weilst.

Euripides

Hymne an Zeus

Aller Unsterblichen Haupt,
vielnamiger, ewig allmächt'ger Zeus,
Urheber der Schöpfung, das All dem Gesetze nach lenkend,
Sei mir gegrüßt! Denn es soll dich
ein jeder der Sterblichen grüßen.
Sind wir doch deines Geschlechts, durch Vernunft und
Sprache dir ähnlich
Wir allein, so viel auch Lebendiges wandelt auf Erden.
Darum rühme ich dich, dein Walten besinge ich ewig.
Dir nur gehorchet das Weltall, das rings
um die Erde sich drehet,
Wie du es führst, und es lässt sich von dir nur
willig beherrschen.
Dir nur dienet, gehalten in nimmer bezwinglichen Händen,
Niemals ermattender Kraft, zweischneidig
und feurig der Blitzstrahl.
Seinen gewaltigen Schlägen ist alle Natur unterworfen.

Durch ihn bringst du zur Macht die Vernunft,
die, allen gemeinsam,
Allwärts schreitet, die großen und kleinen Gestirne
durchdringend.
Nichts auf Erden geschieht, o Gott, ohn deine Bewill'gung,
Noch in dem Äthergewölbe, dem himmlischen,
noch in der Meerflut,
Es sei denn, was die Bösen im Unverstande begehen.
Du verstehst Ungrades und Grades zu richten, das Wirre
Zu entwirren und auch das Feindliche freundlich zu machen.
So hast du Schlechtes mit Gutem
zur Einheit zusammengewoben,
Dass ein vernünftiges, ewges Gesetz das All durchwaltet,
Welches die sündige Menge der Menschheit
fliehend nicht achtet,
Die Unseligen, die, nach dem Guten beständig verlangend,
Gegen die göttliche Ordnung als Blinde und Taube verharren,
Statt, ihr gehorsam, ein edles besonnenes Leben zu führen!
Selbstisch, ohne Besinnung erjagen sie Übel auf Übel,
Teils um den gleißenden Ruhm voll Eifersucht
sich bemühend,
Oder des Maßes und Zieles vergessend
in schnöder Gewinnsucht,
Oder die Kräfte vergeudend, erschlaffenden Lüsten ergeben,
trotz alles Bemühens die Zwecke des Strebens verfehlend.
Doch du, allspendender Zeus, schwarzwolkiger Schleudrer
des Blitzstrahls,
Rette das Menschengeschlecht
von seinem verderblichen Irrwahn,
Treibe ihn fort aus den Seelen und gib,
dass sie finden die Ordnung,
Der du selber gehorchst, mit Gerechtigkeit jegliches lenkend,
Dass, wie die Menschen du ehrst,
wir wieder vergeltend dich ehren,

Rühmend beständig dein Tun,
so wie es den Sterblichen zukommt.
Denn es gibt für die Menschen und Götter
kein höheres Vorrecht,
Als das Gesetz, das beiden gemeinsam, gebührend zu
preisen.

KLEANTHES (etwa 335/330–232/235 v. Chr.)

Römische Religion

Die Römer standen in regem Austausch mit der griechischen Kultur. Dies zeigt sich im dritten Jahrhundert v. Chr. besonders bei den Gottheiten, die zwar andere Namen erhielten, ihrer Funktion nach aber den griechischen vergleichbar waren. Jupiter (Zeus) ist der Blitz- und Himmelsgott, seine Gattin Juno (Hera) die Göttin der Ehe und der Frauen. Ähnlich verhält es sich mit den anderen Göttern: Neptun (Poseidon), der Meeresgott, Diana (Artemis), die Jagdgöttin, Ceres (Demeter), die Fruchtbarkeitsgöttin, Venus (Aphrodite), die Liebesgöttin usw. Manche Götter erlangten jedoch auch eine eigene und größere Bedeutung. Der Kriegsgott Mars etwa war für die Römer aufgrund ihrer militärischen Unternehmungen weitaus wichtiger als sein Vorbild Ares in Griechenland. Und Merkur (Hermes) blieb der Bote der Götter, in den Vordergrund rückte aber seine Funktion als Gott der Händler. Daneben gab es Götter und Geister für praktisch jede Gelegenheit, und selbst abstrakte Begriffe wie Janus (Zeit), Fortuna (Glück) oder Victoria (Sieg) konnten einen gottähnlichen Status erhalten. Das Denken der Römer war auf Ordnung und Zweckerfüllung ausgerichtet, ihre Religion sollte helfen, bestimmte Ziele zu erreichen: Gedeihen von Ernte und Vieh, Fernhalten dämonischer Einflüsse, Kriegsglück, wirtschaftlicher Gewinn, Schutz vor Krankheiten – kurzum alles, was dem Wohle des Einzelnen wie des Staates diente. Dazu war es unbedingt notwendig, die religiösen Vorschriften genauestens zu beachten. Falsch durchgeführte Riten oder Opferhandlungen brachten keinen Erfolg, ebenso verfehlte ein nicht wörtlich gesprochenes Gebet seine Wirkung. Im Verlauf ihrer weltweiten Expansion bezogen die Römer auch fremde Götter ein und errichteten ihnen oftmals eigene Tempel. Kurz vor der Zeitenwende wurden dann sogar die römischen Kaiser in den Rang eines Gottes erhoben und es entstand ein Herrscherkult im Zeichen der »unbesiegten Sonne« (Sol Invictus).

Gebet an Silvanus, den Gott der Fluren

Großer unter den Göttern, mächtiger Silvanus, heiligster Hirte. Der die Wälder des Ida und die Gebirge der Römer beherrscht.
Wie deine honigsüße Dudelsackflöte mit Wachs gedichtet ist, so vereint sich unweit von diesem Stein mit dem Aternus der Fluss Tirinus und läuft mit leichter Woge durch die tauigen Weiden im flachen Bett, silbern von seinen lebendigen Wassern.
Du Silvanus, Schützer der Zypresse, deren Wurzeln noch zart sind, komm zu uns, Heiliger, und sei mir günstig.
Mögest du deine göttliche Gewalt hier sammeln,
wo ich für alle deine Gaben ein Bildnis und einen Altar geweiht habe.
Dies habe ich zu meinem Heil und dem meiner Herren getan

für die Meinen betend, und ein redliches Leben führend, das von Pflicht erfüllt ist.
Glückbringender Gönner, steh mir bei, während ich dir die Gaben bringe, die du hier siehst, und gib, o Glorreicher, den Äckern, was ich dir als Gabe opfere. So löse ich ein, was ich dir gelobt habe, ich der ich in diesen Altar meinen Namen geritzt habe.
Nun, ihr Männer, nachdem das Werk vollbracht ist, erquickt fröhlich den Leib und wünscht mit mir, dass alles, was wir wünschen, sich immer erfüllen möge.

Vor dem Mähen

Vor dem Mähen muss man auf folgende Weise das Schlachtopfer eines weiblichen Schweines darbringen, bevor man die Ernten von Dinkel, Korn, Gerste, Bohnen und Rübensamen einholt.
Unter Verwendung von Weihrauch und Wein richte dein Gebet an Janus, Jupiter und uno, bevor du die Sau opftrst.
Opfere dem Janus auf folgende Weise:

O Vater Janus, während ich dir dieses Opfer darbringe, bitte ich dich mit demütigen Gebeten, du mögest mir, meinen Söhnen, meinem Flause und allen meinen Angehörigen günstig gesonnen sein.

Jupiter sollst du den Kuchen aus Brotteig auf folgende Weise opfern und darbieten:

O Vater Jupiter, während ich dir diesen Kuchen opfere, bitte ich dich mit demütigen Gebeten, du mögest mir, meinen Söhnen, meinem Hause und allen meinen Freunden günstig gesonnen sein und ihn zu deiner Ehre annehmen.

Dann reiche dem Janus den Wein auf folgende Weise:
O Vater Janus, wie ich dich bei der Darbringung der Opfergabe mit demütigen Bitten gebeten habe, so empfange den Wein zu deiner Ehre als Erstlingsgabe.

Dann opfere die Sau.

Ein Gebet des Romulus

O Jupiter, deinen Prophezeiungen gehorchend, habe ich hier auf dem Palatin-Hügel die ersten Fundamente der Stadt gelegt. Es besetzen die Sabiner die Bergfeste, mit einem Verbrechen erkauft; und nach Überwindung des dazwischen liegenden Tales trachten sie danach, diesen Ort bewaffnet zu erreichen, aber du, o Vater der Götter und der Menschen, halte doch wenigstens von hier die Feinde ab, befreie die Römer von Schrecken und halte die schändliche Flucht auf.
Dir, Jupiter Stator, gelobe ich hier einen Tempel, der den Nachkommen bezeugen soll, dass durch die Hilfe deiner Gegenwart die Stadt gerettet wurde.

Für die Republik

O Jupiter Capitolinus, Urvater und Begründer des römischen Volkes, und du, o Mars Gradivus, und Vesta, Hüterin des Feuers, das nie gelöscht wird, und ihr alle, o Götter, deren Macht die riesige Ausdehnung des römischen Imperiums über die ganze Erde verwirklichte, ich beschwöre und flehe zu euch in aller Öffentlichkeit: Bewachet, rettet, erhaltet und schützt diesen Staat, diesen Frieden, diesen siegreichen Feldherrn und bestimmt für ihn, nachdem er sich eines recht langen Lebens erfreut hat, so spät wie möglich Nachfolger. Diese mögen so geartet sein, dass ihr Geist im Stande ist, die Last der Leitung

der ganzen Welt zu tragen, so wie wir wissen, dass es der Geist des gegenwärtigen Führers vermocht hat.
Und leiht den Ratschlägen der Bürger eure Gunst, falls sie gut sind; macht sie zunichte, falls sie schlecht sind.

Gebet vor dem Selbstopfer für das Vaterland

Dies Gebet wird auf Anweisung des Oberpriesters von dem sich zum Opfer für das Vaterland Weihenden aufrecht stehend, die Füße auf einem Speer, mit verhülltem Haupt und die Hand unter der Toga zum Kinn erhoben gesprochen

Janus, Jupiter, Mars, Vater der Römer, Quirinus, Bellona, ihr Laren, ihr Neunergötter, ihr unbesiegten Götter, Götter, die ihr in euren Händen unser Schicksal und das der Feinde tragt, und auch ihr, göttliche Geister der Vorfahren, ich beschwöre euch und flehe euch an und bitte euch um die Gnade und rufe euch, dem römischen Volk der Quiriten die Gunst der Kraft und des Sieges zu gewahren und den Feinden dieses Volkes der Quiriten Bestürzung, Schrecken und Tod zu senden.
So wie ich es hier ausspreche, gelobe ich mich zum Opfer für den Staat der Quiriten, für das Heer, für die Legionen und für die Verbündeten des römischen Volkes und weihe mit mir selber zusammen den Toten und der Erde die Legionen und die Verbündeten der Feinde.

Gebet des Scipio Africanus

Gebet, gesprochen von Scipio Africanus auf seinem Admiralsschiff am Morgen einer Seeschlacht mit den Karthagern

Götter und Göttinnen, die ihr die Meere und Länder bewohnt, ich bitte und beschwöre euch zu bewirken, dass alle Handlun-

gen, die unter meinem Befehl geschehen sind, jetzt geschehen und in Zukunft geschehen werden, zu meinem Vorteil, zum Vorteil des römischen Volkes, der Verbündeten des Lateinischen Namens und aller derjenigen ausgehen mögen, die sich dem Glück des römischen Volkes und dem meinen unterstellt haben und die auf der Erde, auf dem Meer und auf den Flüssen auf meinen Befehl hören.
Steht mir in meinen Entwürfen bei und macht, dass sie gelingen. Bringt uns zu unserem heimischen Herde sicher und gesund zurück, voller Kraft und Gesundheit, als Sieger über unsere in die Flucht geschlagenen Gegner, geschmückt mit ihren Waffen und Ehrenzeichen, triumphierend und beutebeladen.
Erlaubt uns, uns an unseren öffentlichen und persönlichen Feinden zu rächen. Gebt dem römischen Volk, gebt auch mir die Gelegenheit, alle die Übel auf Karthago zurückfallen zu lassen, mit denen das karthagische Volk unser Vaterland überziehen wollte.

Gebet bei Verträgen mit anderen Städten

Gebet, gesprochen vom römischen Gesandten beim Vertragsabschluss mit der Stadt Alba, unter Opferung eines mit einer Sichel getöteten Schweins

Höre, o Jupiter, höre, ehrwürdiger Vater des albanischen Volkes und auch du, Volk von Alba, selber. Ihr vernahmt die mit lauter Stimme von Anfang bis Ende, ohne Übelwollen und Hinterlist vorgelesenen Abmachungen, die auf diesen Tafeln niedergelegt sind. Ihr Sinn ist heute deutlich erläutert worden. Das römische Volk wird sie nicht als erstes verletzen. Wenn es dies aber aus öffentlichem Entschluss doch tun sollte, wenn es sie betrügerisch bricht, dann, Jupiter, schlage noch am selben Tage dein römisches Volk, wie ich hier heute dieses Schwein töte und deine auf uns kommende Strafe möge deiner Macht angemessen sein.

Gebet zur Abwerbung der feindlichen Götter

Seist du ein Gott oder eine Göttin, die unter deinem Schutz die Stadt und das Volk von Karthago hält: Wir bitten dich, beschwören dich und fordern dich demütig auf, o große Gottheit, welche jene Stadt und jenes Volk unter ihren Schutz genommen hat, Volk und Stadt Karthagos zu verlassen, seine Häuser, seine Tempel und heiligen Orte aufzugeben und dich von ihnen zu trennen. Wir laden dich ein, jenem Volk und jener Stadt Schrecken, Angst und Verwirrung einzuflößen und, nachdem du sie verlassen hast, nach Rom zu uns und unserem Geschlecht zu kommen. Unsere Häuser, unsere Tempel, unsere heiligen Geräte, unsere ganze Stadt werden dir angenehmer und wohlgefälliger sein, gleich wie wir nun wissen und bekennen, dass du von Stund an unser Beschützer, der des römischen Volkes und unserer Soldaten sein wirst.
Wenn du so tust, geloben wir, dir Tempel zu gründen und Spiele zu deinen Ehren einzurichten.

An Priapus

Heil, heiliger Priapus, Vater aller Dinge, Heil!
Gewähre mir blühende Jugend,
mach, dass ich den Knaben und den schönen Mädchen durch meinen unverschämten Zauber gefalle
und verscheuche durch Vergnügungen und pausenlose Feste die schädlichen Ängste aus meinem Geist,
dass mich nicht die Furcht vor einem beschwerlichen Alter verfolge
noch die Schrecken vor einem unglücklichen Tode bekümmern,
der mich in die dunklen Gemächer der Unterwelt verschleppt,

deren König die Seelen der Toten wie unbestimmte Schemen
gefangen hält,
an jenen Ort, von wo keine Rückkehr erlaubt ist.
Heil, o heiliger Vater Priapus, Heil! Schnell, eilt scharenweise,
wie viele ihr auch seid, herbei, ihr Nymphen,
ihr, die ihr den 'Wald behütet, den heiligen,
und ihr, Nymphen, die ihr die heiligen Wasser pflegt,
eilt herbei, wie viele ihr auch seid, und sprecht zum
anmutigen Priapus mit einschmeichelnder Stimme:
Heil, o heiliger Priapus, Vater aller Dinge, Heil!
Er ist es, der die bösen und blutdürstigen Menschen fernhält,
er erlaubt euch, durch die Wälder und die schattige, friedliche
Waldesruhe zu streifen,
er hält die Bösewichte von den Quellen ab, die mit
unehrerbietigem Fuß
die heiligen Bäche durchqueren und sie trüben, da sie sich die
Hände waschen
und sich nicht zuvor, ihr göttlichen Mädchen, mit vielem
Beten an euch wenden.
Wohlan denn, sprecht: O Priapus, sei uns günstig gesonnen, o
Göttlicher! Heil, Priapus, o heiliger Vater, Heil!
O Priapus, mächtiger Freund, Heil,
sei es, dass du es liebst, Erschaffer und Urheber der Welt
genannt zu werden,
oder das Universum selbst und die Natur und Pan.
In der Tat wird alles durch deine Kraft empfangen, was die
Erde und den Himmel und die Welt erfüllt.
Heil also, o Priapus, Heil, o Heiliger!
Jupiter selbst legt, wenn du es willst, die wilden Pfeile nieder,
und voll Begierde verlässt er seine lichten Sitze.
Dich verehren die schöne Venus und der glühende Cupido
und die Grazie mit ihren Zwillingsschwestern und Lyäos,
der Freudenspender.
O Priapus, mächtiger Freund, Heil!

Dich rufen im Gebet die schamhaften Mädchen an, dass du
ihnen den Gürtel, den lange gebundenen, lösest.
Dich ruft die Braut an, dass dem Gatten stets nervig
die starke Manneskraft strotze.
Heil, o heiliger Vater Priapus, Heil!

Gebet an Proserpina um Auslöschung eines Verhassten

O fromme, schöne Proserpina, Gattin des Pluto – die ich meine Retterin nenne, entreiße dem Plotius die Gesundheit, die Glieder, die gesunde Leibesfarbe, die Kräfte und alle guten Eigenschaften. Schick ihn dem Pluto, deinem Gatten, dass er ihm nicht entfliehen kann. Gib ihn dem viertägigen, dem dreitägigen und dem täglichen Fieber zur Beute, dass sie bei ihm bleiben und ihn nicht verlassen. Sie sollen ihn schlagen, ihn zerquetschen, bis sie ihm die Seele entrissen haben. Zu allem diesem weihe ich dir diese Beute, o Proserpina, du Herrin des Acheron. Rufe den Hund mit den drei Köpfen herbei und sende ihn mir, damit er dem Plotius das Herz ausreißt. Versprich ihm drei Gaben von mir: Datteln, Feigen und ein schwarzes Schwein, wenn er alles bis zum Beginn des März vollbracht hat.
Dir, o Retterin Proserpina, wenn du mich erhört hast, bringe ich das Folgende dar: Ich weihe dir den Kopf des Plotius, o Retterin Proserpina. Ich weihe dir die Stirn des Plotius. Retterin Proserpina, ich weihe dir die Augenbrauen des Plotius. Retterin Proserpina, ich weihe dir die Augenlider des Plotius. Retterin Proserpina, ich weihe dir die Augäpfel des Plotius. O Retterin Proserpina, ich weihe dir die Nasenlöcher, die Lippen, die Ohren, die Nase, die Zunge, die Zähne des Plotius, auf dass Plotius nicht einmal seine Schmerzen verkünden kann. Ich weihe dir seinen Hals, seine Oberschenkel, seine Arme, seine Finger, dass sie für immer ohne Nutzen für ihn seien. Ich weihe

dir seine Brust, seine Adern, sein Herz, seine Lungen, dass er nicht einmal den Ort seiner Schmerzen spüren kann. Ich weihe dir seine Eingeweide, seinen Bauch, seinen Nabel, seine Lenden, auf dass er nicht mehr schlafen möge, seine Schultern, auf dass er nicht mehr liegen kann, seinen Unterleib, dass er nicht mehr Wasser lassen kann; seinen Hintern, seinen After, seine Oberschenkel, seine Knie, die Waden, die Schienbeine und die Füße, die Fersen, Fußsohlen, Zehen und Nägel, dass er nicht mehr aufrecht stehen kann.
Ob ich nun zu viel oder zu wenig angegeben habe, dir sei alles anvertraut, was ich dem Ritus gemäß niedergelegt habe. So auch nenne ich dir den Plotius und vertraue ihn dir an, damit du ihn noch im Februar vernichtest: Zerstöre ihn, mache ihn alt, stürze ihn in Unglück. Schick ihn dem Unglück, übergib ihm ihn, damit er diesen Monat nicht mehr sehend und sich freuend überlebt.

An die Göttin Roma

Heil dir, Rom, du Tochter des Ares,
golden gegürtete, kluge Herrin,
die du den stolzen Olymp auf Erden bewohnest,
der niemals stürzet.

Dir allein, Erhabene, gab das Schicksal
unzerstörbarer Herrschaft Königsehre,
dass du kraft deiner Allgewalt hieltest
aufrecht die Führung.

Unter dem Joch deiner starken Zügel
liegt der Erde Brust und auch das graue
Meer gebändigt, sicher beherrschst du
Städte der Völker.

Alles bringt die dauernde Zeit zu Falle,
stets verändert sie wieder von Grund auf das Leben,
dir allein raubt sie niemals günstigen Fahrwind
für deine Herrschaft.

MELINNO

AN APHRODITE
›Pervigilium Veneris‹

Der Mantel der Nacht ist ausgebreitet. Wer zählt seine Edelsteine? Sie öffnet die Flügel, Schlaf und Traum an den mütterlichen Busen zu drücken.
Die Nacht ist mein. Nimm mich auf, Ernährerin der Götter! Liebliche Opferin, du beschwichtigst das Beben der hundertarmigen Schicksalsverfolgerinnen und entflammst die abendlichen Altäre des Eros.
Die Sterblichen haben geruht, die Felder haben geschlürft der Alltränkenden Becher. Der Morgenstern mit dem Fackelpaar verfolgt den fliehenden Wagen, doppelte Gottheit, die wir Stern nennen und Genius der Aphrodite, und es begleiten ihn die Schwestern, welche an die Vergangenheit die Zukunft binden. Die erhobene Rechte erleuchtet den Abstieg der Nacht; die Fackel der Linken ergießt sterbend das Licht der Morgenröte in aufsteigender Glut, Fackelträgerin des Sonnengottes, umgürtet von seinem Schimmer!
Die Nacht entflieht, die Sonne steigt auf und alle Kinder des Himmels beten an mit verhülltem Antlitz. Der Hufschlag der flammenden Rosse weckt die Morgenhitze, die Stimmen von tausend Vögeln grüßen von jedem Baum den werdenden Tag. Die Nacht ist nicht mehr und die Göttin des Mondes ruht in der Kammer der Grotte.
Herrin der Nacht, Mutter des Eros, auch der Tag ist dein, allmächtige, heilige Gottheit! Nicht brauchst du zu fliehen das

Auge des Zeus: Tausche Gestalt und Namen, jungfräuliche Hoffnung des Morgens, und werde im Kochen des Mittags Erquickerin der durstenden Herzen.
Du weckst die Stimmen in den tausend Vögeln jedes Baums; du entzündest die Herzen in den tausend Seelen jeder Hütte, durch dich ist süß die Kümmernis des Lebens. Durch dich leben und sind wir, durch dich alle Götter.

Die als ›Pervigilium Veneris‹ überlieferte Gebetshymne entstand wahrscheinlich im Umkreis der schließlich zum römischen Staatskult erhobenen Aphrodite-Venus-Verehrung im Heiligtum auf dem Eryx in Nordwestsizilien.

Gnosis

Ein halbes Jahrtausend lang, vom ersten Jahrhundert v. Chr. bis zum vierten Jahrhundert n. Chr., übten gnostische Lehren eine starke Faszination aus. Die Gnosis (Erkenntnis) war ein Sammelbecken verschiedener spätantiker religiöser Anschauungen, deren gemeinsamer Nenner in einer radikalen Weltverneinung bestand. Jüdische, christliche, ägyptische, griechische und andere Traditionen wurden von den Gnostikern in einem neuen Licht gedeutet. Demnach herrscht ein unvereinbarer Dualismus von Geist und Materie. Im menschlichen Körper befindet sich ein göttlicher Funke (Pneuma), den es zu befreien gilt, damit er in sein angestammtes Lichtreich zurückkehren kann. Die irdische Welt ist das Werk eines untergeordneten Geistwesens (Demiurg), und der Mensch ein Gefangener seiner körperlichen Hülle. Um die göttlichen Geheimnisse zu erkennen und dadurch Erlösung zu erlangen, bedarf es der Weltabkehr und Askese.

Ihre Anhängerschaft fand die Gnosis überwiegend in Randgruppen der Bevölkerung, die nicht gleichberechtigt am gesellschaftlichen Leben teilnehmen durften und ihr Heil in der Weltflucht suchten. Darunter gab es aber auch bedeutende Denker wie den in Persien geborenen Mani (216–277 n. Chr.), dessen nach ihm benannte Lehre (Manichäismus) eine geraume Zeit lang eine Weltreligion war. Im weiteren Sinne gehören auch Mysterienkulte zum gnostischen Gedankengut, wie die Gleichsetzung des griechischen Götterboten Hermes mit dem ägyptischen Weisheitsgott Thot, der nun auch als großer Zauberer angesehen wurde, die Erhebung der Isis (Gemahlin des ägyptischen Gottes Osiris) zur großen Göttin oder die Verehrung römischer Kaiser als Erlösergestalten. Jesus wurde von christlichen Gnostikern ebenfalls als Erlöser anerkannt und dem Lichtreich zugerechnet, doch gleichzeitig hielt man den christlichen Vatergott für einen böswilligen Demiurgen, der die Welt den Menschen zur Qual erschaffen habe. Einer solchen Vorstellung konnte die christliche Kirche nicht zustimmen und erklärte die Gnosis trotz mancher geistiger Übereinstimmungen zur Ketzerei.

An die Grosse Mutter

Königin des Himmels! Du seiest nun die allernährende Ceres, des Getreides erste Erfinderin, welche, in der Freude ihres Herzens über die wiedergefundene Tochter, dem Menschen, der gleich den wilden Tieren mit Eicheln sich nährte, eine mildere Speise gegeben hat und die eleusinischen Gefilde bewohnt, oder du seiest die himmlische Venus, welche im Urbeginne aller Dinge durch ihr allmächtiges Kind, den Amor, die verschiedensten Geschlechter begattet und also das Menschengeschlecht fortgepflanzt hat, von dem sie zu Paphos in dem meerumflossenen Heiligtume verehrt wird, oder des Phöbus Schwester, welche durch den hilfreichen Beistand, den sie den Gebärerinnen leistet, so große Völkerschaften erzogen hat und in dem herrlichen Tempel zu Ephesus angebetet wird. Oder du seiest endlich die dreigestaltige Proserpina, die nachts mit grausigem Geheul angerufen wird, den tobenden Gespenstern gebietet und unter der Erde sie einkerkert, währenddes sie entlegene Haine durchirrt, wo ein mannigfacher Dienst ihr geweiht ist: Göttin! Die du mit jungfräulichem Scheine alle Weltgegenden erleuchtest, mit deinem feuchten Strahle der fröhlichen Saat Nahrung und Gedeihen gibst und nach der Sonne Umlauf dein wechselndes Licht einteilst; unter welchem Namen, unter welchen Gebräuchen, unter welcher Gestalt dir die Anrufung immer am wohlgefälligsten sein mag: Hilf mir in meinem äußersten Elende! Stehe mir bei, dass ich nicht gänzlich zugrunde gehe; nach so vielen, so schwer überstandenen Trübsalen verleihe mir endlich einmal Ruhe und Frieden! Ich habe genug des Jammers, genug der Gefahren! Nimm von mir hinweg die schändliche Tiergestalt! Lass mich wieder werden, was ich war; lass mich Lucius werden und gib mich den Meinigen wieder! Oder habe ich irgendeine unversöhnliche Gottheit ohne mein Wissen beleidigt: Ach, so sei lieber mir erlaubt, zu sterben denn also zu leben, o Göttin!

Apuleius

An Isis

Göttin! Heilige, ewige Erhalterin des Menschengeschlechts! Die du nicht aufhörst, Schutz den schwachen Sterblichen zu verleihen; die du dem Elenden die milde Zärtlichkeit einer Mutter angedeihen lässest! Kein Tag, keine Nacht, kein geringer Augenblick schwindet leer von deinen Wohltaten dahin. Zu

Wasser und zu Lande beschirmst du die Menschen, entfernest von ihnen jegliche Lebensgefahr und reichst ihnen deine hilfreiche Rechte, mit welcher du das verworrene Gewebe des Schicksals auseinander wirrest, die Unglücksstürme zum Schweigen bringst und der Sterne schädlichen Lauf einhältst. Dich verehren die oberen und unteren Götter. Du wirbelst die Erde im Kreise herum, entzündest das Licht der Sonnen, regierst die Welt und hältst den Tartarus untertan. Dir antworten die Gestirne, jauchzen die Götter, kehren die Jahreszeiten wieder und dienen die Elemente. Auf deinen Wink wehen die Lüfte, füllen sich die Wolken, keimt das Gesäme und sprießt das Gras. Deine Majestät scheuen die Vögel unterm Himmel, die wilden Tiere auf den Bergen, die Schlangen in den Klüften und die Ungeheuer im Meer. Doch ich bin zu schwach an Geist, dein Lob zu preisen, bin zu arm an Habe, dir würdige Opfer zu bringen; Fülle der Worte gebricht mir, das Gefühl deiner Herrlichkeit auszusprechen. Ja, leihe tausend Münder mir und ebenso viele Zungen nebst einem ewigen Fluss ununterbrochener Rede, dennoch bin ich zu ohnmächtig. So lass dir denn wohlgefallen, was demütiglich meine fromme Armut dir anlobt! Ewig soll dein göttliches Antlitz, ewig dein benedeiter Name hoch verehrt im innersten Heiligtum meines Herzens leben!

APULEIUS

GEBET AN HERMES-THOT

Bezauberung des Astrasoukos durch die Liebeswerbungen

Komm zu mir, o Gott Hermes, wie die Kinder an der Mütter Busen. Zu mir, (Name), komm, o Gott Hermes, und verleihe mir Gunst, Nahrung, Sieg, Wohlstand und Glück in der Liebe, Schönheit von Gesicht und die Kraft aller Männer und aller Frauen. Deine Namen sind im Himmel. Diese Namen sind die,

die du an den vier Ecken des Himmels trägst. Ich kenne deine Gestalten, die da sind: Im Osten hast du die Gestalt eines Ibis, im Westen hast du die Gestalt eines (hundsköpfigen) Pavian, im Norden hast du die Gestalt einer Schlange, im Süden hast du die Gestalt eines Wolfes. Deine Pflanze ist die Weinrebe, die dort die Olive ist. Ich kenne auch dein Holz: das Ebenholz. Ich weiß, Hermes, wer du bist und woher du bist und welches deine Stadt ist: Hermopolis.

Komm zu mir, Gott Hermes mit den vielfältigen Namen, der du die verborgenen Dinge unter dem Himmelspol und auf der Erde kennst, sei wohltätig zu mir, du Wohltäter der Welt. Höre mein Gebet, gib, dass ich bei allen Arten von Wesen auf der belebten Erde Wohlwollen erlange. Öffne für mich die Hände all derer, die Geschenke austeilen, zwinge sie, mir zu geben, was sie in ihren Händen halten.

Ich kenne auch deine barbarischen Namen ...: so lauten deine barbarischen Namen. Wenn es wahr ist, dass Isis, die größte aller Gottheiten, dich in jeder Gefahr, an jedem Ort gegen die Götter, die Menschen, die Dämonen und die Tiere, die im Wasser und auf der Erde leben, angerufen hat, und wenn sie dein Wohlwollen und damit den Sieg über die Götter, die Menschen und alle Tiere, die auf der Erde wohnen, erlangt hat, nun, dann rufe auch ich dich an. Gewähre auch mir Wohlwollen, gutes Aussehen, Schönheit. Höre mein Gebet, Hermes, Wohltäter der Liebestränke, gestatte, dass ich mich mit dir frei unterhalte, höre mich in der gleichen Weise an, in der du alle Dinge deinem äthiopischen Pavian, dem Herrn derer, die unter der Erde leben, gewährt hast.

Mach, dass alle sanfte Gefühle mir gegenüber hegen. Gewähre mir Kraft, gutes Aussehen und dass sie mir Gold und Silber schicken und jede Art von Nahrung in unerschöpflicher Menge. Schütze mich immer vor Giften, vor Hinterhalten, vor jedem Angriff des bösen Blicks und der bösen Worte, vor jeder dämonischen Besessenheit und vor jedem Zorn der Götter und der

Menschen. Mögen sie mir Wohlwollen, Sieg, Erfolg im Handeln und Wohlstand verleihen.
Denn du bist ich und ich bin du, dein Name ist der meinige und mein Name ist der deinige: denn ich bin dein Ebenbild. Wenn mich ein Unglück im Verlauf dieses Jahres oder in diesem Monat oder an diesem Tage oder zu dieser Stunde trifft, dann möge es auch den großen Gott Akkemen Estroph treffen, dessen Name auf dem Vorderteil des heiligen Schiffes eingeschrieben ist.
Dein wahrer Name ist auf der heiligen Säule in dem inneren Heiligtum des Tempels von Hermopolis eingeschrieben, dort, wo du geboren bist.
Ich kenne dich, Hermes, und du kennst mich. Vollbringe für mich alle Dinge und wende dich mir zu mit der guten Glücksgöttin und dem guten Dämon, jetzt, jetzt, schnell, schnell!

Gebet zur Erlangung eines Traumes

O Hermes, höchster Herrscher der Welt, du, der du im Herzen bist, Rund des Mondes, du, der du rund und viereckig bist, Oberherrscher des deutlichen Wortes, Verteidiger der Sache der Gerechtigkeit, Gott mit den beflügelten Sandalen, du, der du vom Äther bis zu den Tiefen des Tartarus deinen Lauf nimmst, Führer des Geistes, Auge der Sonne, Größter, Oberherrscher des Wortes, das alles auszudrücken vermag, du, der du durch deine Gestirne denen, die unten, in der Tiefe des Tartarus leben, Freude bereitest, die Toten, die ihr Leben erfüllt haben, nennen dich »Der, der die Schicksale voraussagt« und »Göttlicher Traum«, du, der du uns tags und nachts Orakel sendest!
Heile mit deinen Heilmitteln die Leiden der Sterblichen. Komm, o Seliger, größter Sohn der Erinnerung, der seine Pläne erfüllt.

Zeige dich in deiner Gestalt, der gunstreichen, erhebe dich günstig gesonnen für einen frommen Menschen, lass deine gunstreiche Gestalt mir erscheinen, dem (Name), damit ich dich in den Orakeln vernehme, in denen sich deine mächtige Tugend ausdrückt. Ich bitte dich demütig darum, Herr, sei mir günstig gesonnen, zeige dich, ohne mich zu betrügen, und gib mir dein Orakel.

Kosmisches Gebet

Heil, Anfang und Ende der unbeweglichen Natur, Heil, Wirbelwind der Elemente, die ihr nie müde werdet, eure Aufgaben zu erfüllen, Heil, leuchtendes Licht des Sonnenstrahles zum Dienst des Mondes, Heil, Kreis des ungleichen Glanzes des Mondes, der nachts leuchtet, Heil, alle Atemzüge der Luftdämonen, Heil euch, denen es gewährt ist, euch im Lobpreis zu freuen, Brüder und Schwestern! O großer, höchster, runder, unbegreiflicher Reigen der Welt! Himmlischer Atem, innerer Teil, zum Himmel gehörend, ätherischer, innerer Teil, zum Äther gehörend, Gebilde aus Wasser, Erde, Feuer, Wind, Licht, Finsternis, strahlend wie die Himmelskörper, feucht-feurig-kalt!
Ich lobe dich, Gott der Götter, der du die Einzelteile der Welt harmonisch zusammengefügt hast, der du die Wasser des Abgrundes auf dem unsichtbaren Fundament ihrer Lage aufgespeichert hast, den Himmel und die Erde getrennt hast und auf einer Seite den Himmel mit ewigen Goldflügeln bedeckt hast, auf der anderen Seite die Erde auf ewigen Fundamenten errichtet hast, der du den Äther zum höchsten Punkte des Reiches in der Höhe entrückt hast, der du in der Luft Windhauche ausgestreut hast, die sich aus sich heraus bewegen, der du um die Erde herum eine runde Wassersperre gelegt hast, der du Blitzesladungen vor den Orkanen vorantreibst, der du dich er-

gießt, Blitze schleuderst, Regen schickst, die Erde erschütterst und Lebewesen hervorbringst, Gott der Aion. Du bist groß, Herr, Gott, Beherrscher des Universums.

Gebet an den göttlichen Vater

Heilig ist Gott, der Vater alles dessen, was ist. Heilig ist Gott, dessen Wille durch seine eigene Macht erfüllt wird. Heilig ist Gott, der sich offenbaren will und sich uns offenbart. Heilig bist du, der du durch das Wort alle Dinge erschaffen hast. Heilig bist du, dessen Bild die Natur ist, und du wurdest nicht durch diese geschaffen. Du bist mächtiger als alle Macht, heiliger und größer als alle Berühmtheit, heilig und über jedes Lob erhaben.

Du nimmst das Opfer des Wortes an, das hervorquillt aus der Seele und einem Herzen, das ganz dir hingegeben ist, o Unaussprechlicher, den das reine Schweigen benennen kann. Mach, dass ich mit deiner Gnade meine Brüder und deine Söhne erleuchten kann. Ich schenke dir Glauben und lege Zeugnis davon ab, während ich zum Leben und zum Licht vorschreite. Sei gesegnet, Vater: Dein Mensch begehrt danach, an deiner Heiligkeit teilzunehmen, nachdem du ihm freien Willen geschenkt hast.

Geheime Hymne

Ich werde nun Gott dem Schöpfer, dem All, dem Einzigen
 eine Hymne singen.
O Himmel, öffnet euch; o Winde, besänftigt euch.
Der unsterbliche Kreis Gottes erhöre dieses mein Gebet,
 da ich mich anschicke,
 den Schöpfer des Universums zu besingen,

der, der die Welt in Ordnung gestaltet hat,
der den Himmel errichtet hat,
der dem Süßwasser befohlen hat,
aus dem Ozean zu treten und sich über alle Teile der Erde,
bewohnte und unbewohnte, zu verbreiten,
damit die Menschen sich von ihr ernähren können,
der, der dem Feuer befohlen hat hervorzukommen, um von den Menschen und den Göttern verwendet zu werden.
Wir lobpreisen den, der über den Himmeln lebt,
den Schöpfer der ganzen Natur.
Er ist das Auge des Verstandes und wird es nicht verschmähen, die Segenssprüche meiner Mächte entgegenzunehmen.
O meine Kräfte, besingt den Einen und das All,
singt, wie ich will, o Mächte meiner Seele.
O heilige Weisheit, von dir erleuchtet, besinge ich mit deiner Hilfe das vernehmliche Licht
und jauchze vor Freude über dein Licht.
O ihr Mächte alle, singt mit mir zusammen:
Mein ganzes zufälliges Wesen, mein Verlangen nach Gerechtigkeit, meine Sehnsucht nach Gemeinsamkeit,
singt mit mir.
Alle Dinge mögen singen:
Wahrheit, singe für mich die Wahrheit; Gutes,
singe für mich das Gute.
O Leben, heile alles, was in mir ist.
O Licht, o Geist Gottes, erleuchte mich, dass alles von dir kommt und in dir alles ist.
Der Verstand leitet dein Wort, o geistiger Schöpfer!
Du allein bist Gott, und der Mensch, der dir gehört, besingt diese Dinge durch das Feuer, die Luft, die Erde, das Wasser und den Geist; durch deine Werke.

Zwei Gebete des Kaisers Julian

An Helios, den König

Zu diesen Festen mögen mir die herrschenden Götter viele Male gewähren, zu feiern und zu heiligen und vor allem Helios, den Weltenkönig. Er ging aus der Ewigkeit hervor im Umkreis der allgemeinen Substanzen des Guten; er thront mitten unter den verstandesbegabten Göttern, die ihrerseits eine Mittlerstellung einnehmen; er hat sie mit Einträchtigkeit, mit unbegrenzter Schönheit, mit gewaltiger Zeugungskraft, mit vollkommener Vernunft, mit allen Gütern ohne Ausnahme und zeitlicher Begrenzung ausgestattet; auch in dieser Zeit erleuchtet er seinen eigenen sichtbaren Sitz, der sich von Ewigkeit an bewegt, um das Zentrum des sichtbaren Himmels zu bilden; die ganze sichtbare Welt nimmt an seiner sichtbaren Schönheit teil; er hat den ganzen Himmel mit einer solchen Menge von Göttern bevölkert, wie niemand sie in sich selbst mit dem Verstand begreifen kann, Götter, die in unteilbarer Weise sich um ihn herum vermehrt haben und doch in gleicher Weise ihm verbunden sind; das Gebiet, das unter dem Monde liegt, hält er durch das Band der ewigen Schöpfung und der wohltätigen Leistungen, die von den Himmelskörpern herrühren, zusammen; er sorgt allgemein für das menschliche Geschlecht und im Besonderen für unsere Stadt, so wie er von Ewigkeit her auch meine Seele ins Dasein gerufen hat und mich zu seinem Anhänger ausersehen hat. Wie wenig ich auch zuerst erflehte, möge er es erweitern: In seiner Güte möge er dem ganzen Staate als Führer dienen und wenn möglich ewige Dauer sichern.

Mir im Besonderen möge er, solange er mich am Leben erhält, Glück in den menschlichen und göttlichen Beziehungen verleihen, zu leben und mich dem Wohle des Staates zu widmen, solange es ihm gefällt; möge es für mich nützlich und dem Wohle der Römer dienlich sein …

Zum dritten Male also bitte ich Helios, den König des Universums, mir zur Belohnung für meinen Eifer seine Gunst zu schenken, ein treffliches Leben, eine vollkommenere Weisheit, einen erleuchteten Verstand und auf die beste Weise sowie im günstigen Augenblick das Scheiden aus dem Leben, wie es mir vom Schicksal her bestimmt ist.
Möge ich von hier zu ihm aufsteigen und, wenn möglich, bei ihm in alle Ewigkeit verweilen, aber wenn das zu viel im Verhältnis zu den Verdiensten meines Lebens wäre, dann wenigstens für viele und lange Zeiträume von Jahren.

Gebet zur Mutter der Götter

O Mutter der Götter und der Menschen, die du den Sitz und den Thron mit dem großen Zeus teilst, o Quelle aller Gaben des Verstandes; du, die du zusammen mit den unbefleckten Substanzen der vernunftbegabten Götter schreitest, wie du ihrer aller erste und gemeinsame Ursache zuerst empfangen und sie den verstandesbegabten Göttern übertragen hast, o Leben spendende Göttin; du, die du der Rat und die Vorsehung bist, o Schöpferin unserer Seelen; du, die du den großen Dionysos lieb gewonnen und Attis gerettet hast, als er ausgesetzt wurde, und ihn wieder aufgerichtet hast, als er in die Erdhöhle stürzte; du, die du den verstandesbegabten Göttern Hinlenkerin zu allen Wohltaten bist und mit allem die sichtbare Welt überhäufst und allen wohltätige Gnaden erweist: Verleihe allen Menschen das Glück, dessen höchster Sinn in der Kenntnis der Götter besteht, und gewähre dem römischen Volke insgesamt, die Pest der Gottlosigkeit von sich fernzuhalten. Das glückliche Schicksal, das aus sich selber die Geschicke des Imperiums lenkt, möge das Reich durch viele Tausende von Jahren begleiten!
Mir verleihe als Frucht meiner Frömmigkeit, durch dich die Wahrheit in der Lehre von den Göttern zu erwerben und die

Vervollkommnung in ihrer tatkräftigen Anrufung. Bei allen Werken, denen ich mich auf politischem oder militärischem Werk unterziehe, gewähre mir Tüchtigkeit und gutes Glück, und möge das Ende meines Lebens schmerzlos und ehrenhaft sein, in der getrosten Hoffnung, ihr Götter, hinauf zu euch zu gelangen.

Litanei-Gebet für den Kaiser Claudius II. Goticus

O erhabener Claudius, mögen die Götter dich uns erhalten!
Dies soll sechzigmal wiederholt werden.
O erhabener Claudius, immer erhofften wir als Kaiser dich oder einen, der wie du sei!
Dies soll vierzigmal wiederholt werden.
O Claudius Augustus, nach dir hat der Staat gefleht!
Dies soll vierzigmal wiederholt werden.
O Claudius Augustus, unser Bruder, unser Freund, du bestes aller Häupter des Staates, du wahrhaft Erster unter allen!
Dies soll achtzigmal wiederholt werden.
O Claudius Augustus, befreie uns von Aureolus!
Dies soll fünfzigmal wiederholt werden.
O Claudius Augustus, räche uns an den Palmyrenern!
Dies soll fünfmal wiederholt werden.
O Claudius Augustus, räche uns an Zenobia!
Dies soll siebenmal wiederholt werden.
O Claudius Augustus, Tetricus vermag nichts gegen dich!
Dies soll siebenmal wiederholt werden.

Dieses Gebet, von Abordnungen der Legionen vor den Altären Apollons gesprochen, erwähnt an Feinden des Reiches die syrische Königin Zenobia, die im Osten ein Gegen-Rom gegründet hatte, und die aufrührerischen Gegenkaiser Aureolus und Tetricus.

Verzeichnis der Gebete

Europäisches Mittelalter ... 117